二十一世紀と人生を語る

世界の有識者との対談集

1

池田大作

DAISAKU IKEDA

President, Soka Gakkai International

聖教新聞社

世界的経済学者であるサロー博士との語らいは、「知性の大航海時代」を展望して、ダイナミックに
（1999年1月　聖教新聞社で）

ロシア国立 高エネルギー物理研究所より名誉博士号の第１号がSGI会長に授与　（1998年4月　創価大学講堂で）

フロイト以来の革命的理論家と評されるセリグマン博士とは、「楽観主義の心理学」について語り合った　（1997年9月　聖教新聞社で）

タンザニアのムカパ大統領夫妻が創大生とともに手をつなぎ、声を合わせて合唱。手拍子をしながら見守るSGI会長
（1998年12月　聖教新聞社で）

ネパールのビレンドラ国王御即位25周年記念のコインが、同国のマテマ駐日大使から
SGI会長に授与された　（1997年7月　聖教新聞社で）

「法華経の心のままに生きている創価学会の皆さまに」とヴォロビヨヴァ博士から貴重な法華経マイクロフィルムが贈られた。その写真を手に、深謝するSGI会長
（1996年2月　聖教新聞社で）

韓国・済州大学の教授団一行を歓迎。韓日の友好交流、教育次元の連帯などについて語り合い、ともに記念のカメラに納まる
（1999年1月　東京牧口記念会館で）

はじめに

私は、人間が好きである。

私は、人間と対話することが好きである。

人間と人間が語《かた》り合う。これが、すべての始まりだからである。

いうなれば、「はじめに対話ありき」である。

いかなる相違《そうい》があろうとも、人間は人間である。心を開き、言葉を交《か》わして、知り合えば、そこから、いくらでも理解は広がる。

「寛容《かんよう》」といい、「信頼《しんらい》」といい、「共生《きょうせい》」といっても、一切は、対話から出発し、そして対話に帰着《きちゃく》するといえまいか。

思えば釈尊《しゃくそん》も、広大なインドの大地を歩きに歩いて、語り続けた。

日蓮大聖人の「立正安国論」等も、対談形式で綴《つづ》られている。

創価の民衆《みんしゅう》運動の永遠《えいえん》の原点も、また座談会にある。
対話こそ、平和への武器《ぶき》である。

一九六〇年、アロハの島・ハワイを第一歩として、世界への旅を開始してより、社会主《しゅ》義《ぎ》の世界へも、イスラム文化圏《けん》へも、私は、「そこに人間がいるから」との信条《しんじょう》で、対話を重ね、友好の橋を懸《か》けてきた。

トインビー博士は、のべ十日間、四十時間にわたる対談を結ぶに当たって、遺言《ゆいごん》のごとく、私に言われた。

「人類《じんるい》の道を開くのは対話しかありません。あなたは、これからも、さらに世界の知性との対話を続けてほしい。対話こそが、人類の融和《ゆうわ》に大きな役割を果たすでしょう」と。

世界の各界をリードする有識者《ゆうしきしゃ》との語《かた》らいも、すでに千五百回を超《こ》え、対談集の発刊も、いつしか二十冊以上となった。

また、その数々の会談は、そのつど、人間主義の機関紙《きかんし》・聖教新聞に掲載《けいさい》され、広く報道されてきた。

かねてより、その内容を本にして発刊をと、多くの読者から強い要請《ようせい》をいただいており、今回、第一集として編纂《へんさん》されたのが、本書《ほんしょ》である。出版に当たり、御快諾《ごかいだく》くださった対談者の方々に、改《あらた》めて感謝申し上げたい。

一人の人間は、一つの宇宙《うちゅう》である。

ましてや、ここに語《かた》り合った方々は、それぞれに、幾多《いくた》の苦難を受けながら、精神闘争《とうそう》を貫《つらぬ》き、人類《じんるい》社会へ献身《けんしん》を果たしてこられた。また、各分野《ぶんや》で、最先端の道を切り開いておられる。

その限りない魂《たましい》の世界から、引き出し、学び取り、後世《こうせい》に受け継《つ》いでいくべき宝は、あまりにも巨大である。

ゆえに、私は、まず「よく聞く」ことを心がけてきた。

「君と共にする一夜《ひとよ》の話は、十年の書を読むに勝《まさ》る」とは、中国の古典《こてん》の一節である。

一回一回の語らいのなかに、人生の詩があり、劇《げき》があり、ロマンがあった。時に和《なご》やかに、時に激しく、生命の迸《ほとばし》りが交差《こうさ》した。

そこには、常に、新しい発見が躍動《やくどう》し、みずみずしい創造性《そうぞうせい》が触発《しょくはつ》される。どれほど長時間、難《むずか》しい課題を論じ続けても、疲労《ひろう》を覚《おぼ》えない、楽しい黄金《おうごん》の時が流れてゆく――。

そのテーマは多岐《たき》にわたり、ある時は思想であり、人間学であり、歴史である。ある時は文学であり、芸術であり、科学であり、生命観である。

また、ある時は平和であり、教育であり、文化である。さらに、ある時は人権《じんけん》であり、地球環境《かんきょう》であり、正義《せいぎ》の連帯である。

かの人類《じんるい》の教師ソクラテスにとって、対話とは、共同の探究《たんきゅう》のための方途《ほうと》であった。私たちの対話の絵巻《えまき》もまた、二十世紀《せいき》を回顧《かいこ》しつつ、二十一世紀のビジョンを見つめゆく、過去から現在、そして未来への旅と言えるかもしれない。

世界のいかなる名門大学の碩学《せきがく》とも、私は戸田城聖《じょうせい》先生の弟子《でし》として、すなわち「戸田大学」の卒業生の誇《ほこ》りをもって、お会いしている。

先生は、よく語《かた》っておられた。

「これからは対話の時代になる。大作、君もこれから、一流の人間とどんどん会っていくことだ。人と語《かた》るということは、一面では、真摯《しんし》に触《ふ》れ合うということで、戦うということになる。また、人を結び合うということでもある」

ある日、私が、「対話に必要な力とは、何でしょうか？」と伺《うかが》うと、恩師《おんし》は、「教養、見《けん》識《しき》は当然だが、確固《かっこ》とした哲学をもつことだ。そして、最大の決め手は、人格だよ」と教えてくださった。

なかんずく、その要諦《ようてい》は、ただ「誠実」の二字である。

世界からの賓客《ひんきゃく》を、私は、できうる限り、青年と一緒にお迎えし、会見の場にも、若い同席者をと、留意《りゅうい》している。実際の対話を目《ま》の当《あ》たりにしながら、人間外交の精髄《せいずい》をつかんでほしいからである。

これからも語りに語り、仏法が、人類《じんるい》の未来に、いかに貢献《こうけん》できるかという指標《しひょう》を残さねばならない。私は、こう自身に言い聞かせている。

なお、談論風発《だんろんふうはつ》のやりとりを、いつも絶妙《ぜつみょう》に伝えてくださる、ＳＧＩ（創価学会インタナショナル）公認通訳《こうにんつうやく》の方々に、私は、この場を借りて、御礼申し上げたい。

ともあれ、私たちは「新しき千年」へ船出《ふなで》した。

折しも国連は、本年を「平和の文化のための国際年」と銘打《めいう》った。また、明年は「文明間の対話年」である。

私も、命ある限り、地球の全大陸《ぜんたいりく》の方々との「文明間の対話」を展開《てんかい》していきたいと、深く心に期している。

二〇〇〇年三月十六日

池田大作

二十一世紀と人生を語る［目次］

はじめに――1

◆1993-1994

果てしなき草の海　気高き平和の山々
「人間の大地」と「大交流の新史」を――モンゴル　文化大臣　ナムバリン・エンフバイヤル氏――15

「二十世紀の精神の教訓」を
二十一世紀へ　二十二世紀へ――ロシア　元ソ連大統領　ミハイル・S・ゴルバチョフ氏――37

「慈悲と知恵」の指導者よ　育て――ネパール　国立トリブバン大学副総長　ケダル・バクタ・マテマ氏――57

人間の価値は「心の大きさ」で決まる
ネパール王国の心はヒマラヤのごとく――ケダル・バクタ・マテマ氏――84

1995–1996

シルクロードが育てた
「世界精神の智者」（羅什三蔵）—— 中国　新疆・亀茲石窟研究所所長
陳　世良氏 …… 99

経済大国で　人権小国の日本
「人間性の大国」を　世界は尊敬 —— ブラジル　ラテン・アメリカ記念財団総裁
ファビオ・マガリャンエス氏 …… 124

法華経は呼びかける
「民衆よ前へ！　永遠に前へ！」—— ロシア　法華経研究者
マルガリータ・I・ヴォロビヨヴァ氏 …… 140

人を救え！
慈悲と勇気は「不可能」の扉を開ける —— インド最高裁判所元判事、世界芸術文化アカデミー副会長
ジャスティス・S・モハン氏 …… 165

1997

「歴史」と「教育」と「平和」の信念が共鳴
リーダーシップで一切が決まる —— 国立フィリピン大学前総長
ホセ・V・アブエバ氏 …… 191

世々代々の日中友好を語る――上海大学学長、中国人民政治協商会議副主席　銭　偉長氏　201
幸福への意識革命を　仏教と心理学は同志――アメリカ　ペンシルベニア大学心理学部教授　マーチン・セリグマン氏　209
「インドの心」と「人権」と「詩情」の語らい――インド　首相　I・K・グジュラール氏　234
韓国と日本が力を合わせて「文化世界の創造」を――韓国　慶熙大学創立者　趙　永植氏　247

1998

教育も科学も「深き哲学」が必要に――ロシア　国立　高エネルギー物理研究所所長、モスクワ大学前総長　アナトーリ・A・ログノフ氏　273

人間よ「地球の未来」を考えよ
「自分の未来」を救いたいなら!!―――キルギス 作家
チンギス・アイトマートフ氏 297

今、アフリカは黎明!!
「午前六時の太陽」が昇る!!―――タンザニア 大統領
ベンジャミン・ウイリアム・ムカパ氏 338

◆1999―――

済州島は「東洋のハワイ」
「心が通う」韓日交流を!!―――韓国 国立済州大学教授団 359

新しき世紀は「大変革の時代」!!
「冒険の勇気」を!「創造の知力」を!!―――アメリカ 経済学者、マサチューセッツ工科大学教授
レスター・C・サロー氏 376

二十一世紀の「富」とは「創造性」!!
第三次産業革命を勝ち抜け―――レスター・C・サロー氏 423

二十一世紀と人生を語る

——世界の有識者との対談集——

本書は、池田ＳＧＩ会長が世界の識者と会見した記事（聖教新聞掲載）を、了解を得て、収録したものです。なお、肩書、時節等は会見当時のままにしました。また、冒頭の年月日は会見時。（　）内は会見会場を示します。

——編集部

1993—1994

ナムバリン・エンフバイヤル氏

（モンゴル　文化大臣）

ミハイル・S・ゴルバチョフ氏

（ロシア　元ソ連大統領）

ケダル・バクタ・マテマ氏

（ネパール　国立トリブバン大学副総長、駐日大使）

果てしなき草の海　気高《けだか》き平和の山々
「人間の大地《モンゴル》」と「大交流の新史」を

モンゴル　文化大臣
ナムバリン・エンフバイヤル氏
1993年11月19日（聖教新聞社）

モンゴル国のエンフバイヤル文化大臣と聖教新聞社で会談し、両国間の「歴史の空白《くうはく》」を埋《う》める「新しき交流の歴史」を築きゆくことを約し合った。

また、人間の「嘘《うそ》」や「傲《おご》り」を戒《いまし》めた同国の文学・ことわざを話題に、〃人間として輝《かがや》く〃生き方などを語《かた》り合った。会談には、同国のドルジンツェレン駐日《ちゅうにち》大使らが同席した。

作家であり、翻訳家《ほんやくか》でもある文化大臣。桂冠《けいかん》詩人の池田SGI会長は語《かた》った。

池田　お国の最高峰の詩人D・ナツァグドルジ（一九〇六〜三七年）。独立革命《かくめい》（一九二一年）のころから活躍《かつやく》した、偉大な文学者でした。

モンゴルというと、彼の代表作「我が故郷《こきょう》」の一節を私は思い出すのです。

「遠方《えんぽう》よりきらめき見ゆる白銀《はくぎん》の高き山々／晴れわたる空のもとに広がる大草原／見はるかす彼方《かなた》に見ゆる気高《けだか》き山々／人の心和《なご》ますする果てしなき草の海原《うなばら》（中略）これぞわが生まれし故郷／モンゴルの麗《うるわ》しき国」（『図説　モンゴルの遊牧民《ゆうぼくみん》』蓮見治雄訳、新人物往来社）

エンフバイヤル　素晴《すば》らしい詩です。ヨーロッパのような（作者との距離感を示す）遠近法は使わず、しかもヨーロッパの詩に劣《おと》らぬ効果を上げている。これは東洋的な詩です。

池田　その通りです。日本では「自然」が消えつつあります。それと同時に、真の「人間」が消えつつあることを私は憂《うれ》えるのです。お国は幸せです。私どもはお国から学びたい。そして貴国《きこく》の素晴らしさを多くの人に知らせたいのです。

エンフバイヤル　ありがとうございます。本日は、世界の文化と平和に偉大な功績《こうせき》を残されているSGI会長とお会いでき、本当に光栄に思っています。

歴史の空白を「文化」で埋《う》めたい——池田

池田　モンゴルと日本——両国の長い歴史にあって、顕著《けんちょ》な接点となった事件は二回あります。十三世紀《せいき》（鎌倉時代《かまくらじだい》）の、いわゆる〝蒙古襲来《もうこしゅうらい》〟。そして、二十世紀（一九三九年＝昭和十四年）の〝ノモンハン事件〟です。

〈一九三九年五月、当時の〝満州国《まんしゅうこく》〟とモンゴルの国境《こっきょう》にあるノモンハンで、馬に牧草を食べさせていた外モンゴル軍騎兵《きへい》に対し、「国境紛争処理《ふんそうしょり》」を図《はか》っていた満州国軍が発砲《はっぽう》し、ソ連・モンゴル軍と日本との戦闘《せんとう》の発端《ほったん》となった。その後も日本は終戦まで、モンゴルに干渉《かんしょう》を続けた〉

この二つの暗い歴史だけが人々に記憶《きおく》されている。そのほかは「空白《くうはく》」です。これは、きわめて不幸なことです。私はこの両国間の「空白」を埋めたいのです。「文化」の力で埋めたいのです。

エンフバイヤル　同感です。

池田　「モンゴル」には「勇敢《ゆうかん》な人」の意味が込められていると、うかがいました。勇敢な、強き人々の国から、強き「文化の指導者」をお迎えし、きょうは歴史の日となりました。明秋（一九九四年）、関西国際空港が開港《かいこう》すれば、モンゴルと日本との直行便《ちょっこうびん》が開設される予定です。両国の「交流の道」は、大きく開け始めました。やっと「新しき歴史」が始まりつつあります。私どもも、その一翼《いちよく》を担《にな》えれば、これほど意義ある、光栄なことはありません。

エンフバイヤル　ありがとうございます。仏教では、今世《こんぜ》に会う人は、前世《ぜんせ》でも縁《えん》があったと説《と》きますが、きょう、こうして会長のお話をうかがえるのも、前世でもお会いしたからではないかと思います。その時の対話の続きをしていただいている――。

池田　その一言に、大臣の哲学的な〝眼〟の深さを私は感じます。

モンゴルでは、三年前の九〇年、複数《ふくすう》政党制を導入。一党独裁《どくさい》が終焉《しゅうえん》し、初の自由選挙が行《おこな》われた。九二年には、議会制民主主義《みんしゅしゅぎ》への移行《いこう》をうたった新憲法を採択《さいたく》。国名も「モンゴル人民《じんみん》共和国」から「モンゴル国」と新《あら》たに。現在、民主化の推進、市場《しじょう》経済への移行、各国との関係強化などの基本政策を掲《かか》げて進んでいる。

若き国の若き大臣に期待

池田　文化大臣は、「新しき国づくり」を支える「新しきリーダー」です。現在、三十五歳。お若い。若いということは、素晴《すば》らしいことです。

エンフバイヤル　じつは、我が国自体が、「人口の約七五パーセントが三十五歳以下」という若い国なのです。これらの若い人々のなかから、たまたま私が大臣になった——こう思っています。

池田　偉大な人は謙虚《けんきょ》です。内閣のなかでも最年少の大臣であられる。また、国会議員のなかでも、ひときわ若い。

中国の周恩来《しゅうおんらい》総理は、早くから（六〇年代の前半から）私どもの民衆《みんしゅう》運動に注目してくれました。当時、私は、三十代。周総理は、若いからこそ大切につきあいたいと語《かた》ってくださった。そこから長き友好の歴史が始まったのです。

また、歴史家トインビー博士との対談（一九七二年、七三年）では、博士が八十代、私が四十代で、三十数歳の年齢差でした。きょうは、私が六十五歳、大臣が三十五歳と、年齢差は三十歳です。私も若い人を大切にします。「この人が、私の分まで歴史をつくり、残してくれるかもしれない」。そう期待《きたい》するからです。

エンフバイヤル　真心《まごころ》のお言葉に感謝します。トインビー博士といえば、会長と博士の対談集を読ませていただきました。素晴《すば》らしい「思索《しさく》の旅」となりました。

両国の文化には共通のルーツも

池田　今年（九三年）の七月、イギリスのアン王女が貴国《きこく》を訪問されました。モンゴルの夏の祭典《さいてん》ナーダムに招かれての訪問と、うかがっています。アン王女とは、私も、バッキンガム宮殿《きゅうでん》でお会いしました（八九年）。

ところで、この祭典ナーダムについて、少々、聞かせていただければと思います。ナショナルデー（革命《かくめい》記念日）の七月十一日を中心に催《もよお》されるそうですが。

エンフバイヤル　ナーダムと呼ばれる祭典には、古来《こらい》の歴史、人々の生きざま、戦いの

作家であり翻訳家である大臣。桂冠詩人のSGI会長との語らいは、文学そして両国友好の輝く未来へと広がった（聖教新聞社で）

様子などが込められています。

ここでは、三つの伝統的な競技が行《おこな》われます。日本の相撲《すもう》に似《に》たモンゴル相撲、馬上からの弓術《きゅうじゅつ》、そして競馬です。

古来《こらい》、人々は国を守るために、体力が強く、器用《きよう》で敏捷《びんしょう》でなければなりませんでした。また、馬は生活と切り離せないだけでなく、大切な「精神の一部」にまでなっているのです。今夏のナーダムでは、乗馬《じょうば》を好まれるアン王女にも、馬に乗っていただきました。

池田　日本では、相撲は国技《こくぎ》であり、大変、人気があります。また、日本の相撲が、モンゴル相撲と同じルーツ（起源《きげん》）を持つのではないか、との議論もあるようです。

エンフバイヤル　モンゴル相撲《すもう》では、土俵《どひょう》入りの際に手を大きく広げますが、仏教で説《と》かれる霊鳥《れいちょう》ガルーダの力を我が身に入れる、との意味があります。

〈ガルーダは、仏典《ぶってん》では迦楼羅《かるら》。翅《はね》や頭が金色であるところから金翅鳥《こんじちょう》などと訳す〉

モンゴルでは青い空を尊《とうと》びます。その青い空を翼《つばさ》を広げて飛ぶ鳥は、「力の象徴《しょうちょう》」なのです。先ほど会長がいわれた〝「モンゴル」とは「勇敢《ゆうかん》な人」の意味〟とのお話と関連すると思います。

池田　日本の読者のために、首都ウランバートルについて、聞かせてください。

エンフバイヤル　首都は、歴史上、幾度も移転しています。日本では、奈良、京都、東京へと都《みやこ》を移しても建物は移しません。ところがモンゴルは遊牧民族《ゆうぼくみんぞく》であり、建物はユルタ〈移動式建物〉というテントです。遷都《せんと》の際も、そのテントをたたんで建物ごと移動しました。

近年の三百年の間にも何度も都が変わっていますが、ウランバートルについては、こんな伝説もあります。ウランバートルの近郊《きんこう》に、トーラ川という美しい川が流れる渓谷《けいこく》がありました。人々は住みたいと願い、町を開こうとしましたが、ここには人を食べる大蛇《だいじゃ》がいたため、住むことができませんでした。そこに、先ほども触《ふ》れましたガルーダが飛来《ひらい》し、大蛇を退治《たいじ》してくれたのです。そこで、ウランバートルの都市の紋章《もんしょう》は、ガルーダが足で大蛇をつかんでいる模様《もよう》が描《えが》かれています。

〈ガルーダ＝金翅鳥《こんじちょう》は蛇《へび》（竜）を食す。そのことは御書にも記《しる》されている（一三四五㌻）〉

池田　私どもと多く共通する文化背景《はいけい》を感じます。ところで、大臣のお父さま、お母さまは、どんな方だったのでしょうか。

エンフバイヤル　父は、生涯《しょうがい》、医師を務《つと》めました。温泉治療《ちりょう》を専門としていました。また、母はモンゴル語と文学の教師をしていました。私は三人兄妹の長男で、二人の妹がいます。妻は、経済学の講師で、子供は二人です。

モンゴルのことわざ「客の絶《た》えぬ人は幸せ」

池田　貴国《きこく》では、人間と人間の絆《きずな》が強いことをうかがっています。私は、貴国のこんなことわざを聞いたこともあります。

「来客《らいきゃく》の絶《た》えない人は幸せである。住居《じゅうきょ》の前にいつも客の馬がつながれている主人には喜びがある」

モンゴルの人々は、遊牧《ゆうぼく》のために広大な「草原の道」を旅しました。その中で、客を厚《あつ》くもてなす伝統が生まれたのでしょうか。

エンフバイヤル　その通りです。我が国では、食事どきに訪《おとず》れた人を、特に厚くもてなします。「家族のことをよく知っている人だからこそ、食事どきに訪問するのだ」と考えるのです。また、人々の住居は、それぞれ大草原の中に点在しています。互いの家庭を訪問するということは、草原の長い道のりを越えてきたことになります。だから、〝わざわざ困難《こんなん》を乗り越えて来た人には心から、ごちそうしてあげたい。長旅で疲《つか》れ、空腹《くうふく》だろうから〟――と。

池田　美しいお話です。人間性が光っています。今の日本なら、食事中に来客があれば、たいてい、「さあ困《こま》った！」（笑い）となるでしょう。また、遠くから来た人にも、必ずしも愛情をもって、もてなすとは限りません。貴国《きこく》には「心」があります。「人間」が生きておられる。

「近代化イコール幸福」ではない。「発展途上国《とじょうこっく》イコール不幸」ということは、絶対《ぜったい》にありません。近代人は利口《りこう》なようでいて、一番愚《おろ》かなことをしている場合がある。核兵器《かくへいき》をつくって、自分で自分を苦《くる》しめていることなど、その例です。

ともあれ私は「来客《らいきゃく》が絶《た》えない」ような、にぎやかな両国関係を開きたい。貴国《きこく》の大いなる「草原の道」を、二十一世紀《せいき》の「平和の道」「文化の道」にしていきたいのです。

エンフバイヤル　ありがとうございます。

池田　貴国では、「広島の少女の折り鶴」という歌が、広く歌われていると聞きました。

〈歌の題材は、広島で原爆《げんばく》の犠牲《ぎせい》となった少女・佐々木禎子《さだこ》さん（広島・平和記念公園の「原爆の子の像」のモデル）の話。被爆《ひばく》による白血病《はっけつびょう》の回復《かいふく》を祈り、千羽鶴を折り続けて亡《な》くなった禎子さんの話をもとに発表された。この話はロシアでも有名だが、モンゴルでは、「日本といえばヒロシマとサダコ」といわれるほど、親しまれているという〉

一人の少女の死を悼《いた》み、ヒロシマの平和への願いをくみとってくださる、モンゴルの皆さまに、感謝します。

〈一九五七年（昭和三十二年）には、広島の原爆孤児《げんばくこじ》に、モンゴルから義援金《ぎえんきん》が、届けられている〉

――さらにSGI会長は、両国の民謡《みんよう》の音階《おんかい》・発声《はっせい》・リズムが類似《るいじ》していることに言及《げんきゅう》。モンゴルの民謡オルティン・ドー（「長い歌」の意）と日本の追分節《おいわけぶし》の類似が指摘《してき》されていることを紹介した。また、近年、モンゴルで日本への関心が高まっている例として、モンゴルのコンクールなどで日本の「赤とんぼ」「四季《しき》の歌」、その他の歌が愛唱《あいしょう》されていることに触《ふ》れた。

これに対し大臣は、両国の文化に多くの共通性があることに賛同《さんどう》の意を。また、モンゴルの小学二年生の教科書に、日本の「白い馬」の物語が掲載《けいさい》されていることを紹介した。

アイトマートフ文学は私の専攻

池田　大臣は、一九八〇年、モスクワのゴーリキー記念文学大学を卒業され、文学・芸術に造詣《ぞうけい》が深い。じつは私も、青年時代から、トルストイをはじめロシア文学を愛した一人です。現代の文豪《ぶんごう》ではショーロホフ氏と会談(一九七四年九月)しました。〈『静かなドン』『人間の運命』等で知られるノーベル賞作家〉

その時のことは、昨日のことのように覚《おぼ》えています。

エンフバイヤル　おっしゃる通り、私は、大学で五年間学び、文学学士号を取得《しゅとく》したあと、二年間、同大学院に学びました。

池田　広く学ばれたと思いますが、特に専攻《せんこう》された作家はありますか。

エンフバイヤル　アイトマートフ氏です。今や世界的に有名ですが。

池田　それは驚《おどろ》きました。また、うれしいことです。アイトマートフ氏は、私の親友です。対談集(『大いなる魂《たましい》の詩《うた》』)をともに編《あ》み、発刊しています。

エンフバイヤル　アイトマートフ氏は、大学の先輩でもあります。また、ショーロホフ氏は、直接、その講義を聴《き》く機会《きかい》はありませんでしたが、かつて、この大学の教壇《きょうだん》に立っていました。

ショーロホフ氏の人柄《ひとがら》を伝えるエピソードがあります。それは、氏が、ある日、ソ連作家同盟《どうめい》に呼び出された時のことです。氏は、そこで同盟の幹部への就任《しゅうにん》を要請《ようせい》されました。しかし氏は、「きょう、村に帰るところなんだ。もう汽車のキップも買ってあるから」と、淡々《たんたん》と断《ことわ》り、さっさと行ってしまった、というのです。

偉大な人物ほど、役職や地位に興味《きょうみ》を示さないのかもしれません。池田先生も、どこまでも「一民間人」として、平和へ行動されている。この点を見ても、私は会長は偉大だと思うのです。

池田　私のことはともかく、社会と人生の実相《じっそう》を鋭《するど》く見ておられる。名「文化大臣」と思います。

リーダーの生き方という点でも、集団で行動する遊牧《ゆうぼく》文明の知恵《ちえ》には多くの宝があります。貴国《きこく》のこんなことわざを聞きました。

一つ目は、「真の言葉をいえば後《のち》に輝《かがや》く（あとで面目《めんもく》が立つ）。うその言葉をいえば前が輝く（はずかしくて顔が赤くなる）」。

二つ目は、「百歳の人はいない。千年の言はある」。

三つ目には、「人間より強いものはない。人間よりもろいものもまたない」。

〈A・モスタールト著、磯野富士子訳・平凡社刊『オルドス口碑集』から〉

また、かつて次のような歌謡《かよう》を知りました。

「地獄《じごく》、地獄というが、／地獄はどこから来るのかね？／たてた誓《ちか》いを破ったら／地獄とはそれにちがいない」〈同〉

何という深い洞察《どうさつ》でしょうか。閃光《せんこう》のように、人生の核心《かくしん》を照らし出しています。この歌は続いて、「高い山の頂上《ちょうじょう》に／洪水《こうずい》の水は留《とど》まらない。／おごる心を持つ人に／恵《めぐ》みは決して留まらない」〈同〉と歌っています。

全世界の政治家、指導者が心にとどめるべき言葉でしょう。

経験に磨《みが》かれた年長者を尊敬

エンフバイヤル　会長は、本当に我が国を深く理解してくださっています。モンゴルでは、年長の人を尊敬する気風《きふう》が強くあります。年上の人は、単に年齢が上なのではなく、その分、より多く戦い、より多くの人生の苦難を乗り越えてきた。よって、尊敬されるのです。

きょうは、会長に、その一番良い例を見せていただきました。モンゴルでは、人を役職で尊敬するのではなく、こうした〝人生の先輩（年長者）〟を尊敬しなさい、と教えています。

池田　何と豊かな「文化」でしょうか。また、何と美しい心の「伝統」でしょうか。

またSGI会長は、十三世紀《せいき》に、アジアからヨーロッパにまたがる大帝国を建設したモンゴルの王・チンギス・ハンに言及《げんきゅう》。チンギス・ハンについては、SGI会長と親交《しんこう》のあった井上靖氏の小説『蒼《あお》き狼《おおかみ》』などが、日本では読まれていることを紹介した。

池田　チンギス・ハンの生誕記念碑《ひ》（モンゴルとロシアの国境《こっきょう》付近の村にある）には、自分の帝国の永続《えいぞく》を願う彼の言葉が記《しる》されていると、うかがいました。

エンフバイヤル　その通りです。〝我が数尺の（小さな）体は滅《ほろ》びるもよし。大いなる我が国は衰《おとろ》えることなかれ〟――とあります。

池田　なるほど、よくわかりました。大帝国はつくった。しかし、それをどう続かせるのか。彼の胸からは死の時まで、この一点が離れなかったのでしょう。

次のようなエピソードも伝えられています。

チンギス・ハンの命を受けた、あるモンゴルの将軍が、カラ・キタイ（西遼《せいりょう》）の王位を奪《うば》った奸雄《かんゆう》クチュルクの兵を討《う》つ大武勲《だいぶくん》を立てた。

勝利《しょうり》の報を受けたチンギス・ハンは、即座に使者を派遣《はけん》。称《たた》えるかと思ったら、そうではなかった。「勝利におごってはならぬ。クチュルクも、心がおごったために滅《ほろ》びたのだ」と彼は戒《いまし》めた。

確かに、クチュルクは、カラ・キタイを支配して数年もたたぬうちに、最後は、名もない兵士の手によって殺されてしまっていた。

人生は永遠《えいえん》に戦いです。傲慢《ごうまん》がもたらす油断《ゆだん》は敗北の因です。勝った時にこそ、次にもまた勝つ原因をつくらねばなりません。

他宗教に寛大　異文化を摂取《せっしゅ》

さらにSGI会長は、他民族《たみんぞく》の文化に対するチンギス・ハンの政策に言及《げんきゅう》。

――チンギス・ハンの信仰は、シャーマニズムとされるが、彼は他の宗教に寛大《かんだい》で、外来文化の摂取《せっしゅ》にも努《つと》めた。

一二〇四年、ナイマン（トルコ系部族）を滅《ほろ》ぼした際に捕虜《ほりょ》にしたウイグル人・タタトンガのもとで、一族の子弟《してい》にウイグル文字を学ばせ、これを国の公用《こうよう》文字として採用《さいよう》。ウイグル文字からモンゴル文字などがつくられた。さらに、学識《がくしき》あるウイグル人をして、宮廷《きゅうてい》の子弟の教育にあたらせたことが、『元史《げんし》』に記《しる》されている。

またチンギス・ハンは、中国・遼《りょう》の国の遺臣《いしん》・耶律楚材《やりつそざい》や、ウイグル人の鎮海《ちんかい》らを重用《ちょうよう》し、その教養と政治能力を利用して、広大な帝国の統治《とうち》に努めた。

元使《げんし》を斬首《ざんしゅ》した日本の「狭き心」に終止符を——池田

大聖人は〝罪なき使者が不便《ふびん》〟と

池田　一二七五年（建治《けんじ》元年）。日本を訪《おとず》れた元の使者五人を、鎌倉幕府《かまくらばくふ》は竜《たつ》の口《くち》で斬首してしまいました。外交上も人権《じんけん》上も大変な蛮行《ばんこう》です。使者に罪《つみ》はないのに、「狭《せま》き心」の日本でした。こういう歴史的傾向性《けいこうせい》に終止符を打たねばならない。

幕府《ばくふ》が使者たちを囚人《しゅうじん》のごとく扱《あつか》ったのに対し、正使《せいし》（外交団長）であったモンゴル人の杜世忠《とせいちゅう》は、堂々たる態度だったと伝えられています。教養の深い人であったのでしょう。死にあたって、故郷《こきょう》の妻子をしのぶ辞世《じせい》の詩を残しています。

〝出発の折、妻子は私の健康を気づかって冬着を贈ってくれた。そして「（蘇秦《そしん》〈中国・戦国時代の政治家〉のような）栄達《えいたつ》を望んで機会《きかい》を逸《いっ》することなく、早く無事に帰ってきてほしい」と送り出してくれたのだが……〟と。

〈「門出《い》ずるを妻子寒衣《かんい》を贈る／我れに問う西行幾日《さいぎょういくにち》にか帰ると／来たる時かりそめにも黄金の印を佩《はい》し／蘇秦を見て機に下《くだ》らざることなかれ」〉

私どもの信奉《しんぽう》する日蓮大聖人は、「罪《つみ》のない蒙古《もうこ》の使いが首をはねられたことこそ、かわいそうである」と、心から嘆《なげ》かれています。

〈「科《とが》なき蒙古の使《つかい》の頸《くび》を刎《はね》られ候《そうらい》ける事こそ不便《ふびん》に候《そうら》へ」（御書一四七二㌻）〉

そして、「もし幕府が、私（大聖人）の諫言《かんげん》さえ用《もち》いていたなら、あの時の蒙古の使者の首を切らないですんだものを」と、幕府を責《せ》められています。

〈「あはれ平《へい》の左衛門殿《さえもんどの》さがみ《相模》殿の日蓮をだに用いられて候いしかば、すぎにし蒙古国の朝使《つかい》

のくびは・よも切《きら》せまいらせ候《そうら》はじ」〈御書一〇九五ジペー〉

処刑《しょけい》された使者はいずれも三十代。杜世忠《とせいちゅう》は、その時、三十五歳を前にしていた。そして、きょう来られた〝文化の使者〟（文化大臣）は三十五歳――。私は、不思議《ふしぎ》を覚《おぼ》えるとともに、この機会《きかい》を借りて、日本人の一人として七百年前の蛮行《ばんこう》に深くおわびを申し上げたい。

そして、大臣とともに、今こそ、日本とモンゴル間に、「民衆《みんしゅう》の友情の歴史」を開いていきたいのです。

SGI会長の広く善なる心に感銘――エンフバイヤル

宗教を学ぶ人を最大に尊敬

エンフバイヤル　ありがとうございます。会長のお話をうかがって、私は、モンゴルと日本の歴史的な出あい、文化の交流について多くのことを学びました。

両国間にあった、過去の不幸な歴史を乗り越えるためには、「相互理解」が必要です。

そのために「文化交流」こそ大切です。会長の言われる「文化」には、広範《こうはん》な意味があると思います。そこには、芸術・宗教・教育・エコロジー（環境《かんきょう》への配慮《はいりょ》）・歴史観――といったすべてが含まれています。

我が国では宗教を学ぶ人は最《もっと》も尊敬されます。また多角的な活動を展開《てんかい》されている会長と、両国の友好へ協力できる可能性を考えると、私はとても光栄です。ぜひ、できる限り早い機《き》会《かい》に、我が国をご訪問ください。

池田　温《あたた》かく、寛大《かんだい》なお言葉、恐縮《きょうしゅく》です。真剣に訪問を検討《けんとう》させていただきます。きょうの日を機会に、今後、両国の交流が一段と推進されることを、ドルジンツェレン大使も念願されていると思います。

ドルジンツェレン　両国が一歩一歩近づくために、できることは何でも協力させていただきます。二つの国が近づくうえで、会長は大きい存在です。

――晩秋《ばんしゅう》とは思えぬ暖《あたた》かさに恵《めぐ》まれたこの日の東京。「モンゴルでは、もうマイナス一五度です」と語《かた》る文化大臣は、何よりＳＧＩ会長の「温かい歓迎」に感謝を。辞去《じきょ》する前に記《しる》した芳名録《ほうめいろく》には、こんな言葉が書かれていた。人と人、国と国を結ぶのは生きた「人間自身」であることを示すかのように。

「きょうは、池田会長の広範《こうはん》で深遠《しんえん》な知識を知りました。それにもまして、その広く善《ぜん》良《りょう》なお心に触《ふ》れたことこそが私の喜びです」――と。

プロフィール

一九五八年六月生まれ。モスクワのゴーリキー記念文学大学卒業。モンゴル通訳・翻訳協会副会長、モンゴル・インド友好協会会長、モンゴル国立博物館評議会議長などを歴任。九七年よりモンゴル人民革命党党首。

「二十世紀の精神の教訓」を二十一世紀へ　二十二世紀へ

ロシア　元ソ連大統領
ミハイル・S・ゴルバチョフ氏
1994年5月20日（氏の執務室）

　モスクワを訪問した池田SGI会長はゴルバチョフ元ソ連大統領と、ゴルバチョフ財団の氏の執務室《しつむしつ》で再会し、対談集『二十世紀《せいき》の精神の教訓《きょうくん》』の発刊について語《かた》り合った。対談集では「歴史的人物の責任と運命」「新しい歴史のプロローグ（序章）としてのペレストロイカ」「二十世紀の特質」「宗教と哲学の衝突《しょうとつ》」「民族主義《みんぞくしゅぎ》の未来」「環境《かんきょう》問題からの挑戦《ちょうせん》」「二十一世紀の社会理念」などのテーマをめぐる対話が収録《しゅうろく》されている。

　今世紀後半の最大の事件というべき冷戦《れいせん》の終結。その引き金になったペレストロイカとは何だったのか。初の語《かた》らいの際、ゴルバチョフ氏は言った。「ペレストロイカの『新思考』も、池田会長の哲学の樹《き》の一つの枝のようなものです」(九〇年七月、クレムリンで)と。

以来、九一年、九二年、九三年(二回)と対話を重ねるごとに、「人間主義《しゆぎ》」への共通の思想が確認された。この日もまた——。

†

池田 お元気そうで何よりです! 日本の各界の人々から、くれぐれもよろしく伝えてほしいとメッセージを託《たく》されました。

ゴルバチョフ 私はだれに会うよりも池田会長にお会いするのがうれしい。会長は詩人であり、詩心があります。私は残念ながら政治家ですので、お会いできたこの喜びを、どう表現したらよいか。とても簡単《かんたん》な言葉ですが、申し上げます。「ようこそモスクワへ!」「お会いできて本当にうれしい!」と。

池田 ありがとうございます。ライサ夫人にも、くれぐれもよろしくお伝えください。ご健康で、ご長寿で、ご夫妻ともに、日本へ何度もお越しいただきたい。これは妻からの

伝言でもあります。〈ライサ夫人は九九年九月逝去《せいきょ》。ＳＧＩ会長は弔電《ちょうでん》を送り、哀悼《あいとう》の意を表した〉

友情の桜が匂《にお》う

ゴルバチョフ　創価大学を訪《おとず》れたときのことは、よく覚《おぼ》えています。会長と語《かた》り合った記念講堂、古い日本風の家（万葉《まんよう》の家）――本当に素晴《すば》らしい大学でした。

池田　（写真を見せながら）あの時、（平安《へいあん》の庭に）植樹《しょくじゅ》した「桜」（ゴルバチョフ夫婦桜《めおとざくら》）が、こんなに大きくなりました。

ゴルバチョフ　（写真を手にとり）おお、これですか！　今年の春、咲いたのですか？

池田　その通りです。多くの人が見学に来ています。

ゴルバチョフ　あのときの桜がこんなに立派に――うれしいことです。日本人には自然を愛する心があります。自然の美しさを感じる心が素晴らしい。私も自然を愛していますから、その意味では日本人の一人です。

――さわやかな五月のモスクワ。午後の日差しが柔《やわ》らかい。質素《しっそ》な執務室《しつむしつ》で豊かな対話が続く。大統領辞任《じにん》から二年半。ゴルバチョフ財団の総裁《そうさい》とし、国際緑十字の会長として、またノーベル平和賞受賞者として世界的な活躍《かつやく》を続けるゴルバチョフ氏。

立場は変われど友情は変わらず――SGI会長は励《はげ》ますかのように、自《みずか》らが飛行機から撮影《さつえい》した〝雲海《うんかい》に浮かぶ富士〟の写真を示して語《かた》る。雲を突《つ》き抜け、青き空に向かってそびえ立つ富士。

池田　富士のように悠然《ゆうぜん》と、富士のごとく堂々と生き抜いておられる、その姿と重なります。

ゴルバチョフ　ありがとうございます。

池田　対談集は、何より「後世《こうせい》のために」語り残しておきたいのです。これまでもトインビー博士をはじめ世界の知性と私は対談集を発刊してきましたが、ゴルバチョフ氏との対談は特に大勢《おおぜい》の人が待望《たいぼう》していると信じます。

ゴルバチョフ　池田会長は（対談の）経験が豊かですが、私は初めてですので、お手柔ら

「だれに会うよりも池田会長にお会いするのがうれしい」――ゴルバチョフ氏とは６度目の語らい（氏の執務室で）

かに（笑い）お願いします。力不足かもしれませんが、全力を尽《つ》くします。自分の人生を振り返るということで、今、私は回顧《かいこ》録《ろく》を書き上げました。これからは、この対談集に頑張ります。

池田会長が現代において果たされている役割は、日本だけでなく世界にとって、社会にとって、思想にとって、大変重要です。将来《しょうらい》にかけて、一緒にお仕事ができて本当に光栄です。対談集のための書簡《しょかん》のなかで、さまざまな質問をいただきました。高度の内容なので、とても勉強になります。頭をかかえるような難問《なんもん》もありますが（笑い）、自分自身、もっと成長しなくてはと思います。

池田　謙虚《けんきょ》なお言葉に感動します。

人生は何のため

ゴルバチョフ　会長は、私の人生についても、さまざまな観点《かんてん》から問いかけてくださっています。私は改《あらた》めて考えました。自分の「使命《しめい》」とは何か、「人生」とは何か、「政治」とは何か、そして、なぜこのような人生を歩《あゆ》んだのかと。人生とは何か。そこにどんな意義を見いだすべきか——会長の問いは短いですけれども、人類《じんるい》が考えに考えて、それでも答えを出せないでいる問題です。私の人生の中でも、何回、これを問いかけたことでしょう。人生の経験を重ねるたびに、自分への問いの答えは違《ちが》ってきました。

また、今のような年齢に達すると、「人生は何のために」と問うこと自体、意味があるのかどうかと思い始めます。それは、太陽は何のためにあるのか、星はなぜあるのか、水は、森は、大地はなぜあるのか、と問うことと同じだと思うからです。

たぶん私もそれらの一部ですから——。私は現代の文明の一部であるのみならず、宇宙《うちゅう》の一部であると思うのです。人々は皆、それぞれ違《ちが》う人生観をもっていますが、どのように調和《ちょうわ》して生きるべきかを考えねばなりません。この小さな世界で、人々は、ひしめきあって生きています。皆、平等《びょうどう》に生きる権利《けんり》をもっています。どこの国の、どの人も、同じ宇宙《うちゅう》によって生み出された存在です。そう見るところに真の「平等観」があるのではないでしょうか。あの人も自然の一部であり、この人も宇宙の一部である――そうしたハーモニーを、どうつくり出すかを考えねばならないと思います。

池田　今のお話には、哲学があり、倫理観《りんりかん》があり、教育学・心理学があり、宗教的な直観《ちょっかん》があり、詩があります。今後、このテーマをさらに掘り下げたいと思います。

ところで質問ですが、今後、政界に復帰《ふっき》されるおつもりがあるでしょうか。世界から大きな関心が寄せられていますが。

あなたは二十世紀の偉人　地球の運命を平和へと転換――池田

ゴルバチョフ　政治家に何ができるのか――政治の限界を私は考えます。世界をどう変えられるのか。ひとつの国も、一個の宇宙《うちゅう》ですから、これを動かすことは、並大抵《なみたいてい》ではありません。

会長の（書面での）質問にもありましたが、ナポレオンのように、ひとつの時代をつくる人間がいます。ナポレオンは、一個人というよりも、自分の中に時代全体を凝縮《ぎょうしゅく》させた人間でした。

偉人である池田会長も、この現代と同じように、大きな心をもって生まれてこられた。会長の心の中には、人類《じんるい》のすべての思想があります。それを会長は、あるときは詩人として表現される。また音楽家に会えば、そのように、数学者に会えば、それなりに表現されます。

……自然は限りなく大きいものですが、それを人間がどこまで受け入れられるか、それは人によって異《こと》なります。

また、自然が自分に与えてくれたものを、どこまで生かせるのか。それは、人生観、世界観、人間同士のつながり、苦《くる》しみ、自己認識――そうした子供のころからの人生経験によって大きく変わってきます。

池田　その通りです。そこに人間の「運命」の問題、「使命《しめい》」の問題があります。

農村から大学へ　その後また地方へ

ゴルバチョフ　私は農民の子です。草原、大地、森、草の香《かお》り――これらが私の心の一番底にあるものなのです。それらは、私の人生のエネルギーであり、美的感覚《かんかく》を支えるものです。これらすべてが子供のころから自分の中にあり、私の自我を支えています。

そこで私の「運命」の問題になります。多くの人が戦争で大変な苦労をし、学校の授業もできなくなりました。〈氏は一九三一年生まれ。終戦のとき、十四歳〉

社会全体が動き、変化していました。そのなかで、個人の自覚をもつようになり、自分自身がどういう人生を生きるべきかを考えたのです。私の人格形成にとって、モスクワ大学の日々は大きな存在でした。子供のころから、培《つちか》ってきたものを全面的に開花させる経験でした。

「自然（から与えられたもの）」と「経験」とを昇華《しょうか》することによって、思索的《しさくてき》な人生の基《き》盤《ばん》ができました。

池田　哲人政治家としての基礎《きそ》を青春時代につくられたわけですね。

ゴルバチョフ　じつは、私にとって、政治家でいることは、苦痛《くつう》だったのです。モスクワ大学卒業後、地方へ行きました。そこで、いろいろな人に会い、いろいろなことを考えました。貧《まず》しい人々がいる。困《こま》っている人がいる。しかし、だれも気にかけていない。どうしてあげたらよいのか――。

そうした出会いによって、自分の中にあったものが、拡大していったと思います。（そうした道徳的《どうとくてき》な動機から政治家になったが）政治の世界は、決して清らかなものでも、道徳的なものでもありませんでした。私は、そこに安住できなかったのです。そこに政治家ゴルバチョフの悲劇《ひげき》がありました。

〈氏はSGI会長との初会談で語《かた》った。「私たちは今、『政治』のなかに一歩一歩、道徳やモラルという精神的な面を盛《も》り込んでいこうとしています。困難《こんなん》なことですが、それができれば、素晴《すば》らしい成果を上げられると思っています」

ペレストロイカは、「政治とモラルの結合」「政治の人間化」への挑戦《ちょうせん》であった〉

池田　感動しました。境涯《きょうがい》の深さがわかりました。その深さ、その人間性が、あまりにも時代の先を行っていたのでしょう。進みすぎているゆえに、真意《しんい》がなかなか理解されない——これは先覚者《せんかくしゃ》の宿命です。

先覚者には常に嵐

二百年先に〝真実〟を伝えたい——池田

いよいよ、これから価値ある人生を

ゴルバチョフ　私は、池田会長の友人として、これから価値《かち》ある人生を生きたいと願っています。この対談集も、自然とか、宇宙《うちゅう》のテーマにも広げていきたいと思います。

池田　私もそう望んでいます。私の恩師《おんし》（戸田城聖《じょうせい》・創価学会第二代会長）は「二百年先を考えよ」「二百年先に正義《せいぎ》が証明されるよ。そのときになって、皆、わかってくるのだ」と教えてくれました。

一見、空想的《くうそうてき》に聞こえるかもしれませんが、偉大な人物は、同時代からは批判の嵐《あらし》があるものです。しかし歴史は厳然《げんぜん》と判定します。そのためにも、〝真実《しんじつ》〟を残さねばなりま

せん。その意味で、この対談集が大切になってきます。期待《きたい》が寄せられています。あなたは、地球の運命を百八十度、転換《てんかん》した偉人です。人類史《じんるいし》を「平和」へと前進させた。世界は、その人の真実《しんじつ》の声を待っています。

ゴルバチョフ　ありがとうございます。

改革は漸進的《ぜんしんてき》に　急進主義は七十年前と同じ過《あやま》ちを

意見の対立で「改革」の力は分断

――政界復帰《ふっき》について、氏は結論的に、状況《じょうきょう》が自分を必要とし、人々から要請《ようせい》があれば考えるが、現在の段階では、その意思がないと明言《めいげん》した。その背景として、ロシアの現況《げんきょう》を次のように語《かた》った。

ゴルバチョフ　ソ連時代、改革《かいかく》を今後、どういう方向にもっていくかで、二つの意見が衝突《しょうとつ》しました。経済、政治、連邦《れんぽう》をどうするかという三つの問題がありましたが、改革派の意見は分かれ、その力は分断されたのです。

私は「連邦《れんぽう》を維持《いじ》しながら改革《かいかく》を進める」ことを主張しました。連邦の解体《かいたい》は、ソ連経済と、民衆《みんしゅう》の生活に大打撃《だいだげき》を与えるというのが私の意見でした。しかし、その意見は拒否《きょひ》され、(各共和国の)独立を志向《しこう》する勢力《せいりょく》が大勢《たいせい》を占《し》めたのです。

ところが、やがて独立の波が去った後、ウクライナとかカザフスタンといった国々で世論調査をしたところ、七〇〜七五パーセントの人が、ソ連邦ではなくとも何らかの連邦体の復活《ふっかつ》を希望していることがわかったのです。「ゴルバチョフの言っていたことが正しかった」と多くの人々が、今になって語《かた》っているのです。ソ連のような大国にあって経済を急進的《きゅうしんてき》に改革することは困難《こんなん》です。七十年間、経済・産業面でも一つの国家として生きてきたのであり、あたかも人間の体のようになっていたわけです。それをバラバラに切り離して、一つ一つが生きていけるかどうか。

また、経済は、軍事化されていましたし、所有制《しょゆうせい》の問題など経済構造《こうぞう》の問題もありました。(かつては「急進改革」派が大勢だったが)今では、急進より漸進的《ぜんしんてき》な改革が良いとされています。過渡期《かとき》においては、国家の、監督機関《かんとくきかん》としての役割を保持《ほじ》しながら改革を進めることが望ましいのです。

しかし、現状は、国のコントロールはまったくありません。何もかも市場《しじょう》まかせで、放《ほう》縦《しょう》な状態になっています。それらは、七十年前にボルシェビキ（ソビエト共産党の前身）が行《おこな》ったのと同じ過《あやま》ちを逆《ぎゃく》の形でやっているのです。

〈ボルシェビキは一切を国家がコントロールしようとして失敗したが、今は反対に、何のコントロールもない。どちらも現実と遊離《ゆうり》した極端《きょくたん》なやり方である〉

大砲は「祖国」に向かって撃《う》たれた

ゴルバチョフ　多くの方々がご存じの通り、エリツィン大統領がテレビで「ロシアの経済は危機《きき》に瀕《ひん》している」と演説していましたが、これは連邦解体《れんぽうかいたい》の必然の帰結《きけつ》なのです。私は、連邦解体は多くの人を路頭《ろとう》に迷《まよ》わせ、生活の水準《すいじゅん》は数十年前に戻《もど》ると主張していましたが、残念なことに、その通りになってしまいました。

エリツィン大統領は昨年（九三年）十月、ホワイトハウス（最高会議ビル）に大砲《たいほう》の弾《たま》を撃ち込みました。あのとき、中には子供も女性もいたのです。にもかかわらず、彼は大砲によって、自分自身の政治的な勝利《しょうり》を勝ち取ろうとしたのです。

私は、次のように公言《こうげん》してきました。

「これは、大砲《たいほう》を自分の国に撃《う》ったのだ。自分たちの生命に向かって撃ち込んだのだ」と。まだ若く、根を張っていない民主主義《みんしゅしゅぎ》を殺す行為《こうい》だったと思います。こうした行動は、改革《かいかく》を前進させるものではありません。

とはいえ、祖国《そこく》は祖国です。良くなってもらいたいし、そのためには、だれが指導者であれ、かまいません。成功してほしいし、行き詰まりから抜け出す方途《ほうと》を見つけてほしいと願っています。しかし、現状では、私は心配しています。彼らは自分で自分の道を狭《せば》めているのです。

ロシアの全体主義化の可能性を危惧《きぐ》

ゴルバチョフ　そこで今後は、どのようなシナリオが考えられるでしょうか。ゴルバチョフ財団では、政治セミナーを開いています。

そこには数多くの政治家、政治学者がやってきます。今後の展開《てんかい》について、可能性は二つあると思われます。

一つは、このまま全体主義《しゅぎ》に走ることです。今の政権が、全体主義政権となるケース、あるいは、この（混乱《こんらん》した）状況《じょうきょう》を利用して、新しい全体主義が台頭《たいとう》するケースが想定《そうてい》されます。

全体主義を避《さ》けることができれば、第二の可能性が考えられます。それは、アメリカやドイツが〝大恐慌時代《だいきょうこう》〟を乗り越えるために、国の政治が機能《きのう》して徐々《じょじょ》に経済の立て直しを図《はか》ったようなケースです。時間はかかり、苦《くる》しみますが、少しずつ好転《こうてん》する場合です。

この第二の状況になって、社会が私を必要とし、人々から要請《ようせい》の声があがることがあれば、私はその期待《きたい》から逃げることはしません。だが、今の段階では、政界に復帰《ふっき》する意思はありません。

池田　お心は、よくわかりました。にじみ出る「善《ぜん》」の心に打たれます。祖国《そこく》を思い、民衆《みんしゅう》を思われる真情《しんじょう》を私は忘れません。調和性《ちょうわせい》と論理性《ろんりせい》――その他、東洋人の美質《びしつ》と西洋人の美質《びしつ》を兼ね備《そな》えた希有《けう》の方です。心の中に、豊かな風景が広がっておられる——。

太陽の温かさで私は元気に

——SGI会長は終始《しゅうし》、「スペインへの旅からお帰りになったばかりで、お疲《つか》れになってはいけませんから」と気遣《きづか》い、「短時間であっても、じかに話せば、思想と人格の真髄《しんずい》がわかります。真髄がわかれば、あとは書面でいくらでも広げられるものです」と、氏が割《さ》いていた三時間の対談時間を繰《く》り上げて別れを告げた。

池田　ライサ夫人とともに、いつまでもお元気で！　疲れをためないように、よく休んでください。ご長寿で活躍《かつやく》してください。ご活躍を世界が必要としています。なくてはならない方です。

ゴルバチョフ　ありがとうございます。池田会長の太陽のような温《あたた》かさのおかげで、私はきょう、すっかり元気になりました。次にお会いできる日を、心から楽しみにしています。日本の友人の方々にも、どうか、よろしくお伝えください。

二十世紀の意味「人間不信と人間信頼との闘争」

――対談集のタイトルは『二十世紀《せいき》の精神の教訓《きょうくん》』。

二十世紀とは果たして何だったのか。二つの大戦。社会主義《しゅぎ》革命《かくめい》の実験とソ連での結《けっ》末《まつ》。スターリニズムとナチズムという左右両陣営《じんえい》に発生した悪魔《あくま》的《てき》な絶対権力《ぜったいけんりょく》。科学と産業の急速《きゅうそく》な発達。宗教の衰退《すいたい》と復活《ふっかつ》。

スペクトルのように、めまぐるしい変化――その中心にいつもあったのは、「人間の可能性を信じるか否《いな》か」という問いだったかもしれない。すなわち、〝人間への不信〟の極《きょく》限《げん》は全体主義であり、〝人間への信頼《しんらい》〟の核心《かくしん》は、モスクワ大学でSGI会長が講演した「自《みずか》らの主《あるじ》」「大いなるコスモス」としての人間賛歌《さんか》であろう。

また「一人の人間」が全人類《ぜんじんるい》の宿命をも転換《てんかん》しうるという「人間革命」の哲学であり、運動であろう。

地球を舞台《ぶたい》にした「人間不信と人間信頼の壮烈《そうれつ》な戦い」――その観点《かんてん》から二十世紀を回《かい》顧《こ》するとき、ゴルバチョフ氏のペレストロイカは、世紀後半における「精神革命」の顔を鮮《あざや》やかに示す。

それは、人間を手段化する権力悪《けんりょくあく》への「人間の側からの抗議《こうぎ》」であり、精神を物質に従《じゅう》属《ぞく》させる思想への「精神の側からの抗議」であった。その意味で、氏とＳＧＩ会長との出会いは決して偶然《ぐうぜん》ではない。

初の語《かた》らいの冒頭《ぼうとう》、氏は、いきなりこう語っていた。

「本当に、池田会長とは昔から友人同士のような気がします。以前から、よく知っている同士が、きょう、やっと直接会って、初めての出会いを喜び合っている——私は、そういう気持ちです」

二十世紀《せいき》の教訓《きょうくん》を生かして、「人間本位《ほんい》」の二十一世紀へ、そして二十二世紀へ——対談集の完成を待ち望む声は日増しに高まっている。

〈対談集は『二十世紀の精神の教訓』として、一九九六年七月三日に、潮出版社から発刊された〉

プロフィール

一九三一年三月生まれ。モスクワ大学法学部卒業。ソ連共産党書記長、最高会議議長として「ペレストロイカ」を旗印に内政改革を推進。対外的にも「新思考外交」を打ち出し、中国との国交を正常化、また、ブッシュ米大統領との歴史的な「マルタ会談」によって、米ソ冷戦の終結をもたらす。九〇年に初代大統領に就任。憲法改正と大規模な政治機構改革を断行。翌年、ソ連邦が解体するとともに大統領を辞任。

ノーベル平和賞をはじめ、アルバート・アインシュタイン平和賞、マーティン・ルーサー・キング平和賞など多数の賞を受賞。ゴルバチョフ財団の総裁、国際緑十字（グリーンクロス・インターナショナル）初代会長として、世界各地で活動を展開している。

「慈悲と知恵」の指導者よ　育て

ネパール　国立トリブバン大学副総長
ケダル・バクタ・マテマ氏
1994年10月10日（聖教新聞社）

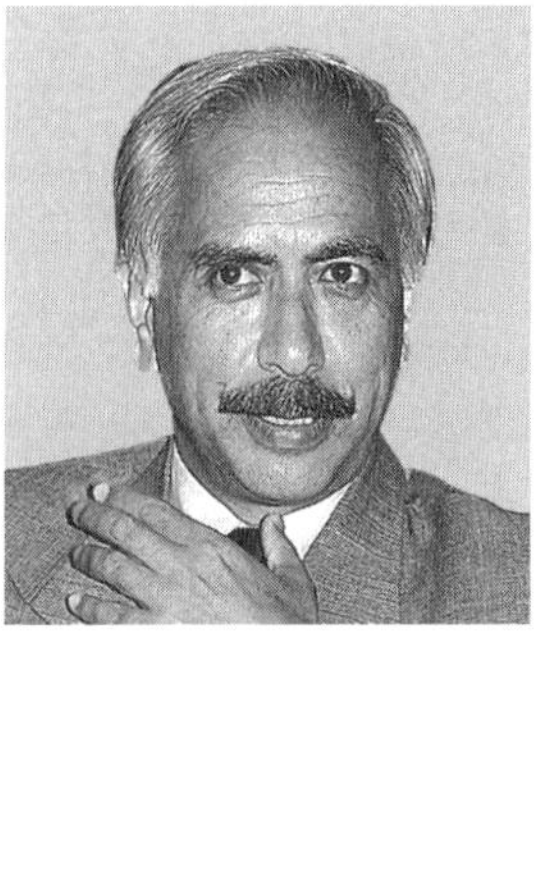

ネパール王国唯一《ゆいいつ》の国立大学であるトリブバン大学のケダル・バクタ・マテマ副総長（総長はビレンドラ国王）と、約二時間にわたり聖教新聞社で会談した。

ここでは「『慈悲《じひ》なき学問』への警鐘《けいしょう》」「『何のため』と問う哲学の力」「価値《かち》創造《そうぞう》の教育の真髄《しんずい》」など、「教育論」を中心に幅広く語《かた》り合った。

また民主化《みんしゅか》への闘争《とうそう》に殉《じゅん》じた同副総長一族の歴史が紹介されるとともに、「ぜひ、ＳＧＩ会長のネパール訪問を」との希望が伝えられた。

「菊は、ネパールでも高貴《こうき》なる花です」

聖教新聞社のロビーに飾《かざ》られた秋の王花。黄金草《おうごんそう》の別名をもつ菊の懸崖《けんがい》作りに、マテマ副総長は目を細めた。小菊の群れが、孔雀《くじゃく》の尾のように、地に垂《た》れて、気品《きひん》を放つ。池田SGI会長は、中国渡来《とらい》の菊花を古来《こらい》から愛《め》でてきた日本の伝統を紹介。語《かた》らいは、花に託《たく》して、文化の薫《かお》り豊かに始まった。

トリブバン大学は、首都カトマンズを中心とする国立の総合大学。一九五九年に国内のすべての大学を一本化して創立《そうりつ》された。全国に約二百のキャンパスをもち、学生数は十五万人を超《こ》える。ネパールは、九〇年に新憲法が公布《こうふ》され、「民主化《みんしゅか》」が実現。同年、マテマ氏が副総長に就任《しゅうにん》した。

池田　マテマ副総長は、教育のため、民主のために、一貫《いっかん》して権力《けんりょく》の横暴《おうぼう》と戦ってこられました。副総長のご一族は、伝統的に権力との闘争《とうそう》を貫《つらぬ》いておられます。

一九二〇年代から五〇年代にかけての三十数年間、副総長のおじいさま、お父さまをはじめ、ご一家全員が、当時の独裁権力《どくさいけんりょく》に反対してインドに亡命《ぼうめい》された。副総長は、そこで、誕生された――。

〈ネパールは、十八世紀《せいき》終わりにシャハ家により統一され王国となった。しかし一八四六年以来、実質《じっしつ》はラナ家一族による専制《せんせい》政治となった。その状態は一九五一年まで続いた〉

マテマ　その通りです。私は、幼《おさな》いころインドで過ごしました。いつも母が台所で働いていたことを覚《おぼ》えています。母はネパールからインドに来た政治亡命者の方々の面倒《めんどう》を、よくみていました。そのなかには、現コイララ首相のお兄さんであるB・P・コイララ氏などがいました。

〈B・P・コイララ氏は民主化《みんしゅか》運動を進めるネパール会議派から五九年、首相に就任《しゅうにん》。しかし翌年から民主化運動は冬の時代に入り、九〇年まで、会議派は非合法組織として地下活動を余儀《よぎ》なくされる〉

池田　貴国《きこく》の有名な詩人リマール（一九一八～七三年）に「母さんの夢」という詩があります。私には、今うかがった副総長のお母さまの姿と、二重写しに思えます。この詩は、母と子の語《かた》らいの形式になっています。

不正《ふせい》と戦う「正義《せいぎ》の人」は来るの？——坊やがたずねます。

「母さん　その人はやって来るの？」

「来るともさ　坊や　その人はやって来るよ　朝日のように光をふりまきながら　やって来るよ

その人が腰に吊《つる》した　露《つゆ》のようにきらきら光る　一本の剣を　お前は見るだろう

その人はその剣で不正と闘《たたか》うのさ！」

「お前こそその人になるだろうと　私は若い頃《ころ》からずっと夢みていたのに！」（『現代ネパール名詩選』佐伯和彦訳、大学書林）

我が子こそ、その「正義の人」になってほしい。それが「母さんの夢」なのだと。叙情《じよじよう》的《てき》なながに、自由のために戦った詩人の熱《あつ》い心が伝わってきます。

マテマ　リマールの詩を引用してくださって、心から御礼申し上げます。うれしく、また、驚《おどろ》きました。私たちが学生だったころ、彼は「革命《かくめい》詩人」として愛読されました。

彼の作品は、時代を象徴《しようちよう》するものでした。たとえば、今、引かれた詩は、「母親たちが、

トリブバン大学は、ネパール王国唯一の国立大学（総長はビレンドラ国王）。
マテマ副総長との語らいは「民主化闘争」と「教育」をめぐって（聖教新聞社で）

いかに国が変わることを願っていたか」を物語っています。当時のネパールはまだ、ラナ家一族が実権をもっていました。いまだ解放されていなかった。自由な国ではなかったのです。彼は詩人として、将来《しょうらい》の変化を願っていました。民主主義《みんしゅしゅぎ》が実現することを、強く望んでいたのです。

池田　その願いを、副総長らが実現された――。お父さまについての思い出は、いかがでしょうか。

権力の介入に抵抗

マテマ　父は、チベット自治区《じちく》の地方政府で、貿易《ぼうえき》に関する委員会を担当していました。父の仕事は、ラナ家一族に対する反対運動の資金づくりでした。

池田　戦う人が高貴《こうき》です。尊《とうと》いのです。七〇年代、民主化《みんしゅか》を求める学生運動が起こるや、トリブバン大学で教鞭《きょうべん》を執《と》られていた副総長は、学生とともに立ち上がられました。そして、教育への権力《けんりょく》の介入《かいにゅう》に対して、断固、戦われた。

大学当局から圧迫《あっぱく》を加えられ、大学での立場は格下げ。副総長は毅然《きぜん》として大学を辞職されました。

マテマ　その通りです。まずブータンで、ユニセフ（国連児童基金《ききん》）のコンサルタントをしました。それからアメリカへ行き、世界銀行の担当官として働きました。そのためワシントンDCを定期的に訪《おとず》れていましたし、その他の多くの都市にも行きました。

一番最初にアメリカに渡ったのは、（イギリスの）エディンバラ大学の学生の時です。行き先はカリフォルニアでした。仕事の経験を積むために応募《おうぼ》し、ネパールの文化やネパール語を、ボランティアで教えていました。カリフォルニア大学に、そうしたプログラムがあったのです。

池田　マテマ副総長は、アメリカの地でも、上層部《じょうそうぶ》のみに偏《かたよ》った当時のネパールの教育を厳《きび》しく批判されました。国全体の「教育の平等化」を訴え続けられました。

私どもの牧口初代会長も教育の偉大な闘士《とうし》でした。日本の「知識偏重《へんちょう》の教育」を真《ま》っ向《こう》から批判し、「子供の幸福を第一義とする」人間教育の実現へ戦ったのです。ゆえに権力《けんりょく》者《しゃ》の嫉《ねた》みと策謀《さくぼう》によって、東京の各地で（小学校）校長の地位を何度も追われています。

〈一九一九年（大正八年）、大正尋常《じんじょう》小学校から転任。二〇年、西町尋常小学校から転任。二二年、三笠尋常小学校で排斥《はいせき》の画策《かくさく》。三一年、白金《しろがね》尋常小学校から転任〉

さらに戦時中には、軍部権力と戦い、獄死《ごくし》しております。精神の自由を守るためには、生命を賭《と》して戦い抜く。民衆《みんしゅう》のために、我が身を捧《ささ》げきっていく。ここに「創価の魂《たましい》」があります。初代会長以来、そうした伝統を貫《つらぬ》いているのが創価学会なのです。

おじは民主化闘争に殉《じゅん》じた　父母も私も続いた――マテマ

貧しい人々のため

池田　副総長の人生の師《し》、あるいは一番、影響を受けた方は、どなたですか。

マテマ　それは、おじです。おじは、今の国王の祖父にあたる方（トリブバン国王）の運動担当の教師をしておりました。王宮《おうきゅう》の中でも、政府の中でも、おじは非常にいい立場にありました。私の一家も、そうでした。しかし、おじは、当時、権勢《けんせい》をふるっていたラナ家一族の横暴《おうぼう》は目に余ると、許せなかったのです。

実権をにぎって国を支配していた彼らは、人々に教育を与えることを拒《こば》んでいました。自分たちにとって脅威《きょうい》になるからです。

池田　よくわかります。悪《あく》の権力者《けんりょくしゃ》は、民衆《みんしゅう》が賢明《けんめい》になることを嫌《きら》うものです。

マテマ　おじは、彼らが許せませんでした。自分の地位や立場などは、おじには関係なかったのです。そんなことは無視《むし》していました。ただ「貧《まず》しい人々のために行動しなければ」と、当時の国王に協力しながら、ラナ家一族を打倒《だとう》するために政党の結成に努力しました。

おじと、もう一人の親族は絞首刑《こうしゅけい》になりました。一緒に戦っていた同志《どうし》の二人は、銃殺《じゅうさつ》されました。しかし、おじの精神が今も、私の人生の基盤《きばん》となっています。

池田　貴重《きちょう》な、胸を揺《ゆ》さぶるお話です。一生、忘れません。私は、「本物の人間」を追求しています。民衆《みんしゅう》のために戦い、信念に殉《じゅん》じる――これこそ荘厳《そうごん》なる「人間性の精髄《せいずい》」です。そこに真の人間の「美」がある。「善《ぜん》」がある。「知性」がある。「正義《せいぎ》」がある。そして「永遠性《えいえんせい》」があります。

民衆利用だけの無慈悲な指導者

マテマ　ありがとうございます。次のような釈尊《しゃくそん》の言葉がF・カプラ（ニュー・サイエンスの科学者）の著書《ちょしょ》に引用されていました。

「慈悲《じひ》なき知識は不完全である。他の人たちを思いやることがなければ、どんなに教育を受け、知識をもっていても無意味である」と。

池田　至言《しげん》です。すべての指導者も、刮目《かつもく》すべき言葉です。私は平凡《へいぼん》な人間です。しかし、仏法者として慈悲というものが、どれほど重大で、どれほど偉大か、どれほど崇高《すうこう》で、どれほど人類《じんるい》の根本問題《こんぽん》であるか、しみじみと感じております。

多くの指導者は善の格好《かっこう》はしても、心の中は無慈悲です。そこに民衆の不幸がある。民衆を見下《みくだ》し、民衆を利用するだけの指導者をそのままにしておいては、不幸の流転《るてん》は止まりません。「慈悲《じひ》」です。指導者にこの一点があればよいのです。

「文化の眼」でネパールに学ぶ

池田　いわゆる〝大国〟に住めば幸せか。そんなことはありません。大国イコール幸福な国とはいえません。小さな国、発展途上《とじょう》の国であっても、人間として、はるかに豊かな場合は多い。はるかに偉大な人生を生きておられる方々もいる。また未来に向かっての向上の息吹《いぶき》があり、人類貢献《じんるいこうけん》の魂《たましい》が光っていれば、その国は高貴《こうき》です。

そう見ていくのが、「文化の眼」「知性の眼」そして「人間の魂の眼」ではないでしょうか。日本人は皆、貴国《きこく》に好意をもっています。しかし、よく知っているかというと、そうではない。そこで貴国について、いくつか質問をさせていただきたい。読者も待っています（笑い）。

マテマ　喜んでお答えします。

池田　釈迦《しゃか》を生んだ釈迦族は「米の栽培《さいばい》」をしたとの説がありますが、現在のネパールの人々の主食は何でしょうか。

マテマ　大半の人々は、米です。ただそれは南部が中心です。北の山岳《さんがく》地帯では米がつくれませんので、ムギ、ソバ、トウモロコシが主食になります。

池田　ネパールの人々は早起きと聞きますが、一般的には、朝、何時ごろに起き、夜は何時ごろに寝ますか。

マテマ　本当に早起きで、五時や五時半に起きるのです。私は夜遅くまで仕事をしますので、それほど早く起きないのですが、電話は五時半ぐらいから、かかってきます（笑い）。一般的に、就寝《しゅうしん》するのは午後十時ぐらいです。

微笑む人々

池田　次に、ネパールの国民性を一言でいうと、どうなるでしょうか。たとえば、俗に、スペインは「情熱的」、フランスなら「優雅《ゆうが》」、イギリスは「堅実《けんじつ》」、ドイツは「理知《りち》的《てき》」、日本は「島国根性《こんじょう》」、アメリカは「冒険的《ぼうけんてき》」というように、一般化して言う場合がありますが。

マテマ　〝微笑《ほほえ》んでいる人たちの国〟という言葉に象徴《しょうちょう》されるように、非常にハッピーな（喜びにあふれた）国民です。素朴《そぼく》で、いつも楽しんで生きている。私もネパール人ですが、ネパール人自身をも驚《おどろ》かせてしまうほどです。

たとえば、民主化《みんしゅか》運動の時、私たちは〝政府を倒そう〟〝権力《けんりょく》を人民《じんみん》に取り戻《もど》すんだ〟と激しく訴えたのですが、変革《へんかく》に立ち上がるという時でさえ、皆、くつろいでいて、ハッピーなのです。

どんな問題や困難《こんなん》が起きても、そういう性格は変わりません。貧《まず》しくても、こうなのですから、豊かになれば、もっとハッピーになれるでしょう。

池田　貴国《きこく》の子供たちは、どんな職業にあこがれますか。日本は時代によって変化していますが——。

マテマ　優秀《ゆうしゅう》な子供たちの間では、最《もっと》も人気が高いのが医者です。次にエンジニアです。ネパールでは、医者一人あたりの人口が二万人ぐらいと、医師が非常に少ない。

地方はもちろん、首都・カトマンズから少し離れた郊外でさえも、医者がいないために苦《くる》しんでいる人がいます。そういう現状に対して、子供たちなりに考えているのかもしれません。

池田　健全《けんぜん》で堅実《けんじつ》な印象《いんしょう》を受けます。現実を見すえながら、未来へ向かって才能をまっすぐに伸ばそうとしている。話は変わりますが、ネパールでの葬儀《そうぎ》の形態《けいたい》はどうでしょうか。日本では火葬《かそう》が中心ですが。

「文明人」は、死を見つめ生を充実

マテマ　ネパールでも、ほとんど火葬です。ただ、山岳《さんがく》地帯では土葬《どそう》の場合もあります。「死」に関して申し上げれば、会長はハーバード大学でのご講演で〝現代人は「死」を受け入れなければならない〟と述《の》べられた。非常に感銘《かんめい》しました。

〈SGI会長は一九九三年九月、ハーバード大学で二度目の講演を行《おこな》った。そのなかで、「生も歓喜《かんき》、死も歓喜」という大乗仏教の核心《かくしん》となる生死観を論じた〉

池田　「死」を見つめ、そこから、よりよき「生」を生み出す――その真摯《しんし》な生き方に、確かに今、多くの人が「死」を受け入れていない。

人間としての真髄《しんずい》があると思います。

「何のために生きるのか」を真剣に考えないのであれば、どんなに高度な物質文明に囲まれ、文明人であると威張《いば》ってみても、本質は野蛮《やばん》な非文明人ということになるのではないでしょうか。日本は残念ながら、そういう風潮《ふうちょう》になってしまいました。

マテマ　私どもの立場で言えば、日本のような産業国、先進国の経験から教訓《きょうくん》を学ぶことが必要です。発展途上国《とじょうこく》として、今後、同じ過《あやま》ちを犯《おか》さないためにも。

池田　貴国《きこく》の調和《ちょうわ》ある発展を念願いたします。「死」の次に、出産はどのように行《おこな》われますか。

マテマ　都市部の人たちは病院で出産します。ただ、それ以外のほとんどの人々は助産婦の助けを受けます。助産婦といっても、正式な教育や訓練《くんれん》を受けた人というのではなく、自分の経験のうえから、産気《さんけ》づいた人がいると駆《か》けつけるわけです。どの村にも、そういう人がいます。

アジアのスイス

池田　よくわかりました。貴国は、ヒマラヤ山脈に代表されるように、世界に誇《ほこ》る大自然があります。また、「ネパール平和地帯宣言」（一九七五年）を打ち出されている。今後、

「アジアのスイス」として、いよいよ注目されていくことと思います。
マテマ 池田会長はアジアに国連の地域本部を設置することを提唱《ていしょう》されています。〈一九九四年の「SGIの日」記念提言〉
素晴《すば》らしい提案です。アジアには世界の人口が集中しており、人口密度《みつど》も高い。また、さまざまな戦争に苦《くる》しんできました。私は、もし提唱が実現するならば、本部を置くのはネパールが最適《さいてき》だと考えています。
池田 学生には、どういう本が人気がありますか。
マテマ さまざまな詩や短編小説を読んでいますが、特にブーピ・シェルチャンという詩人が人気があります。彼は中部山地の出身です。もう生きていませんが、彼の詩は若者たちの心をつかんでいます。
池田 興味《きょうみ》深いお話です。
マテマ 池田会長も詩人であられます。先生の書かれた詩も読ませていただきました。特に自然に関する作品が私は好きです。(簡素《かんそ》な描写《びょうしゃ》で多くを表現する)日本の絵のように、言葉にむだがなく、それでいて「春」や「秋」の雰囲気《ふんいき》が、かもし出されています。

池田　恐縮《きょうしゅく》です。貴国《きこく》の資源《しげん》としては何が挙《あ》げられますか。

マテマ　一番重要な資源は水で、カナダ、ブラジルに次いで恵《めぐ》まれているとされます。水が豊富《ほうふ》なので水力発電も潜在力《せんざいりょく》が高い。日本政府の援助《えんじょ》でダムが建設されていますが、建設に適した場所はたくさんありながら、その資金が足りないというのが現状です。鉱物は多少あるという程度です。

池田　大阪に開港《かいこう》した関西国際空港から、ネパールに直行便《ちょっこうびん》が飛ぶ予定です。今後、ネパールを訪《おとず》れる日本人の数も増えることでしょう。ネパールの魅力《みりょく》は、一言でいうと、どこにあるのでしょう。

マテマ　「人」だと思います。「ネパール人」そのものです。

もちろん素晴《すば》らしい山々や古い建築物もありますが、ネパールを訪れた外国人が何度もまた訪れてくるのは、ネパールの人々が好きだからだと思います。私どもは、大学のスタッフとともに、会長とご家族のご訪問を心待ちにしています。

池田　ありがとうございます。次に、釈尊《しゃくそん》について、ネパール人はどのように見ているのでしょうか。

マテマ　素晴《すば》らしく偉大なる神と思っています。そして、釈尊《しゃくそん》がネパールに生誕したことを非常に大きな誇《ほこ》りとしています。

〝民衆のため〟の文化事業に感動

――語《かた》らいでは、副総長から、創価大学、東京富士美術館、民音の各機関《きかん》を訪問した印《いん》象《しょう》が語られた。

マテマ　訪《おとず》れる先々で、温《あたた》かい歓迎を受けました。感謝と感激で、いっぱいです。もし、これらの機関を訪問せずにいたら、きっと、これほど心が豊かになることなく帰国していたでしょう。どれも美的な建築物です。特に、東京富士美術館が創価大学に隣接《りんせつ》していることに、心打たれました。大学の近くに、こんな素晴らしい美術館がある。教室から歩いていける。何と幸せな、恵《めぐ》まれた学生の方々か、と。

池田　ありがとうございます。かつて、大変に価値《かち》のある書籍をお贈りいただきました。改《あらた》めてお礼を申し上げます。創価大学の図書館に収《おさ》め、大切に活用させていただいております。

〈九二年、マテマ副総長らから『釈尊《しゃくそん》の禅定《ぜんじょう》の体系』などの書籍が贈られた〉

マテマ　民音では、音楽資料館を訪《おとず》れ、大変に感銘《かんめい》しました。また、民音のシルクロード音楽の連続公演は、素晴《すば》らしいと思います。

〈民音音楽資料館は、クラシックを中心とする図書や楽譜《がくふ》、楽器、CD、レコードなどを一般に開放《かいほう》した、日本で最大規模《きぼ》の民間の音楽資料館。利用者はこれまで二十八万人を超《こ》え、九九年十一月に開館二十五周年を迎えた。「シルクロード音楽の旅」公演は、十回開催。このうち九三年の第八回には、ネパール民族芸術団などを招聘《しょうへい》した。また七七年には、民音シルクロード音楽舞踊考察団《ぶようこうさつだん》がネパールを訪れている〉

日本には豊かな文化があります。ネパールでは、日本の自動車などは、よく知られていますが、その文化については、十分に理解されていません。欧米《おうべい》からは芸術家や音楽家が来て公演しています。日本からは、ほとんどないというのが現状です。ですから、ぜひとも民音を通じて、日本の素晴らしい音楽、芸術を、ネパールの人々に紹介していただきたいのです。

各機関《きかん》を実際に訪《おとず》れてみて痛感したのは、本来、国家がなすべきこと、してこなかったことを、池田会長が、誠実に推進されているということです。

〈民音訪問の折、副総長は語《かた》った。「池田博士ならびに民音が『民衆《みんしゅう》のための音楽、文化』を目指されていることに感動します。どこの国でも、文化が、一部の特権階級や金持ちのためのものになっている面があり、『民衆のため』というには、ほど遠いのが現状です。その意味で、皆さまのお仕事は偉大であると思います」

「平和には三つのジャンルがあると考えます。『自身の平和』『自然との平和・調和《ちょうわ》』『他者との平和・調和』です。三番目の『他者との平和・調和』のためには相互の文化交流が大切となります。これは池田博士のお考えでもあると思います」

「民音の五つのスローガンの中にある『国際間の文化交流の推進』については、大変よくわかります。『青少年の音楽教育の推進』を掲《かか》げられていることにも感銘《かんめい》しました。池田博士の哲学、思想、行動の偉大さがここにあるのではないでしょうか」〉

マテマ　けさ、ディタール駐日《ちゅうにち》大使と電話で話したのですが、大使から「池田会長との会見（九二年五月、聖教新聞社で）は、素晴《すば》らしい思い出として心に刻《きざ》まれています。くれぐれも、よろしくお伝えください」との伝言を託《たく》されました。

池田　ありがとうございます。大使との語《かた》らいは、私にとっても、忘れ得ぬひとときでした。

「人間性」が光ってこそ「知恵」

池田　さて、私は副総長に、心からの賛同《さんどう》をお伝えしたいと思っていることがあります。それは教育者としての視点です。

副総長は「現代の教育は知識の偏重《へんちょう》に陥《おちい》り、知恵《ちえ》を与えることを忘れている」と憂慮《ゆうりょ》されている。これを知って私は、教育者としての並々ならぬ洞察力《どうさつりょく》を感じたのです。

マテマ　恐縮《きょうしゅく》です。

会長　私の恩師《おんし》（戸田第二代会長）は、その師（牧口初代会長）とともに教育者でしたが、よく「現代人の大きな錯覚《さっかく》のひとつは、知識と知恵を混同《こんどう》していることだ」と言っていました。

貴国《きこく》ネパールに誕生した釈尊《しゃくそん》も、「智慧《ちえ》」に焦点《しょうてん》を当てた〝偉大なる人類《じんるい》の教師〟でした。釈尊は、なぜこの世に出現したのか。その根本《こんぽん》目的を法華経《ほけきょう》では〝人類の智慧の開

発〟であると示しています。〈開示悟入《かいじごにゅう》の法理など〉

万人に秘められた、限りない知恵《ちえ》を開発していく。これは「創価教育学」の目的と完全に一致します。「知識」だけでは価値《かち》は生まれない。「知識」を生かす「知恵」が、どうしても必要です。現代人は、知恵と知識の区別がつかない。知識があれば、それだけで何か、すごいことのように錯覚《さっかく》しています。

ゆえに、〝精神の眼〟が乱視眼《らんしがん》になる。近視眼となり、あるいは遠視眼となる。「正視眼」ではないのです。「知恵」は、人間の生き方、人間の境涯《きょうがい》と一体です。たとえば、「寛《かん》容《よう》」。たとえば「慈悲《じひ》」。これも内面の「知恵」の表れです。一体です。

ゆえに、知識があっても、それで傲慢《ごうまん》になり、「人を下に見る」としたら、それは「知恵」がない証拠《しょうこ》です。「知恵」がないということは、「知識」についても真に肉化《にくか》し、自分のものにしていないということです。正しく習得《しゅうとく》された「知識」は「知恵」に入る門であり、「知恵」の水を汲《く》み出すポンプだからです。

この関係を、日本人は、なかなか、わかろうとしないのです。

学生は大学に行けなかった民衆を忘れるな――マテマ
民衆を見下《みくだ》す人間こそ愚者《ぐしゃ》――池田

マテマ　（うなずきながら）今、ネパールで憂慮《ゆうりょ》されているのは「何のための教育か」ということです。ネパールで、大学に進学し高等教育を受けるのは、十七〜二十二歳の青年の、わずか四パーセント以下です。

全体の人口からすると、ごく少数の「超特権階級《ちょうとっけんかいきゅう》」に過ぎません。

その彼らが、卒業後、自分たちの利益だけを求めて、進学など考えることもできない大勢《おおぜい》の人々のことを忘れたら大変なことです。国にとっても大いなる損失《そんしつ》です。

かつて私は、アメリカの教育を〝消費者教育〟と批判する文を書きました。「自分のため」「利益のため」――すべての発想の初めに「まず自分」という利己主義《りこしゅぎ》がある。ネパールで、そうした教育をするのは可能でしょうが、決して良いこととは思えません。国民の大半が、高等教育を受けられない人々なのですから。

池田　現実と未来を凝視《ぎょうし》した偉大な言葉です。「何のために大学で学ぶのか」。日本でも、その意識の向上が必要です。教師と学生の自覚が必要です。

副総長のごとく、正義《せいぎ》のうえから、道理のうえから、未来を照らす「予見者《よけんしゃ》」を、国は大切にしなければなりません。

その人から、正しい「未来への道」を謙虚《けんきょ》に学び、即座《そくざ》には実現できなくとも、必ずその方向へ向かわせようと努力する指導者が「智者《ちしゃ》」です。それを、すぐにバカにしたり、傍観《ぼうかん》するだけの人は「愚者《ぐしゃ》」です。指導者にも二通りあるのです。

「知識」だけでは「価値」は生まれない――池田
創造的人間へ　知恵を開発せよ　使命感を与えよ

マテマ　池田会長が提唱《ていしょう》されている「価値創造《かちそうぞう》の教育」に感銘《かんめい》しました。私も、教育者として、会長と同じ思想、同じ信念に立っているつもりです。

そこで、最後に、うかがっておきたいのは、学生に、どうやって価値観《かちかん》を伝えるかということです。また（そういう価値観を学んだ）創価大学の卒業生と、他の大学の卒業生では、どう違《ちが》うのでしょうか。

池田 まず申し上げたいのは、価値の教育といっても、すべて「人間」に集約されるということです。その成果は「人間」の生き方にあらわれます。具体的には、社会にあって、豊かな「知識」とともに、「人間的」「人格的」にも信頼される。周囲《しゅうい》から「立派だな」と信用される人物とならなければなりません。

創価大学の卒業生は、実社会の各分野《ぶんや》で、そうした「信頼《しんらい》」を勝ち得ています。今後ますます、それぞれの立場で〝なくてはならない存在〟として光ってほしい。私は創立者《そうりつしゃ》として、心から、そう願っています。

常に「より高い価値」へ前進

池田 「価値」――それは人間のみが正しく認識し、実感できる課題です。「価値」の基《き》準《じゅん》は「美醜《びしゅう》（美しいか醜《みにく》いか、好きか嫌《きら》いか）」「利害《りがい》（利するものか害になるものか）」「善悪《ぜんあく》（善か悪《あく》か）」にあります。

「美・利・善《ぜん》」は「価値《かち》」であり、幸福をつくる。「醜《しゅう》・害《がい》・悪」は「反価値」であり、不幸をつくります。常に価値を創造《そうぞう》し、反価値をなくす。そうできる「創造的人間」をつくるのが創価教育の目的です。

「美・利・善」といっても、それだけでは、主観的《しゅかんてき》で相対的《そうたいてき》なものです。より以上の美があり、利があり、善がある。したがって、固定的《こていてき》にとらえたり、低い価値で満足するのではなく、常に、よりよい変化を求め、より高い価値を創造し続けていく。その前進し続ける、向上し続ける、創造し続ける「人間」をつくる以外にない。そういう「人格」「魂《たましい》」をつくっていく。

その前進の「原動力」「エンジン」になるのが、「知恵《ちえ》」であり「哲学」です。ゆえに大事なのは、「何のため」という目的観です。これが行動の「基軸《きじく》」となる。「何のために学ぶのか」「何のための知識か」「何のための政治か」「何のための科学か」——

その目的観を明確にしながら、知識を追求《ついきゅう》し、知恵をわかせていく。わかせた知恵で、知識を使っていく。幸福のために。正義《せいぎ》のために。真理《しんり》のために。民衆《みんしゅう》のために。社会のために。

そうした生き方の源泉《げんせん》となるもの――それは人間愛とも、正義《せいぎ》の心とも言ってよいでしょう――を、青年の胸に大樹《たいじゅ》のごとく育てられるかどうか、これが教育の課題だと思っています。「知識」は、それだけでは「価値《かち》」にも「反価値」にもなるからです。

これを心理学的な面から言えば、いかなる「使命感《しめいかん》」を与えられるか、ということにもなるでしょう。自分の崇高《すうこう》な「使命」を自覚する時、才能は急速《きゅうそく》に伸びるものです。

要するに、社会の変革《へんかく》の源泉となる、自分自身の心の革命《かくめい》、境涯《きょうがい》の革命、人格の革命――すなわち「人間革命」を、あらゆる分野《ぶんや》・階層《かいそう》の人々が成し遂《と》げていく。そのための「人間教育」です。

これは、より根本的《こんぽんてき》には「仏法」の次元《じげん》になります。仏法は即《そく》教育であり、教育は即、人間全体をトータルにとらえた哲学を志向《しこう》するのです。

マテマ　よくわかりました。「価値創造《そうぞう》の教育」については、創価大学だけでなく、他の大学にも、大いに啓発《けいはつ》していただきたいと思います。今や、各国において大学は、単に卒業証書を発行するだけの機関《きかん》になりつつあります。「価値」に関する、今のお話は、きわめて重要です。私も、ぜひ他の大学の人々にも知らせていきたいと思います。

池田　ご理解、ありがとうございます。

「世界の最高峰の山々」を抱《いだ》くネパール。「精神界の最高峰」釈尊《しゃくそん》を生んだネパール。その国に、人間としての「最高峰」を求め、懸命に努力する人々がいた。その人々が熱烈《ねつれつ》に池田SGI会長の来訪を待っている。

「少しでも早く来ていただきたい。私は同僚とともに、上司とともに、皆でご来学をお待ちしています」。何度も繰《く》り返す副総長の気迫《きはく》が、印象的《いんしょうてき》であった。

プロフィール

一九四五年十一月生まれ。トリブバン大学卒業。六九年、イギリスのエジンバラ　モレー・ハウス大学院卒。ブータンでユニセフ（国連児童基金）の教育コンサルタントを務め、七六年から九一年まで、世界銀行駐在。九一年から九五年、トリブバン大学副総長。九六年から駐日大使に。

人間の価値は「心の大きさ」で決まる
ネパール王国の心はヒマラヤのごとく

ケダル・バクタ・マテマ氏
1997年7月14日（聖教新聞社）

ネパール王国のビレンドラ国王から池田SGI会長に、「国王陛下《へいか》御即位《そくい》二十五周年記念コイン」が贈られた。授与式《じゅよしき》は聖教新聞社で行《おこな》われ、国王の名代《みょうだい》として、ケダル・バクタ・マテマ駐《ちゅう》日《にち》大使から、SGI会長に授与された。

終了後、同大使、コヒヌー夫人と教育、文化等について語《かた》り合った。

ネパール王国・ビレンドラ国王から
「御即位二十五周年記念コイン」がSGI会長に

授与式《じゅよしき》でマテマ大使は、厳《おごそ》かにスピーチした。

「国王陛下《へいか》より、即位《そくい》二十五周年の記念コインを、お預《あず》かりしてまいりました。池田SGI会長ご自身が、またSGIの友人の方々が、誠実な善意《ぜんい》をもって、陰《いん》に陽《よう》に、即位二十五周年の祝典《しゅくてん》に尽力《じんりょく》していただいたことを、国王陛下は大変に感謝しておられます。陛下に代わり、SGI会長に贈呈《ぞうてい》できることは、私の名誉であります」

コインを贈られたSGI会長は、ビレンドラ国王の四半世紀《しはんせいき》の功績《こうせき》を称賛《しょうさん》し、ネパール王国の繁栄《はんえい》を念願しつつ、謝辞《しゃじ》を述《の》べた。

国王は七二年一月、マヘンドラ国王の後を継《つ》いで即位。二十六歳の若さであった。英国イートン校、東京大学、米国ハーバード大学に留学《りゅうがく》経験のある国王は、教育の重要性のうえから、教育改革《かいかく》に力を注いだ。その成果は、ネパールの「有史《ゆうし》以来の最大の事件」と評《ひょう》価《か》されているほどである。

一九九七年は即位《そくい》二十五周年。ネパールでは、九六年の四月から九七年の四月までの一年間、記念祝典《しゅくてん》が盛大に開かれた。

なかでも、九六年十一月の民音公演――ネパール初の本格的な「日本舞踊《ぶよう》の祭典《さいてん》」は大きな反響《はんきょう》を呼んだ。国王、アイシュワリヤ王妃《おうひ》、ディペンドラ皇太子、スルティー王女がご鑑賞《かんしょう》。公演終了後には舞台《ぶたい》へと上がられ、出演者は、ともに記念のカメラに納《おさ》まった。

日本とネパール。直行便《ちょっこうびん》で九時間の「天に一番近い国」。ネパールと「心の通《かよ》う交流を」――そう願って、SGI会長はこれまで、「文化と教育」の交流を積み重ねてきた。この公演はSGI会長が九五年秋、ネパール教育省、国立トリブバン大学、首都カトマンズ市の公式招聘《しょうへい》により同国を初訪問し、王宮《おうきゅう》にビレンドラ国王を表敬《ひょうけい》訪問。一時間二十分にわたった会見の折に、提案し実現したものである。

池田　国王陛下《へいか》にお会いした際のことは、一生涯《いっしょうがい》、忘れません。〝釈尊《しゃくそん》生誕の国〟にふさわしい尊容《そんよう》の陛下でした。

〈国王はＳＧＩ会長に「一回だけでなく、これから何回もお会いしましょう」と語《かた》った〉

「国民への優しい気持ち」に感動

マテマ　私も国王陛下《へいか》にお会いすると、そのたびに、陛下の知恵《ちえ》と意義深いお言葉に感銘《かんめい》します。とくにネパール国民への優《やさ》しい心をお持ちであることに、深い感動を覚《おぼ》えるのです。

池田　私も同感です。ビレンドラ国王の今回のお心に重ねて感謝申しあげます。

マテマ　今晩、手紙を認《したた》め、会長のお心を必ず国王陛下にお伝えいたします。

――ＳＧＩ会長はまた九五年、国立トリブバン大学で日本人初の「名誉文学博士」に就任《しゅうにん》。「人間主義《しゅぎ》の最高峰を仰《あお》ぎて――現代に生きる釈尊《しゃくそん》」と題して記念講演を行《おこな》った。首都カトマンズ市からは「名誉市民」の称号《しょうごう》が贈られている。トリブバン大学と創価大学の教育交流も具体化し、トリブバン大学から創価大学に第一号の留学生《りゅうがくせい》が、そして、九七年秋には、創価大学の二人の学生がトリブバン大学に留学した。

九六年三月には、青年平和会議とドクター部・白樺会《しらかばかい》・白樺グループによる「難民医療《なんみんいりよう》調査団」がネパールへ。同国東部の難民キャンプなどを訪《おとず》れ、「人道援助《じんどうえんじよ》」のために難民の健康状態や医療の実情を見て回った。九七年七月下旬には、第二回の調査団が、国立病院への救急車の贈呈《ぞうてい》、NGO（非政府組織）の病院への援助などを行《おこな》っている。

日本・ネパールの友情の花「ヒマラヤ桜」

大使との語《かた》らいでは、熱海《あたみ》市にあるヒマラヤ桜が話題に。

池田　ヒマラヤ桜は一九六八年（昭和四十三年）、日本に留学《りゆうがく》中のビレンドラ国王（当時皇太子）から贈られたものです。当時の苗木《なえぎ》も、今は高さ十五メートル。毎年、十一月中旬から十二月にかけて、美しい花を咲かせます。私も写真に納《おさ》めました。

——大使は、SGI会長撮影《さつえい》の写真を見ながら、「この写真を見ただけで、桜の木が、どれだけ生長《せいちよう》したかがわかります。国王に全部、お伝えします」と。

教育のため、社会のために――心を一つに歩まれる大使夫妻と和やかに歓談
（聖教新聞社で）

和《なご》やかな笑顔が印象的《いんしょうてき》なマテマ大使は、著名《ちょめい》な教育者。九四年、トリブバン大学の副総長の時にＳＧＩ会長と初会見。ＳＧＩ会長が、ネパールを訪問した九五年に再会した。

九六年末からネパール王国の駐日《ちゅうにち》大使として日本に赴任《ふにん》し、この日の語《かた》らいが実現した。

池田　ネパール訪問の際には、陰《いん》に陽《よう》に、お世話になり、友情は一生涯《いっしょうがい》、忘れません。貴国《きこく》でのあの素晴《すば》らしい思い出――風景も、気候も、人々の心も最高でした。

私たちは仏法を信奉《しんぽう》しています。その元

は、貴国《きこく》に誕生した釈尊《しゃくそん》です。その意味で、大切な国なのです。

マテマ　私たちにとっても、会長の訪問は大切な思い出です。

池田　マテマ大使のお父さまは、八十五歳。若き日に独裁《どくさい》政権に反対し、ご一家はインドに亡命《ぼうめい》された。前回(九四年)にも話しましたが……。

マテマ　その通りです。

池田　大使の母君は、亡命先のインドで、ネパールからの多くの政治亡命者を受け入れ、面倒《めんどう》を見てこられた。立派です。

その一人に、大詩人デウコタもいました。彼は、うたっています。

「我々は、この世界を理解しなくてはならない。臆病《おくびょう》であってはならない。世界を直視《ちょくし》し、勇気を奮《ふる》い起こすのだ。この世に生きている間に、大空へと翼《つばさ》を広げるのだ」

私も広げています。心の翼を天空いっぱいに広げて生きようと思っています。

彼はまた「人間は、心の大きさによって評価《ひょうか》されるべきである。名声《めいせい》や階級によってではなく」と言っている。まさに、このことを私は日本人に訴えたいのです。貴国《きこく》には偉大な詩人がおられる。賢人《けんじん》がおられる。哲学者がおられる。私は心から尊敬します。

貴国《きこく》の先覚《せんかく》の詩人シュレスタ。彼は、民主主義《みんしゅしゅぎ》の闘争《とうそう》に身を捧《ささ》げ、四年間、投獄《とうごく》されました。それでも負《ま》けなかった。私も、そういう人を育てたいのです。

彼は言います。「私は平気だ。たとえ、あらゆる敵《てき》が手を組んで、私の行く手を阻《はば》もうとも。けたたましい音をたてて、轟然《ごうぜん》と雲が逆巻《さかま》き、大空全体が黒く青く、すさまじい色に変わり、恐ろしい様相《ようそう》を呈《てい》しても。私の魂《たましい》は不滅《ふめつ》なのだ。そうだ、私は断じて屈《くつ》しない！」と。

マテマ　その通りです。

池田　そして貴国の人道《じんどう》詩人サマの詩には、こういう一節があります。

「この自然のままの地球を、人工の束縛《そくばく》から解放《かいほう》しよう。

人種や宗教、国家や共同体などの『足かせ』を断《た》ち切るのだ！

国と国の間に立ちはだかり、小さな地域をさらに狭《せば》めている国境線《こっきょうせん》を消し去るのだ！」

世界の最高峰ヒマラヤから見渡したような大境涯《だいきょうがい》です。

マテマ　我が国の詩を紹介してくださって、ありがとうございます。池田会長は、ネパールの詩や文化に、本当に造詣《ぞうけい》が深い。お話をうかがっていると、ホームシックにかかるほどです（笑い）。

――マテマ大使は、トリブバン大学で英文学の修士号を取得《しゅとく》。英国・エジンバラのモレー・ハウス大学院で修士課程を修了。トリブバン大学教育研究所の言語学部長等を経《へ》て、ビレンドラ国王が総長を務《つと》めるトリブバン大学の副総長に。

また、ユネスコ・ネパール評議会委員、ネパール王立科学技術院委員等を歴任《れきにん》した。『創価教育学体系』の、知識に偏重《へんちょう》しない人間教育の理念に共感を寄せている。

愛読する作家は、スタインベック、ヘミングウェイ、D・H・ロレンス。

また大使は、ネパールの著名《ちょめい》な仏教学者・シャキャ博士の教え子。〈SGI会長はシャキャ博士と九二年に聖教新聞社で会見〉

トリブバン大学で数年間、博士のもとで学び、博士が副総長の時は、大使はキャンパス運営の中心者として仕事をともにした。

希望あるところ道は開ける!!

池田　（大使の）コヒヌー夫人は、二人のお子さんを立派に育てながら、高校・中学で教鞭《きょうべん》をとられました。また「女性のための教育」「女性の社会参加」など、道なき道を開き、尊《とうと》き貢献《こうけん》を貫《つらぬ》いてこられました。これを私は賛嘆《さんたん》したいのです。

コヒヌー夫人　ありがとうございます。

池田　貴国《きこく》の美しいことわざに「希望あるところ、道は開ける」とあります。「私は戦う!!」。そういう崇高《すうこう》な炎を燃やして道を開いている人が、日本には、めっきり少なくなりました。残念です。日本の良さが消えてしまわないように——そのために私たちは戦っています。

大使が愛読されるアメリカの文豪《ぶんごう》スタインベック。名作『怒りの葡萄《ぶどう》』は、「希望の土地」を求めて、カリフォルニアへと向かう一家の苦闘《くとう》を描《えが》いたものです。

小説の中で、忘れ得ぬ場面があります。

——いざ、旅を始めようとするとき、父親は「できるだろうか?」と弱音《よわね》を吐《は》く。

その声に、母がきっぱりと言う。

「できるかっていう問題じゃないよ。そうするかっていう問題だよ」

「『できるか』っていうことになりゃ、あたしたちにゃなんにもできやしない……だけど、『するか』ってことになりゃ、なァに、あたしたちはしようと思うことをするだけのことだよ」（『怒りのぶどう』大橋健三郎訳、岩波文庫）と――。

一家は、この逞《たくま》しき母を中心に、強き絆《きずな》で、困難《こんなん》に立ち向かっていきます。「できるかどうか」ではない。何としても「するんだ」――この強き一念は、大使のお母さまにも、また奥さまにも共通するのではないでしょうか。

マテマ　SGI会長の言葉は、素晴《すば》らしく啓発的《けいはつてき》です。言葉は、いわば〝固体《こたい》〟です。ひとたび口から出されると、消えずに厳然《げんぜん》と残ります。「塵《ちり》のように掃《は》いて捨てる」ことはできません。

会長と対話していると、これまで、どれほど深く思索《しさく》し、行動されたか。また、これからのことについて、どれほど多くのアイデアをお持ちであるか、よくわかるのです。

池田　恐縮《きょうしゅく》です。大使のお言葉こそ、教育者らしく、ひとつひとつの含蓄《がんちく》が深い。

池田会長は言行一致〝世界平和を強固にした人〟――マテマ

マテマ　今回の栄誉《えいよ》も、SGI会長の「崇高《すうこう》な思想」と「偉大な行動」に対して贈られたものです。「言行《げんこう》一致」という言葉があります。

つまり、ただ考えるだけでは哲学者にすぎない。ただ行動するだけでは、実行者にすぎない。

「考えること」と「行動すること」の両者が〝よき結婚〟をしてこそ、偉大な人格者となるのです。SGI会長こそ、その人です。

――マテマ大使は、ネパールの写真集に、こう献辞《けんじ》をしたためた。

「池田会長は、人類《じんるい》の向上のために貢献《こうけん》し、世界平和を強固《きょうこ》にした人物です。その功績《こうせき》に称賛《しょうさん》をこめて」

そう綴《つづ》る大使の手に握《にぎ》られたペンは、三年前（九四年）の会見の際にSGI会長が贈った友情の品。大使は笑《え》みを浮かべながらも、強い口調《くちょう》で語《かた》っていた。

「SGI会長から頂戴《ちょうだい》したこのペンは、私用には使いません。ネパール王国を代表する際にだけ使うと決めているのです。きょうが、その日です」と。

式典《しきてん》も、語らいも、人間らしい「ふくよかな心の香気《こうき》」に包まれて――。

1995—1996

陳　世良氏

（中国　新疆・亀茲石窟研究所所長）

ファビオ・マガリャンエス氏

（ブラジル　ラテン・アメリカ記念財団総裁）

マルガリータ・I・ヴォロビヨヴァ氏

（ロシア　法華経研究者）

ジャスティス・S・モハン氏

（インド最高裁判所元判事、世界芸術文化アカデミー副会長）

シルクロードが育てた「世界精神の智者」（羅什三蔵《らじゅうさんぞう》）

中国　新疆・亀茲石窟研究所所長
陳　世良氏
1995年4月13日（東京牧口記念会館）

法華経《ほけきょう》の漢訳者《かんやくしゃ》・羅什三蔵。その出身地・亀茲《きじ》（クチャ）にある中国の新疆《しんきょう》・亀茲石窟《せっくつ》研究所の陳世良《ちんせいりょう》所長と、東京牧口記念会館で対談した。SGI会長は、羅什生誕千六百五十周年にあたる一九九四年、同研究所の高級名誉研究員に就任《しゅうにん》している。この日は「シルクロードが育《はぐく》んだ羅什の偉業」「文明融合《ゆうごう》のモデル・新疆」「亀茲国の興亡《こうぼう》の要因《よういん》」などをめぐり語《かた》り合った。

大仏教者《羅什三蔵》の故郷《亀茲》は四大文明の接点——陳
法華経の名訳は激浪《げきろう》の人生の結晶——池田

東西を結んだ「人類《じんるい》の大動脈《だいどうみゃく》」シルクロード。長安《ちょうあん》から中国・北西部に向かう。ロマンの敦煌《とんこう》——。その先が広大な新疆《しんきょう》ウイグル自治区《じちく》である。栄光の楼蘭《ろうらん》もこの地に。北には天山《テイエンシャン》の山並み。南にはタクラマカン砂漠《さばく》。シルクロードに点在するオアシス都市の一つが亀茲《きじ》。標高《ひょうこう》一一〇〇メートルの高原の町である。

池田　陳所長が活躍《かつやく》されている新疆の大地。私が歴史学者のトインビー博士と対談した際、話題になりました。人類史を壮大《そうだい》なスケールで研究されていた博士に、私は質問しました。「トインビー博士が生まれてみたかったと思うのは、どの時代の、どの地方になりますか」。

博士は答えました。「私は多くの異民族《いみんぞく》、異文明が互いに出あい、接触《せっしょく》し、融合《ゆうごう》したような国に生まれてきたかったと思います。できたら、西暦紀元《せいれききげん》が始まって間もない時代の新疆《しんきょう》がよかったと思います。

ちょうどそのころ、大乗仏教がインドから新疆を経《へ》て東アジアへと伝えられています。当時の中央アジアは、仏教、インド文明、ギリシャ文明、イラン文明、中国文明が、すべて合流したところです。

私も、当時のそうした種々の出来事のなかで、ひと働きしてみたかったと思うのです。もし、カシュガルやホータンのような中央アジアの一都市の住民として生まれていたら、最《もっと》もやりやすかったでしょう」——と。

陳　おっしゃる通りです。かつて新疆は、インド、イラン、ギリシャ、中国という四大文明の接点の都市だったのです。

池田　二十一世紀《せいき》の地球文明の融合——それを志向《しこう》するとき、新疆の歴史とロマンに学ぶことが重要となると私は思います。トインビー博士と、そのことを語《かた》り合ったことを懐《なつ》かしく思い出します。

「新疆《しんきょう》」という名前には「新《あら》たな開拓地《かいたくち》」という意義が含まれています。過去から現在へ、そして現在から未来へと広がる人類史《じんるいし》の「新たな開拓地」として、私たちは、もっと新疆に学ばねばなりません。

陳　ありがとうございます。池田先生は先日、新疆大学の名誉学長に就任《しゅうにん》が決まりました。心からお祝い申し上げます。

池田　恐縮《きょうしゅく》です。いよいよ新疆のために尽《つ》くしていきたい——光栄とともに重い責任を感じています。新疆の素晴《すば》らしさを広く紹介する決心です。

陳　感謝します。なぜ、新疆が大きな文明の接点となりえたのか。二つの理由が考えられます。第一に、地理的な条件です。新疆はシルクロードの要衝《ようしょう》です。東西を行き来するとき、高き山脈を望み、広大な砂漠《さばく》に囲まれたこのオアシス都市を必ず通らねばなりません。第二には、優《すぐ》れた環境《かんきょう》です。

池田　なるほど。それは有名ですね。

陳　ええ。例えば土壌《どじょう》が優れています。子供のころ読んだ法顕《ほっけん》の伝記に、「西域《さいいき》を訪《おとず》れた際、雨期でもないのに作物が植えられていて大変、驚《おどろ》いた」という記述《きじゅつ》がありました。

仏教を東方に伝えた「羅什三蔵」をめぐり陳所長と。仏教の世界精神は「今」、東方から世界を照らしゆく（東京牧口記念会館で）

私は、新疆《しんきょう》に来て、初めて、その理由を知りました。天山《テイエンシヤン》山脈の雪解《ど》け水が川になり、大地を潤《うるお》しているのです。驚《おどろ》いたことに、ここでは雨は作物の敵《てき》なのです。土地に含まれた強いアルカリ分が染《し》み出て、作物がやられてしまうからです。雪解け水は反対に、アルカリ分を抑《おさ》えてくれるのです。

池田　よくわかりました。亀茲《きじ》にも、天山の雪解け水を集めた〝母なる川〟クチャ川が流れていますね。多くの果物《くだもの》が採《と》れると聞いています。スイカ、リンゴ、アンズ、モモ、ナシ、ブドウ――清らかな水に育《はぐく》まれ、甘《あま》くておいしいと有名です。天をつくようなポプラの並木の美しさも――。
陳　新疆《しんきょう》のことを、本当によくご存じで、うれしく思います。
池田　私は貴《き》研究所の〝高級名誉研究員〟ですから（笑い）。新疆には四つの〝ずば抜けたもの〟があると言われます。それは、寒さが厳《きび》しいこと、風が強いこと、砂漠《さばく》が広いこと、山が大きいことです。
土壌《どじょう》の素晴《すば》らしさとともに、こうした過酷《かこく》な自然環境《かんきょう》もある。その中をたくましく、明日へと生き抜く人々――その人格は鍛《きた》えられて強く、そして深い。
陳　私もそう思います。
池田　陳所長らが研究されている亀茲《きじ》の大石窟《だいせっくつ》は、美しい壁画《へきが》に彩《いろど》られています。かの敦煌《とんこう》よりも古い歴史をもつことは、日本ではあまり知られていないかもしれません。
数ある石窟のなかには「音楽洞《どう》」と呼ばれるほど、その壁画に多くの楽器が描《えが》かれているものがあり、感嘆《かんたん》させられます。亀茲が「平和の都《みやこ》」「文化の都」「音楽の都」であった証明といえましょう。
優《すぐ》れた歌や舞――「亀茲楽」はシルクロードを越えて、唐《とう》の都・長安《ちょうあん》（西安《せいあん》）の人々を魅了《みりょう》しました。あの楊貴妃《ようきひ》にも愛されました。さらに、日本の雅楽《ががく》にも影響《えいきょう》を与えています。正倉院《しょうそういん》にある宝物「五絃琵琶《ごげんびわ》」は、かつて亀茲《きじ》で流行したもので「亀茲琵琶」とも呼ばれる。亀茲の壁画《へきが》にも描《えが》かれています。私どもと新疆《しんきょう》は、遠い昔から文化で結ばれているのです。

ところで、古代《こだい》の亀茲の人々が使った文字・クチャ（亀茲）語は、まだ解読《かいどく》されておらず「謎《なぞ》の文字」と言われています。この文字は、ギリシャやローマの字に近いとされていますが、どうでしょうか。

陳　「クチャ語」は国際的には「トカラ語」と呼ばれています。「トカラ語」は、「トカラA」「トカラB」と二つに分類《ぶんるい》されます。

亀茲を中心とする地域で使われていたのは「トカラB」のほうです。（分かれる前の）本来のトカラ語がアフガニスタンで発見されました。そこで私たちは（トカラBを）クチャ語と呼んでいます。

字体は、インドのある言語の文字に近く、言葉の特徴《とくちょう》は、インド・ヨーロッパ語、あるいは東イラン、またはドイツ、さらにはイタリアの一地方の方言《ほうげん》に似《に》ているとの指摘《してき》もあります。

壮大なる交流

池田　なるほど。当時、亀茲《きじ》を中心として、どれほど壮大《そうだい》な交流が行《おこな》われていたかが、うかがえますね。

陳　その通りです。この文字が書かれた木簡《もっかん》が六十余り、研究されています。紙の上にも書かれています。このほか、石窟《せっくつ》の中の題字としても使われています。また、石窟の中には、漢語《かんご》、ウイグル語、トカラ語の三種の文字が、並べて書かれているものもあります。当時、漢民族《みんぞく》、ウイグル族やインドなどの文化が融合《ゆうごう》していたことがわかります。

池田　明快《めいかい》なお話に感謝します。こうした文明融合の大地が生んだ「不滅《ふめつ》の智者《ちしゃ》」が羅《ら》什三蔵《じゅうさんぞう》（鳩摩《くま》羅什）です。

羅什生誕千六百五十年を記念して制作された二体の「若き羅什像」のうちの一体を、昨年（一九九四年）八月、貴《き》研究所から贈呈《ぞうてい》していただきました。改《あらた》めて御礼を申し上げます。大変な栄誉《えいよ》です。永遠《えいえん》の友誼《ゆうぎ》の象徴《しょうちょう》として、大切な宝にさせていただきます。二つしかない羅什像《らじゅうぞう》の、もう一体が、貴《き》研究所の正面に設置《せっち》されているのを、写真で拝見いたしました。

陳　私どもは鳩摩《くま》羅什を大変に深く尊敬しております。ゆえに昨年、偉大な学者であり、仏教者であった羅什への敬意《けいい》を込めて、彼の故郷《こきょう》・亀茲《きじ》で、生誕千六百五十年を記念する国際学術会議を開催したのです。

会議にはSGI会長が素晴《すば》らしいメッセージを送ってくださり、錦上《きんじょう》に花を添《そ》えていただきました。改《あらた》めて、心から感謝申し上げます。会議の模様《もよう》を収《おさ》めたビデオを製作しました。その一番最後に、SGI会長のメッセージを引用させていただきました。

使命の走破《そうは》へ〝絶後光前《ぜつごこうぜん》〟の戦い

池田　大変な歴史です。感謝します。私どもの信奉《しんぽう》する日蓮大聖人は、羅什を、大変、高く評価《ひょうか》しておりました。「私の言入れぬ人」——こう羅什を称賛《しょうさん》されたのです。

仏の言葉に自分勝手《かって》な言葉を交《まじ》えない人。自分の小さな境涯《きょうがい》や、偏《かたよ》った癖《くせ》で仏の境界《きょうがい》を推《お》し量《はか》るのではなく、「私なき心」で仏の真意《しんい》に肉薄《にくはく》し、自分を高めて、正確無比《せいかくむひ》に、民《みん》衆《しゅう》へ、後世《こうせい》へ伝えていったのです。

〈御書に「月支《がっし》より漢土《かんど》へ経論《きょうろん》わたす人一百七十六人なり其《そ》の中に羅什《らじゅう》一人計《ばか》りこそ教主釈尊《きょうしゅしゃくそん》の経文に私の言入れぬ人にては候へ《そうら》」(一〇〇七ジペー)――インドから中国へ経・論を伝えた人は、百七十六人である。その中で、羅什一人だけが、教主釈尊の経文に自分自身の言葉を入れない人であった――とある〉

鳩摩《くま》羅什の訳業《やくぎょう》は、「絶後光前《ぜつごこうぜん》」。すなわち、後代には二人となく、前代(の正誤《せいご》)をも照らす――と称《たた》えられています。私どもにも多くの通訳、訳者がいますが、すべて「羅什三蔵《さんぞう》に見習え」が合言葉です。

このように羅什を偉大な訳者たらしめたものは、何だったのでしょうか。そこには、羅什の生《お》い立ち、なかんずく母親の影響《えいきょう》が大きかったと考えられます。

鳩摩羅什は、西暦《せいれき》三四四年、亀茲国《きじこく》で誕生しました。羅什の父・鳩摩羅炎《らえん》は、インドの名門の人だったといわれています。中国へ仏法を流布しようとして、宰相《さいしょう》の地位を辞退《じたい》し、仏教が栄えていた亀茲国《きじこく》にやってきます。そこで、亀茲の国王に歓迎され、王の妹と結婚。そして、羅什《らじゅう》をもうけたのです。このため父は還俗《げんぞく》したが、戦乱《せんらん》のなか、長い将来《しょうらい》を考えて、自分の力で法を広めるよりも、生まれてくる我が子に使命《しめい》を託《たく》そうとしたのかもしれません。

母の愛に応《こた》えるのだ　師への誓いを果たすのだ

池田　亀茲国王の妹であった羅什の母は、色白で、花のように美しい人だったといわれています。また、大変に聡明《そうめい》で、心清く、意志の強い女性であったようです。

その母は、羅什が幼《おさな》いころに出家します。おそらく羅什は、寂《さび》しい思いもしたことでしょう。

しかし、周囲《しゅうい》の反対を押し切ってまで、人生の道を求めようとした母の真剣な求道《きゅうどう》の姿は、幼い羅什の胸に深く刻《きざ》まれたにちがいありません。また、そこに「我が子よ、使命を自覚せよ」との母の愛を感じたかもしれない。

羅什《らじゅう》は七歳の時に母の後を追うように、出家しています。

陳　「高僧伝《こうそうでん》」という伝記の中に、そのことについて書かれています。羅什が出家した寺院は、ちょうど私たちの研究所がある場所――つまりキジル千仏洞《せんぶつどう》の石窟《せっくつ》のあたりにあったのではないかと考えられます。このことは、私の研究論文でも論じています。

池田　素晴《すば》らしいご研究です。当時、インドで最《もっと》も仏教研究が盛《さか》んであった罽賓国《けいひんこく》（現在のカシミール地方）に、羅什を連れていったのも、母でした。

やがて、羅什が二十歳になり、受戒《じゅかい》するのを見届けるや、母は亀茲《きじ》を去り、一人、インドへと旅立ちます。これは、〝仏道を求めたため〟とも〝兄の専横《せんおう》をいさめるためだった〟ともいわれています。

今生《こんじょう》の別れにあたって、母は息子・羅什に、こう語《かた》ったといわれています。

「大乗の教えは、必ずや中国に広めなければなりません。それは、ただ、あなたの力によるのです。ただし、それによって自分に利益があるわけではありません。覚悟《かくご》はできていますね」

この遺言《ゆいごん》のごとき母の教えのままに、羅什は、使命《しめい》の道を走り抜いたのです。

陳　その通りです。羅什《らじゅう》と母の別れは西暦《せいれき》三八三年ごろのことと言われています。羅什の決意は、大変に深く、強いものだったのでしょう。自分に利益があろうと、なかろうと、それはまったく関係のないことでした。「自分の生涯《しょうがい》を仏法流布に捧《ささ》げよう」との決意が揺《ゆ》らぐことはありませんでした。

中国に仏教が伝えられた歴史は、羅什の一生と切っても切り離せないものです。ゆえに、羅什をどれほど高く評価《ひょうか》しても、しすぎることはないと思います。

決定的な出会い

池田　まったく同感です。話は戻《もど》りますが、羅什は十二歳でインドでの修学《しゅうがく》を終え、亀茲《きじ》に帰国する途中、沙勒《しゃろく》（カシュガル）の国に立ち寄ります。そこで、師《し》・須利耶蘇摩《スーリヤーソマ》と出会う。

羅什が、この師のもとで学んだのは、決して長い期間ではありませんでした。およそ一、二年の間だったと考えられています。しかし、それは羅什にとって決定的な出会いとなりました。師の教えによって、それまでの小乗への執着《しゅうちゃく》を捨て、大乗仏教へと開眼《かいげん》したからです。羅什《らじゅう》は語《かた》っています。「吾《われ》昔小乗を学べるは、人の金《こがね》を識《し》らずして鍮石《とうせき》を以《もっ》て妙と為《な》すが如《ごと》し」（私が昔、小乗を学んでいたのは、人が金を知らないで銅や石をすぐれたものとしているようなものである）

まさに劇的《げきてき》な転換《てんかん》でありました。大乗の流布を託《たく》す弟子《でし》を見つけ、心血《しんけつ》を注《そそ》ぎ込んで講義しゆく師《し》。それらを懸命に吸収し、みずみずしく成長する弟子。

法華経の陽光を

池田　その師弟《してい》のドラマは、法華経伝弘《ほけきょうでんぐ》の付嘱《ふぞく》に至ってクライマックスを迎えます。日蓮大聖人も、御書の中で経典《きょうてん》を引いて、その模様《もよう》を紹介しておられる。

――大師・須利耶蘇摩《スーリヤーソマ》は、左手に法華経を持ち、右手で羅什の頭をなで、法華経を授与《じゅよ》して、こう語った。

「釈尊《しゃくそん》という太陽が西のインドに入滅《にゅうめつ》されて、その残光《ざんこう》が、まさに東に及ぼうとしている。この法華経は東北に縁《えん》がある。あなたは心して、この法華経を伝え弘《ひろ》めよ」と――。

〈御書一〇三七㌻〉

陳　羅什《らじゅう》の大乗研究は有名です。羅什に小乗を教えた槃頭達多《バンドゥダッタ》という師《し》が、後に羅什に出会って、小乗を捨て大乗に帰依《きえ》したという逸話《いつわ》が残っています。

苦難を越えた平和と教育の使徒《しと》

偉業の陰《かげ》に「想像を絶する努力」が

池田　羅什は、学びに学んだ「努力の人」でありました。七歳で出家したあと、十数歳で小乗経典《きょうてん》をすべて学びつくした。さらに、文典《ぶんてん》・訓詁学《くんこがく》、工芸・技術・暦数学《れきすうがく》、医学・薬石学《やくせきがく》など、学芸全般にわたって幅広く学んでいます。

語学においても、天竺《てんじく》（インド）語、梵語《ぼんご》（サンスクリット語）をはじめ西域《さいいき》各国の言語にも通じていたとされています。若き日に必死に学び抜いた万般《ばんぱん》の知識が、後の仏典漢訳《ぶってんかんやく》にすべて生かされました。歴史に輝《かがや》く羅什の偉業は、「想像を絶する努力」の果てに打ちたてられた金字塔《きんじとう》です。

仏教を広めるには仏教だけを知っていればよいのではない。仏教は即《そく》社会であるゆえに、社会の万般《ばんぱん》の知識を身につけてこそ、現実に仏教が「開かれて」いくのです。

陳　羅什《らじゅう》は、中国において、仏典《ぶってん》の翻訳《ほんやく》はもちろん、思想、文化、文学など、ありとあらゆる分野《ぶんや》に「新しい次元《じげん》」を開きました。ここに大乗仏教の真髄《しんずい》があると思います。

池田　その通りです。大乗仏教は、必ず「平和へ」「文化へ」「教育へ」と開かれていくものです。羅什は、三十代後半から五十代にかけての最《もっと》も働き盛りの十六年間、囚《とら》われの身となって、不遇《ふぐう》の日々を強《し》いられています。

〈亀茲国《きじこく》が前秦《ぜんしん》に侵攻《しんこう》される。羅什も中国に連行され、長安《ちょうあん》の約千キロ手前の涼州《りょうしゅう》の地に十六年もの間、幽閉《ゆうへい》される〉

仏の教えを聞こうともせず、礼儀もわきまえない武人たちに囲まれ、軽んじられ、迫害《はくがい》を受けた。命の危険にも脅《おびや》かされた危難《きなん》と悲痛《ひつう》の十六年間でした。しかし、羅什は屈《くつ》しませんでした。

来《きた》るべき日のために、精進《しょうじん》に精進を重ね、大乗経典《きょうてん》の研究はもちろん、漢語《かんご》の習得や中国の古典《こてん》の研鑽《けんさん》にも励《はげ》み、やがて流麗《りゅうれい》な漢詩《かんし》をつくれるまでになったといいます。それに加えて、この苦難があったからこそ、「人間」の真実《しんじつ》を見る目が磨《みが》かれた。「心」と「生命」の法を、より深く知ったにちがいありません。

ほとばしるごとく!! 晩年の輝き

池田　こうして蓄《たくわ》えた力が、長安《ちようあん》入りするや、堰《せき》を切った勢《いきお》いで、経典《きようてん》の訳出《やくしゆつ》に取り組む原動力となりました。

十六年間の苦闘《くとう》があったからこそ、〃およそ十日間で一巻〃という早いペースで三百数十巻にのぼる経典の訳出をし、とりわけ宿願《しゆくがん》である法華経《ほけきよう》の漢訳《かんやく》を完成することができた。まさに勝利《しようり》と充実の晩年《ばんねん》を迎えたのです。

陳　おっしゃる通りです。先ほども述《の》べましたが、彼は、たとえ自分には利益がないとわかっていても、仏教の「偉大な精神」を訳し、流布《るふ》しようとの決意に燃えていたのです。この決意があれば、現在も東洋の文化を開花することができると思います。

池田　羅什《らじゆう》の心、その世界精神は、二十一世紀《せいき》に、いよいよ輝《かがや》いていくにちがいありません。長安《ちょうあん》の都《みやこ》での鳩摩羅什《くまらじゅう》の訳場では、少ない時でも五百余人、重要な大乗経典《きょうてん》が訳《やく》出《しゅつ》されるときは、八百人から二千余人と、戦乱《せんらん》の時代としては膨大《ぼうだい》な僧が集まっています。羅什の影響力《えいきょうりょく》の大きさと、人望《じんぼう》の厚《あつ》さを物語っています。智《ち》は天山《テイエンシャン》のごとく高くそびえ、徳はオアシスのごとく人々を潤《うるお》した――。

羅什の翻訳《ほんやく》作業には、大きな特徴《とくちょう》がありました。「師《し》の講義を弟子《でし》たちが、そのまま筆録《ひつろく》する」という、それまでの形式を打ち破り、質《しつ》疑《ぎ》を交《まじ》えた〝対話の場〟をつくったのです。皆の意見を尊重《そんちょう》しながら、検討《けんとう》を重ね、その上で師・羅什が訳を完成させていきました。独善《どくぜん》や一方的な講義ではなかった。生き生きとした、知恵《ちえ》の交流、生命の交流のなかから、あの「法華経《ほけきょう》」の名訳《めいやく》は生まれたのでしょう。

陳　羅什の法華経の漢訳《かんやく》が完成したのは四〇六年ですが、その年の終わりに、訳場に連《つら》なった彼の弟子八百人が菩薩《ぼさつ》の戒《かい》を得ました。法華経の漢訳が、当時の社会に、どれほど影響を与えたかを示す証《あかし》であると思います。

「文化主義」の都・亀茲国

内なる敵は腐敗僧《ふはいそう》　外なる敵は武力主義

池田　ところで鳩摩羅什《くまらじゅう》を生んだ亀茲《きじ》の国は、三世紀《せいき》から四世紀にかけて、一大仏教王国として繁栄《はんえい》を極めました。仏教や音楽などの面で中国に大きな影響《えいきょう》を与え、シルクロードを代表する文化国家でありました。

陳　亀茲国は、そのころ、最《もっと》も繁栄していました。国の経済的・文化的繁栄を土台にして、鳩摩羅什のような偉大な人物が生まれたと思います。

池田　納得できるお話です。その亀茲国が、やがて衰亡《すいぼう》していく。その原因は何だったのでしょうか。

その要因として〝僧侶《そうりょ》の腐敗と堕落《だらく》〟を挙《あ》げる学者もあるようですが――。

ある説では、七世紀になると亀茲国では寺院が乱立《らんりつ》し、約十二万の人口に対して、およそ五千人もの僧がおり、しかも、そのほとんどは崇高《すうこう》な情熱などまったくなく、寺院で堕落した生活を送るだけであったとしています。

出家の動機も、兵役《へいえき》と税の免除《めんじょ》、さらに衣食住の充足《じゅうそく》を目的とする者が多く、魚肉を食い、酒を飲み、民衆《みんしゅう》に布施《ふせ》を強要し、蓄財《ちくざい》に奔走《ほんそう》するばかりで乱《みだ》れきっていた。人に尽《つ》くすべき聖職者《せいしょくしゃ》が、社会の寄生虫《きせいちゅう》となり、亀茲国《きじこく》を蝕《むしば》んでいった——としています。

——SGI会長は、僧侶《そうりょ》の腐敗《ふはい》ぶりを物語る話として、亀茲の古墳《こふん》をめぐる学者の説に言及《げんきゅう》した。

鳩摩羅什《くまらじゅう》の生まれたスバシ故城《こじょう》の仏塔《ぶっとう》の真下で、二十歳前後の妓女《ぎじょ》と思われる女性と生まれたばかりの子どもの人骨が、発見された。その傍《かたわ》らには、竜の頭の形をした板と刀剣《とうけん》があった。

ある教授らの分析《ぶんせき》では、〝高僧によって殺害された可能性が高い〟との結論に達した。堕落僧《だらくそう》は、自《みずか》らの罪《つみ》を隠《かく》そうと、女性と子どもを仏塔の下に埋《う》めるに当たって、わざと竜頭の彫刻《ちょうこく》を施《ほどこ》した板を一緒に置いたのではないか——。

スバシ故城の郊外には「大龍池《だいりゅうち》」という池があり、その水を飲むと子どもを宿《やど》すという伝説があった。この池の名は「大唐西域記《だいとうさいいきき》」にも記《しる》されている。すなわち万が一、発見されても、「この娘は〝竜の子〟を宿《やど》して死んだのだ」と言い逃《のが》れるためのものだったとも考えられる――との説である。

今となっては、難産《なんざん》で母子とも死去《しきょ》したのか、僧侶《そうりょ》が殺したのかは立証《りっしょう》できない。

陳　亀茲国《きじこく》の衰退《すいたい》の原因には諸説があります。その一つに、亀茲国が、（四世紀《せいき》後半）中国（前秦《ぜんしん》）の呂光《りょこう》将軍によって攻《せ》められ、国の宝、財宝をすべて運び出されてしまったことが挙《あ》げられます。宝石などを運搬《うんぱん》したラクダは千頭以上であったとも記録されています。

池田　「文化の都《みやこ》」を「野蛮《やばん》の武力」が滅《ほろ》ぼしていった――。内なる敵《てき》というべき腐敗《ふはい》僧を象徴《しょうちょう》とする「精神の堕落《だらく》」。そして外なる敵。両方があいまって衰亡《すいぼう》を早めたのでしょうか。もちろん、仏教界のすべてが堕落していたわけではないし、特にこの羅什《らじゅう》の時代はそんなことはなかったと思いますが。

自己に厳しかった清僧の存在

陳　私は亀茲国《きじこく》では、僧侶《そうりょ》の規律《きりつ》は厳《きび》しかったと考えています。その一つの証左《しょうさ》に、「同じ寺に三カ月以上いることができなかった」ことが挙《あ》げられます。同じところで修行を続けると堕落《だらく》するからです。

僧侶だけでなく尼《あま》にも厳しかった。亀茲国で修行した高僧・道安《どうあん》が三七九年に長安《ちょうあん》に伝えた経典《きょうてん》にも、僧・尼への厳しい規律が残されています。おそらく、当時の代表的な僧侶は、鳩摩羅什《くまらじゅう》のように厳格《げんかく》に仏法に尽《つ》くした人が多かったのではないかと思います。

鳩摩羅什も、後に大乗仏教に開眼《かいげん》したとはいえ、小乗の戒律《かいりつ》の中で成長しました。小乗の影響《えいきょう》も大きく受けています。そこで大乗を広めながらも、僧侶として自分は小乗による戒律を守ったのではないかともされています。

〝竜頭の板〟の古墳《こふん》は、一九七〇年代に発掘《はっくつ》されました。解釈はいろいろ、分かれており、仏塔《ぶっとう》の下に葬《ほうむ》られていることから、「妓女《ぎじょ》のような身分《みぶん》の低い人ではなく、高位《こうい》の人かもしれない」という説もあります。

池田　その説も、うなずけます。こうした歴史を発掘《はっくつ》されている陳所長らのご研究に、私は深い敬意《けいい》を表するものです。

陳　ありがとうございます。日本の教育レベルは高い。なかでも創価大学をはじめとして、池田会長による創価一貫教育は、立派な成果をあげておられます。

そのSGI会長が、私たち新疆《しんきょう》の「新疆大学名誉学長」に就任《しゅうにん》されることは、私たちにとって大変、名誉なことです。新疆の教育事業は、この瞬間から明るい展望《てんぼう》が開けたと思います。

〈SGI会長には、このほか新疆の学術・文化機関《きかん》から、新疆大学の「名誉教授」、新疆ウイグル自治区《じちく》博物館の「名誉教授」、シルクロード撮影《さつえい》協会の「名誉主席」、新疆文物考古《ぶんぶつこうこ》研究所の「名誉研究員」の称号《しょうごう》がすでに贈られている〉

「ぜひ、新疆にいらしてください。これは新疆のあらゆる人々が望んでいることです」と陳所長。

SGI会長は「皆さまの誠意に誠意で応《こた》えたい。新疆の方々のために私なりに尽《つ》くしてまいりたい」と友情の思いを語《かた》った。

日興上人《にっこうしょうにん》は「五人所破抄《ごにんしょはしょう》」に仰《おお》せである。

「かつてインドの仏法が次第に東へと向かった時、インドのサンスクリットの音を漢語《かんご》に翻訳《ほんやく》して、日本と中国に伝えられた。それと同様に、日本の大聖人が使われた尊《とうと》き言葉も、広宣流布の時には、かな（で書かれた御書）を訳してインドへも、中国へも流通《るつう》していくべきである」

〈「西天《さいてん》の仏法東漸《とうぜん》の時・既《すで》に梵音《ぼんのん》を飜《ほん》じて倭漢《わかん》に伝うるが如《ごと》く本朝《ほんちょう》の聖語《せいご》も広宣の日は亦仮《またか》字《な》を訳して梵震《ぼんしん》に通ず可《べ》し」（御書一六一三ジペー）〉

千六百年前、鳩摩羅什《くまらじゅう》によって西方から東方へと伝えられた大乗仏教の「世界精神」が、今、東方から西方を照らし、世界を照らし始めた。新疆《しんきょう》の対外文化交流協会から、SGI会長に贈られた貴重《きちょう》な「ホータンの玉《ぎょく》」（九四年八月）には、「仏教西還《せいかん》」と刻《きざ》まれていた。

プロフィール

一九四六年生まれ。中国・南京大学歴史学部卒業。新疆社会科学院の研究員を経て、一九八五年に新疆・亀茲石窟研究所の初代所長に就任。専門は、亀茲仏教、鳩摩羅什の研究。同研究所は、西域仏教文化の芸術遺産の保護と研究を主要な任務とする科学研究機関。中国トルファン学会副会長、雑誌『新疆文物』編集長。

経済大国で 人権小国の日本
「人間性の大国」を 世界は尊敬

ブラジル　ラテン・アメリカ記念財団総裁
ファビオ・マガリャンエス氏
1995年11月30日（東京牧口記念会館）

ブラジルの民主化《みんしゅか》へ活躍《かつやく》した「人権《じんけん》の闘士《とうし》」ファビオ・マガリャンエス氏夫妻と東京牧口記念会館で再会し、「人権」が光り輝《かがや》く「次の一千年」を展望《てんぼう》して語《かた》り合った。

会談では、冷戦後《れいせんご》の激動《げきどう》の世界に「希望」を与えるのは、信念の「対話」しかないという点で一致。ブラジルの豊かな精神遺産《いさん》に言及《げんきゅう》しながら、「人間の権利《けんり》のために戦う人生こそ最高の誉《ほま》れの人生である」ことを確認し合うものとなった。

サンパウロ州文化局から招聘状《しょうへいじょう》

「貴殿の平和活動を支援」

会談の冒頭《ぼうとう》、マガリャンエス総裁《そうさい》から池田ＳＧＩ会長に、「サンパウロ州文化局の賓客《ひんきゃく》としてお招きしたい」とのマルコス・ヒベイロ・デ・メンドンサ長官からの招聘状が手渡された。

招聘状には「創価学会の教育、環境《かんきょう》、平和構築への貢献《こうけん》など幅広い活動を私どもは支持し評価《ひょうか》いたします」「貴殿《きでん》の訪伯《ほうはく》は、万人の利益のために闘《たたか》う人々にとって必ず有効であり刺激《しげき》となる豊かな経験の交流の機会《きかい》を、そして関係をより緊密《きんみつ》にする機会を、私どもに与えるでしょう」と記《しる》されている。

総裁は、「文化局長官は先日、ブラジルＳＧＩの講堂でも講演をしています。池田会長の世界平和への行動に対して、会長を心から尊敬しておりました」と伝えた。

深謝《しんしゃ》したSGI会長は、文化で世界を結ぶ総裁《そうさい》の行動をたたえ、「あなたこそ『文化の帝王』です。『文化の人』をこそ私は尊敬します。そこにこそ人間性の証《あかし》があるからです」と語《かた》った。

サンパウロ州ラテン・アメリカ記念財団が運営しているラテン・アメリカ記念館では、九五年十月十六日、「ブラジル池田ヒューマニズム交響楽団《こうきょうがくだん》」が公演を行《おこな》っている。

総裁は、また、世界五大美術館の一つ「サンパウロ美術館」の前館長。一九九五年、日本各地(東京、徳島、神奈川、大阪)で多大な反響《はんきょう》を呼んだ「サンパウロ美術館名品展」の実現に尽力《じんりょく》した。同美術館から東京富士美術館創立者《そうりつしゃ》のSGI会長には、日本人初の「最高名誉評議会員証」(九〇年)、第一号の授与《じゅよ》となった「シャトーブリアン生誕百年記念メダル」(同年)、同美術館の最高栄誉章《えいよしょう》「アシス・シャトーブリアン金メダル」(九三年)が贈られている。

「世界の良識は皆、会長を支持しています」と総裁——人権闘争に生きる魂が、語るほどに共鳴する（東京牧口記念会館で）

人権は人間の最も崇高《すうこう》な価値

池田　ブラジル文学アカデミーの故アタイデ総裁《そうさい》の言葉にこうあります。

「仕事を愛する男は楽観主義者《らっかんしゅぎしゃ》である。『生命』は、向上する『偉業』そのものである。ゆえに、『仕事』を愛することは、『生命』を愛することである」

マガリャンエス総裁も、そうしたお一人です。

〈アタイデ総裁は、「世界人権《じんけん》宣言」の実現に尽力《じんりょく》した。ＳＧＩ会長と、対談集『二十一世紀《せいき》の人権を語《かた》る』（潮出版社）を発刊している〉

マガリャンエス　アタイデ総裁は冷戦《れいせん》と

格闘《かくとう》し続けた人物でした。冷戦《れいせん》時代には、世界は共産主義国《きょうさんしゅぎこく》、資本主義国に大きく分かれ、対立していました。しかし、世界は今、どんどん変わっています。そうしたなか、世界に「恐怖《きょうふ》を与える」動きもあります。だからこそ世界に「希望を与える」ことが必要です。それをされているのは池田会長です。

「希望」は「対話」から生まれるからです。

反対に独善的《どくぜんてき》で心の狭《せま》い人々は「恐怖」を与えます。池田会長を攻撃《こうげき》している人間は、そういう人々です。そのことは世界が知っています。

世界人権宣言推進者・アタイデ総裁

〝人権〟は、時代や国で変わるものではない

池田　寛大《かんだい》なご理解に感謝します。アタイデ総裁《そうさい》が亡《な》くなって、はや二年になります。忘れ得ぬ方です。アタイデ総裁は、こう書いておられる。

「(人権《じんけん》は)人間から生じる最《もっと》も崇高《すうこう》な、決して譲渡《じょうと》することができない価値《かち》である」

「『人権《じんけん》』を国や時代に制約《せいやく》されることなく、永遠普遍性《えいえんふへんせい》にもとづいて、定義《ていぎ》することが必要です。そして、悲惨《ひさん》な歴史が二度と繰《く》り返されないように全力を尽《つ》くさねばなりません」と。人権は、どの国、どの時代でも不変の宝です。何よりも優先《ゆうせん》すべきものです。

マガリャンエス　その通りです。

池田　また、遺言《ゆいごん》のごとく、こうも語《かた》られていました。

「人類《じんるい》は、まもなく、『次の一千年』を迎えます。私たちは、新しい世紀《せいき》にふさわしい、新しい展望《てんぼう》を創《つく》り上げなければなりません」

「一人の指導者が、道を開けば、皆が、その後に従うものです。未来は、ひとりでにやってくるものではありません。人間自身が切り開くものです」

そして、こう私を励《はげ》ましてくださった。「その人間の一人が、あなたです」と。

マガリャンエス　アタイデ総裁《そうさい》がいわれている通りです。池田会長こそ、未来を開く人です。

池田　そうありたいと願っています。貴国《きこく》を代表する大詩人・ドルモンの言葉を引かせていただきたい。「道理を尊重《そんちょう》しない者は狂信者《きょうしんしゃ》である。道理を尊重できない者は愚者《ぐしゃ》である。道理を尊重《そんちょう》する勇気のない者は奴隷《どれい》である」

徹底《てってい》して道理を尊重する賢者《けんじゃ》であれ！　勇者であれ！――これが彼の主張でした。私どもの信奉《しんぽう》する仏法でも、「仏法は道理」と説《と》きます。

マガリャンエス　ドルモンは、ブラジル最高峰の詩人ですが、国外ではあまり知られていません。ドルモンの詩を引いていただき感激です。

池田会長は「ヴィクトル・ユゴー文学記念館」の開館式（一九九一年六月）のあいさつで、ユゴーを引かれました。ハーバード大学での記念講演（二度目の講演、九三年九月）では、ホイットマンを引かれました。

先ほど創価大学にうかがい、ユゴーや、ホイットマンの像も見ましたが、私も二人は大好きな詩人です。会長との共通点が多いことに驚《おどろ》きです。

池田　総裁《そうさい》が、（パリ郊外の）文学記念館にわざわざおいでくださったことは、生涯《しょうがい》忘れません。

〈開館式に出席した際、総裁は、「池田会長とＳＧＩに対する攻撃《こうげき》は、すべて嫉妬《しっと》以外の何ものでもありません」と語《かた》っていた〉

池田会長は「人間の解放者」
人類の「内面の風景」を広げる人――マガリャンエス

マガリャンエス　卑劣《ひれつ》な精神を持つ者は世界に大勢《おおぜい》います。しかし、「建設的な精神」を持つものは少ない。会長は、建設的精神を持つ人の中の、第一人者です。全人類《ぜんじんるい》はやがて必ず、会長の世界的な功績《こうせき》を認めるでしょう。私は、そう確信しております。私も妻も、平和のために一番行動している人を中傷《ちゅうしょう》したり、悪いイメージを与えようとする人々への怒りを抑《おさ》えることができません。

建物を造ったり、橋を架《か》けたりして、「外の風景」を変える人間は大勢います。しかし、精神の「内なる風景」を変えることのできる人は少ない。会長は、人類の「内なる風景」を広々と、素晴《すば》らしく変える〝建築家〟です。

〈マガリャンエス総裁《そうさい》は、美術都市設計の専門家でもある〉

池田　お言葉に感謝します。「内なる風景」を総裁《そうさい》が見つめておられるからこそその、お言葉と思います。

マガリャンエス　私は断言します。会長には、世界に数えきれぬほど多くの友人がおられます。世界の良識は皆、会長を支持《しじ》しております。

池田　温《あたた》かいお心に打たれます。本物の友情ほど、高貴《こうき》で強いものはありません。これは、私の人生の結論でもあります。

総裁は、カルドーゾ大統領の友人であられる。大統領は今年（一九九五年）、六十四歳。昨年の選挙で国民の圧倒的な支持のもとに選ばれ、今年一月一日に就任《しゅうにん》されました。高名《こうめい》な学者であり、軍事政権の時代には、亡命《ぼうめい》や大学からの追放《ついほう》も経験しておられる。民主主義《みんしゅしゅぎ》の指導者です。総裁もまた、勇気ある「人権《じんけん》の闘士《とうし》」であられる。

〈総裁は、二十一歳の時に民主化運動に参加。軍政を批判し、以後、約十年間にわたって、たびたび国外追放の処分《しょぶん》を受けた〉

池田　総裁の財団ではこの十一月二十一日、歴史的な第一回アメリカ大陸黒人会議を開催されました。これは、ブラジルの国家的英雄であるズンビーの没後《ぼつご》三百周年を記念するものです。

ズンビーは、黒人奴隷《どれい》の解放《かいほう》のために、命をかけて戦った指導者でした。彼は最後に、斬首刑《ざんしゅけい》に処《しょ》せられ、生涯《しょうがい》を閉じました。しかし、三百年後の今日、「人種デモクラシーの国」ブラジルの偉大なる先駆者《せんくしゃ》として、不滅《ふめつ》の栄光に輝《かがや》いています。その魂《たましい》は、マガリャンエス総裁《そうさい》をはじめ、ブラジルの良心に脈々《みゃくみゃく》と受け継《つ》がれている。まさに、人権闘争《じんけんとうそう》の誉《ほま》れは永遠《えいえん》です。

マガリャンエス　そうです。彼は奴隷解放に命をかけました。池田会長は「人間の解放」に生涯をかけて戦い続けておられる。

民衆こそ太陽　「苦難を耐えてきた民衆」を恐れよ！

池田　人間の「解放」です。「自由」です。必要なものは。貴国《きこく》の偉大な自由詩人アルヴェス（一八四七〜七一年）は、謳《うた》いました。

「民衆《みんしゅう》は太陽のごとし／真昼のように闇《やみ》を照らす／おお！　苦難をしのんできた民衆を

恐れよ／民衆《みんしゅう》こそが未来の世代を救い／民衆こそが過去の世代の労苦を実らせゆくのだ」

「海辺《うみべ》が　もやにかすんでいても／鳥のように大きな帆《ほ》を広げ／船は海を走る／民衆は大波に走る船のようだ」

民衆こそ太陽です。民衆こそ大船です。民衆ほど強いものはありません。この強き民衆に根差したがゆえに学会は強いのです。学会は、これからも永遠《えいえん》に、民衆とともに、民衆のために、民衆の心を心として、まっすぐに進んでいきます。

マガリャンエス　ＳＧＩの民衆運動にとって、日本は狭《せま》すぎるのでしょう。小さな日本に収《おさ》まりきらず、世界に友情を広げておられる。だから妬《ねた》まれるのではないでしょうか。

池田　私は貴国《きこく》・ブラジルの広々とした国民性が大好きです。ナチスに追われて貴国に亡命《ぼうめい》し、貴国を愛してやまなかったオーストリアの作家・ツヴァイク（一八八一～一九四二年）は、語《かた》っています。

「我々は国家に順番をつける場合に、産業、経済、軍事的価値《かち》でなく、平和的精神と人間性に対する姿勢を判定の尺度としたい。

この意味で――わたしにとって最《もっと》も重要なことだが――ブラジルは世界で一番模範的《もはんてき》で

あり、それゆえに最《もっと》も尊敬に値《あたい》する国の一つに思える」(『未来の国ブラジル』宮岡成次訳、河出書房新社)

「ただただ平和的な国家の建設を志向《しこう》している、ブラジルという国が存在しているという事実が、憎悪《ぞうお》と迷妄《めいもう》のために荒廃《こうはい》しつつある我々の世界の、将来《しょうらい》の文明再建と平和への希望を最高度に与えてくれるのだ。道徳的《どうとくてき》な力が働いている所ではそれを強化するのが我々の使命《しめい》である」(同)

貴国《きこく》こそ「人間性の大国」です。それが真の大国です。日本も謙虚《けんきょ》になって、学ぶべきです。そうでなければ世界の孤児《こじ》になってしまう。

マガリャンエス　詩人のアルヴェスも、ツヴァイクも私は愛読しています。ブラジルには、ツヴァイクの記念館があります。フランスの文化大臣とともに彼の遺品《いひん》を探《さが》したことも、よき思い出です。

池田　文化の遺産《いさん》こそ宝です。本日は、創価大学へ、貴重《きちょう》な図書を贈呈《ぞうてい》していただき、大変にありがとうございました。じつは十六年前、インドのデリー大学を訪問し、図書を贈呈した折のことです。そこの図書館長が、こういう話をしてくださったことを思い出します。

――昔、中国の学僧がインドの仏教大学へ留学《りゅうがく》した。学び終わって、中国に本を持って帰ることになった。しかし、途中《とちゅう》、困難《こんなん》な川を渡らねばならず、学僧を乗せた船は、本が重すぎて沈《しず》みそうになる。やむなく学僧は言った。「荷《に》を軽くするために、本を捨てよう」

その時である。インドの従者《じゅうしゃ》の一人が、「それならば、私は泳いで渡りましょう！」と、本を守るために自《みずか》ら進んで川に飛び込んだのである。こうして、五人の従者が次々と飛び込み、本を無事、中国に送り届けることができた――。

「本を救え！ 私は泳ぐ」。文化を愛する真情《しんじょう》が時代を超《こ》えて胸を打ちます。

はるばる地球の反対側のブラジルから貴重《きちょう》な「宝の本」を届けてくださった総裁《そうさい》の真心《まごころ》に重ねて感謝申し上げます。まさに本こそ宝です。私は青春時代から、わずかでもお金があれば、本を買い求めました。宝物を探《さが》す思いでした。

マガリャンエス 同感です。本年（九五年）は、原爆投下《げんばくとうか》五十年の意義深き年にあたります。ぜひ、広島と長崎に足を運びたいと念願しておりましたが、今回、実現することができました。各地で学会の方々にも温《あたた》かい歓迎をいただき、心から感謝します。

池田　広島・長崎には、以前から関心をお持ちだったのですか。

マガリャンエス　私が少年のころでした。父から原爆《げんばく》の悲惨《ひさん》な写真を見せられたのです。大変な衝撃《しょうげき》を受けました。その時、「この悲惨を二度と繰《く》り返してはならない」という気持ちになりました。それが、私にとっての広島・長崎でした。ゆえに、この平和の地へ行くことが長年の願いだったのです。

池田　よくわかりました。ともかく、ご夫妻ともにいつまでもお元気で、世界中を旅していただきたい。私は仏法者です。ゆえにご夫妻の健康と幸福を祈ります。一生涯《いっしょうがい》、祈ります。

マガリャンエス　本当に今日は特別な一日でした。最高の一日でした。いつも思うのですが、会長との出会いは私の心に生き生きと残るのです。今日の思い出もまた、私の「人生のアルバム」に大切にしまっておきます。

ぜひブラジルへ

——総裁《そうさい》はさらに、「アマゾンでブラジルSGIと創価大学自然環境《かんきょう》研究センターが進める『熱帯雨林の再生プロジェクト』は熱《あつ》い注目を集めています。環境省《かんきょう》が、省をあげて支援《しえん》しています。アマゾンの自然は、ブラジルだけのものではありません。世界のものです。ゆえに世界のために行動されている池田会長にぜひ、訪問していただきたいのです」と、重ねて訪伯《ほうはく》を招請《しょうせい》した。

人間のために戦っている人は、同じ戦いの人がわかる。その心がわかる。総裁《そうさい》はこの日、「北京《ペキン》・故宮《こきゅう》博物院名宝展」（東京富士美術館）を鑑賞《かんしょう》した。その感想をＳＧＩ会長に、こう語《かた》っていたことが印象的《いんしょうてき》であった。

「素晴《すば》らしい展示品ばかりです。門外不出《もんがいふしゅつ》の逸品《いっぴん》も多いと聞いています。〈一級文物（日本の国宝に相当）が十七件も出品されている〉

これもすべて池田会長への信頼《しんらい》の証《あかし》だと思います。会長が二十数年前、内外の批判の嵐《あらし》の中、日中国交へ断固として行動された。そして営々と日中友好の橋を築かれた。そういう会長の『戦いの結晶《けっしょう》』――それが故宮展だと思います」と。

別れ際《ぎわ》にも、さらに総裁は語っていた。「池田会長とＳＧＩの皆さんの平和の戦いを、世界が待っています。よろしくお願いします！」。

プロフィール

一九四二年十一月、ブラジル・サンパウロ生まれ。二十一歳の時、民主化運動に参加。軍政を批判し、約十年にわたり、たびたび国外追放に。ブラジリア大学美術建築学科教授、サンパウロ大学美術都市設計科教授などを歴任。九〇年から九四年まで、サンパウロ美術館館長。九五年からラテン・アメリカ記念財団総裁。

法華経は呼びかける「民衆よ前へ！ 永遠に前へ！」

ロシア　法華経研究者
マルガリータ・I・ヴォロビヨヴァ氏
1996年2月16日（聖教新聞社）

日蓮大聖人の御聖誕《ごせいたん》の日である二月十六日、世界的な仏教研究の府《ふ》である「ロシア科学アカデミー東洋学研究所」のマルガリータ・I・ヴォロビヨヴァ＝デシャトフスカヤ博士と聖教新聞社で二時間半にわたり、人類《じんるい》の経典《きょうてん》「法華経《ほけきょう》」をめぐり、語《かた》り合った。

席上、博士から「法華経の心を実践《じっせん》してきたのは創価学会」との評価《ひょうか》が述《の》べられた。また「法華経が広まった理由」「法華経の七つの譬《たと》えの心」などを論じ合ったほか、同研究所のあるサンクトペテルブルク（旧レニングラード）でのナチスとの闘争《とうそう》が話題になった。

日蓮大聖人の御聖誕を寿《ことほ》ぐ

創価学会が法華経の心を実践――ヴォロビヨヴァ

民衆に「冬は必ず春」と勇気を――池田

ヴォロビヨヴァ　私は、学究《がっきゅう》生活に入って以来、法華経《ほけきょう》を研究し、仏教を学んできました。私の人生と同じく、仏教を志《こころざ》し、「法華経の心」を人生で実践《じっせん》されている創価学会の皆さまに会うのは何よりの喜びです。池田会長と対談できるのは本当に光栄です。

池田　私のほうこそ、法華経の大学者をお迎えして光栄です。博士は、仏教に縁《えん》の薄《うす》いロシアで、こつこつと、仏教の真髄《しんずい》である法華経を研究してこられた。富《とみ》も名声も地位も眼中《がんちゅう》になく――。まさに本物の学者です。

ご功績《こうせき》は存じ上げていましたが、お会いして、ご人格の立派さに改《あらた》めて胸を打たれます。博士は、亡《な》き夫君の遺志《いし》を受け継《つ》ぎ、ご子息《しそく》を立派に育てながら、尊《とうと》い研究を続けてこられました。この四十年間、本当に頑張ってこられました。私は博士を尊敬するとともに、その健闘《けんとう》を最大に宣揚《せんよう》し、真心《まごころ》こめてねぎらいたい。

きょう二月十六日は、日蓮大聖人の御聖誕《ごせいたん》の日です。釈尊《しゃくそん》の入滅《にゅうめつ》の日は二月十五日、大聖人の聖誕の日は十六日と、仏法上、不思議《ふしぎ》なリズムがあります。

大聖人の手紙に、次のような一節があります。それは夫に先立たれ、子どもを抱え、自分も病弱ななか懸命に生きている一人の婦人への励《はげ》ましです。

「法華経《ほけきょう》を信じる人は、冬のようなものです。冬は必ず春となります。いまだかつて冬が秋に戻《もど》ったということは聞いたことも、見たこともありません。同様に、いまだかつて法華経を信じる人が、凡夫《ぼんぷ》になったということも聞いたことがありません。

経文（法華経方便品《ほうべんぽん》）には『もし（法華経を）聞く者があれば、一人として成仏《じょうぶつ》しない者はない』と説《と》かれております」

〈「法華経を信ずる人は冬のごとし冬は必ず春となる、いまだ昔よりきかず・みず冬の秋とかへれる事を、いまだきかず法華経を信ずる人の凡夫となる事を、経文には『若有聞法者無《にゃくうもんぼうしゃむ》一不《いっふ》

法華経の探究に生涯を捧げてきたヴォロビヨヴァ博士。その尊い業績に敬意を表して、語り合う（聖教新聞社で）

成仏《じょうぶつ》』ととかれて候《そうろう》」〈御書一二五三ジ〉

私は、この一節の心を、博士に捧《ささ》げたい。立派に育ったご子息《しそく》夫妻は、博士の家の近くに住み、十二歳の娘さんがいるとうかがっています。

博士も、さぞかしお孫《まご》さんがかわいいことでしょう。博士は、母として、女性として、そして、人間として、人生の栄光の「春」を堂々と勝ち取られました。心から賛嘆《さんたん》申し上げます。

ヴォロビヨヴァ　素晴《すば》らしい一節を教えていただき本当にありがとうございます。池田先生の心、先生の温《あたた》かさをプレゼントしていただいた気がします。

池田　貴国《きこく》の冬は厳《きび》しい。しかし冬が厳しいからこそ、貴国の春は、ひときわ美しい。喜びも大きい。「氷柱《つらら》」から最初にしたたり落ちる一滴《いってき》の水が、春の到来《とうらい》を知らせます。また寒風をついて咲く一輪の紅梅《こうばい》が春を呼びます。

同様に、博士の気高《けだか》きご活躍《かつやく》が、二十一世紀《せいき》の貴国の春を告げゆくことを確信したい。法華経《ほけきょう》は限りなき希望の哲理です。

人生にあっても、社会にあっても、人類《じんるい》にあっても、不幸から幸福へ、悲哀《ひあい》から勇気へ、衰亡《すいぼう》から繁栄《はんえい》へ、対立から調和《ちょうわ》へ、また人間の蔑視《べっし》から人間の尊厳《そんげん》へと転換《てんかん》していく――その「智慧《ちえ》」の源泉《げんせん》が法華経です。

その法華経の研究に生涯《しょうがい》を賭《と》してこられた博士の心を、私は忘れません。

ヴォロビヨヴァ　私は法華経を研究し、部分的に英語やロシア語に翻訳《ほんやく》してきました。それは、訳した文がだれかのためになり、また後世《こうせい》の人々の人生の役に立つようにと願ってのことです。しかし、池田会長や創価学会の存在がなかったならば、それも単なる紙の上だけの机上《きじょう》の研究で終わったかもしれません。

会長と学会のおかげで、私の研究に命が吹き込まれました。真に人類の役に立つものになったのです。ですから、私のほうこそ感謝しているのです。

池田　恐縮《きょうしゅく》です。どんなに素晴《すば》らしい教えであっても、それだけでは価値《かち》はありません。それを皆に教えよう、皆と共有しようというのが慈愛《じあい》であり、真実《しんじつ》の仏法の精神です。また真実の学者の心でしょう。

日蓮大聖人の御言葉に「才能ある畜生《ちくしょう》」（御書二一五ジペー）とありますが、民衆《みんしゅう》への慈愛もなく、「自分だけが分かっている」と偉ぶったり、目先の欲に迷《まよ》っているのでは、どんな才知も知識も意味がありません。

世界最大規模の「経典・写本《しゃほん》収集」

池田　貴《き》東洋学研究所は、はやくからヨーロッパの仏教研究をリードし、世界に誇《ほこ》る偉大な業績《ぎょうせき》を残してこられました。なかでも、シルクロードの調査・研究を世界に先駆《さきが》けて実施《じっし》され、その仏教経典《きょうてん》、写本のコレクション（所蔵品）は世界最大規模《きぼ》を誇ります。

私も創価大学を創立《そうりつ》するとき、シルクロード研究を提唱《ていしょう》いたしました。世界で初めてサンスクリット語の刊本の「法華経《ほけきょう》」を刊行したのも貴研究所です。昨年（一九九五年）、その貴重《きちょう》な「法華経《ほけきょう》」の初版本を貴研究所からいただきました。改《あら》めて、感謝申し上げます。仏教研究の貴重な資料として、すべて大切に保管《ほかん》しています。

〈このほかにも、東洋学研究所からは、東洋哲学研究所との学術交流を通して、サンスクリット語の法華経写本《しゃほん》「ペトロフスキー本」のマイクロフィルム及び複製《ふくせい》、西夏語《せいかご》の「法華経」のマイクロフィルムなどが贈られている〉

ヴォロビヨヴァ　おっしゃる通り、サンスクリット語の刊本の「法華経」は、サンクトペテルブルクで刊行されたものが、世界最初のものです。仏教学者のH・ケルンと南条文雄の両博士の尽力《じんりょく》によって、編纂《へんさん》が可能となったのです。

〈両博士は、ロシア科学アカデミーや大英博物館、ケンブリッジ大学図書館などに所蔵されていた写本を比較《ひかく》・対照《たいしょう》し、破損《はそん》していた部分を補《おぎな》うなどして、一九〇八年に世界で初めての校訂本「法華経」を完成させた〉

池田　両博士の功績《こうせき》は存じ上げています。

ヴォロビヨヴァ　また、一八九七年にはすでに、ロシアで最初の仏教学のシリーズとして『ビブリオテーカ・ブッディカ（仏教文庫）』が刊行されています。オルデンブルク博士が、中心となって編纂《へんさん》したもので、その第十巻に、ケルン・南条本「法華経《ほけきょう》」が収録《しゅうろく》されました。

池田　インドのガンジーが所持していたサンスクリット語の「法華経」も、貴《き》研究所の出版したケルン・南条本の「法華経」でした。世界的な東洋学者であられたインドの故・ラグ・ヴィラ博士がガンジーに贈ったとされています。

〈このガンジーが読んだ「法華経」と同じものが、ラグ・ヴィラ博士の子息《しそく》であるロケッシュ・チャンドラ博士から、ＳＧＩ会長に寄贈《きぞう》されている〉

ガンジーも、日々の祈りの中で「南無妙法蓮華経」と唱えた、というエピソードも有名です。

――席上、博士からＳＧＩ会長に、ロシア科学アカデミー東洋学研究所（サンクトペテルブルク）のペトロシャン所長からの招聘状《しょうへいじょう》が手渡された。

招聘状には、ＳＧＩに感じるのは「相互理解と協調の精神であり、それは貴殿《きでん》（ＳＧＩ会長）の崇高《すうこう》なご活動を象徴《しょうちょう》する精神であります」と記《しる》されている。

漢訳・チベット語訳の法華経・注釈

貴重なマイクロフィルム・断簡《だんかん》が贈られる

また、二つのマイクロフィルムが贈られた。一つのマイクロフィルムには一一四六年、西夏《せいか》王国（中国北西部）の都市・カラホトで印刷された鳩摩《くま》羅什《らじゅう》訳の「漢訳《かんやく》妙法蓮華経」が。また、もう一つにはブリャート版「チベット語訳法《ほ》華経《けきょう》」（十九世紀《せいき》の木版本）とチベットのアムドの寺院で編纂《へんさん》されたチベット語の「法華経の注釈《ちゅうしゃく》（木版本）」が、それぞれ収《おさ》められている。さらに、サンスクリット語の「法華経」写本《しゃほん》の断簡（断片《だんぺん》）の複製《ふくせい》が贈られた。

深謝《しんしゃ》するSGI会長。博士は「世の中はすべて無常《むじょう》です。しかし経典《きょうてん》とそこに記《しる》された思想は永遠《えいえん》に輝《かがや》きます」「世界の多くの国々で、富《とみ》や名誉といったささいなことにとらわれて、理想や大きな志《こころざし》が失《うしな》われてきています。しかし池田会長のような方がいるかぎり、人類《じんるい》は必ず蘇《そ》生《せい》できると信じます」と語《かた》った。

池田　話は変わりますが、博士が生まれ育ち、活躍《かつやく》されている美しき古都《こと》レニングラード（現サンクトペテルブルク）は、私にとっても、第一次訪ソ（一九七四年九月）の旅で訪《おとず》れた忘れ得ぬ都市です。

その折、博士の母校であるレニングラード大学（現サンクトペテルブルク大学）も訪問しました。また、第二次世界大戦の犠牲者《ぎせいしゃ》が眠るピスカリョフ墓地《ぼち》に献花《けんか》し、心から追善《ついぜん》の祈りを捧《ささ》げました。レニングラードの人々は、じつに九百日にわたって、ナチス・ドイツの包囲《ほうい》に耐《た》え、戦い抜きました。博士の大切な父君も、従軍医《じゅうぐん》師として前線を奔走《ほんそう》されていました。

ヴォロビヨヴァ　その通りです。

池田　一九四一年六月、独ソ不《ふ》可侵条約《かしんじょうやく》を破って、ナチスのレニングラード侵攻《しんこう》が始まります。その猛攻《もうこう》は「レニングラード市を地球上から抹殺《まっさつ》する」勢《いきお》いでした。悪《あく》の権力者《けんりょくしゃ》による攻撃《こうげき》また攻撃が続きました。

次元《じげん》は違《ちが》いますが、日蓮大聖人も権力による総攻撃を受けました。法華経《ほけきょう》のゆえに、何の罪もなくして中傷《ちゅうしょう》され、迫害《はくがい》されたのです。学会も、日蓮大聖人門下《もんか》として、法華経《ほけきょう》の心を広げたゆえに迫害を受け続けてきました。軍国主義《ぐんこくしゅぎ》と真《ま》っ向《こう》から対決し、牧口初代会長は獄死《ごくし》、戸田第二代会長も投獄《とうごく》されました。

ナチスと戦った「レニングラードの九百日」を尊敬――池田

暗黒に「学の光」

池田　レニングラードの市民は、人間の尊厳《そんげん》を守るために立ち上がりました。砲弾《ほうだん》や焼夷弾《しょういだん》、そして厳寒《げんかん》と飢餓《きが》。暗黒《あんこく》のなかでも、レニングラード大学は、「学の光」を放つことをやめなかった。爆撃《ばくげき》を受けながらも、防空壕《ぼうくうごう》や地下室で、研究は休みなく続けられた。そのなかで、多くの博士号も取得《しゅとく》されています。何という不屈《ふくつ》の魂《たましい》でしょうか。

有名なエルミタージュ美術館の地下でも、凍《こお》りそうになるインクを、絶《た》えず自分の息で温《あたた》めながら、ろうそくの明かりのもと、研究が重ねられています。今の、そして後世《こうせい》の青年のために、私はこの崇高《すうこう》な歴史を語《かた》っておきたいのです。「この人々を見よ」と。

また、ある学術の記念集会の最中、近くに砲弾《ほうだん》が落ち、すさまじい爆発《ばくはつ》が起きます。だが、集会は中断されない。悠然《ゆうぜん》と詩人は詩を朗読《ろうどく》し、学者は講演を続けたといいます。

ヴォロビヨヴァ　その集会は、詩人アリシェル・ナヴォイの生誕五百年を記念して開かれたものです。近くに爆撃《ばくげき》がありましたが、集会は最後まで続けられました。集会の主催者は、オルベリさんと言って、戦後、私たちの研究所の所長に就任《しゅうにん》された方です。

池田　そうでしたか。当時、七十四歳の、あるアカデミー会員は語《かた》っています。

「私は非常に嬉《うれ》しいのじゃ」「こういう困難《こんなん》な条件の下でも、学問がわしらとともに発展しつづけているということがだね。われわれがファシズムと闘《たたか》う道はこれなのだよ」

〈H・ソールズベリー著、大沢正訳『攻防《こうぼう》900日――包囲《ほうい》されたレニングラード』、早川書房刊、他のエピソードも同書を参照〉

嵐の中にこそ本物の教育が

池田　嵐《あらし》の中にこそ本物の教育があり、学問があります。レニングラードの九百日にも及ぶ大闘争《だいとうそう》の勝利《しょうり》――それはまさしくヒューマニズムの勝利であり、精神の勝利でありました。貴《き》東洋学研究所にも、そうした偉大なる魂《たましい》が流れ通《かよ》っています。ゆえに貴研究所との交流を大切にしたいのです。レニングラードが解放《かいほう》を勝ち取ったのは、一九四四年一月二十七日。翌日の二十八日が、博士の十一歳の誕生日でした。

ヴォロビヨヴァ　その通りです。包囲《ほうい》されていた九百日の間、二人の男女が、わが研究所の写本類《しゃほんるい》を守ることに全力をあげていました。地下室にあった文書が破損《はそん》しないように、時々、箱を開けて風を通したりして懸命に保護《ほご》しました。法華経《ほけきょう》の写本が現存するのは、二人のおかげなのです。

池田　尊《とうと》い二人です。偉大なお二人です。法華経という法とともに、その徳は永遠《えいえん》でしょう。

ヴォロビヨヴァ　私もそう思います。

池田　ところで、ロシアは、マルクス・レーニン主義《しゅぎ》のイデオロギーが浸透《しんとう》していましたし、宗教的にもロシア正教《せいきょう》が広まった国です。多様《たよう》な近代哲学も研究されています。仏教は、一見、縁《えにし》が薄《うす》いのではないかと思うのですが、なぜ、博士は仏教の研究をしようと思われたのでしょうか。

ヴォロビヨヴァ　大学で勉強した後、研究の仕事に就《つ》きましたが、たしかに当時は、仏教学を学ぶことは別段《べつだん》、名誉とはされていませんでした。携《たずさ》わる人も少なかった。私自身もロシア正教徒《せいきょうと》です。

しかし、研究の過程《かてい》で、私が出あった「仏教の理念」「仏の言葉」は、尊敬に値《あたい》するものであり、私の内面に響《ひび》くものでした。仏教の教えは、人間を「善《ぜん》に導《みちび》く」ものであり、「光に導く」ものです。その点で、ロシア正教と相通じるものと思います。

池田　ロシア正教について、東京・神田のニコライ堂は大変に有名です。簡単《かんたん》に、その教義を説明していただけますでしょうか。

ヴォロビヨヴァ　一言で言うことは難《むずか》しいのですが、神はひとつでありながら、「父」と「子」と「聖霊《せいれい》」という三つに現れると説《と》きます。

池田　仏教にも「三身即一身《さんじんそくいっしん》」「一身即三身」の思想があります。

ヴォロビヨヴァ　「父なる神」が、罪《つみ》を犯《おか》した地上の人々を救うために、「神の子であるイエス・キリスト」を、この世に送ったと教えます。

池田　仏教では、「分身散体《ふんじんさんたい》」と言って、仏が民衆《みんしゅう》救済のために自分の身を分かち、さまざまな国に現れると説《と》きます。

ヴォロビヨヴァ　キリスト教は、「十戒《じゅっかい》」として、殺人や盗《ぬす》みなどを戒《いまし》めた十の掟《おきて》を明示《めいじ》しました。これもほぼ同じものが仏教にあります。

池田　おっしゃる通りです。

ヴォロビヨヴァ　ロシア正教《せいきょう》も仏教も、「信じた分だけ救われる」とするのも同じではないかと思います。

池田　その通りですね。仏教では、信仰の根本《こんぽん》である「仏」とは「自分自身の中にある」と説きます。その点についてはどうですか。

ヴォロビヨヴァ　仏教で説く「一人一人が仏である」という思想は、キリスト教にはありません。神と人間は、同じではないのです。

キリスト教の目的は、「神と同じになる」のではなく、「天国に行く」ことです。神の教えを守って、天国に行くことが根本なのです。

仏教でも「天国と地獄《じごく》」という概念《がいねん》がありますが、キリスト教における天国は、仏教でいう天国（浄土《じょうど》・極楽《ごくらく》）とは違《ちが》います。

〈日蓮大聖人は法華経《ほけきよう》の教えに基《もと》づき、「地獄《じごく》と仏とはいづれの所に候《そうろう》ぞとたづね候《そうら》へば（中略）我等《われら》が五尺の身の内に候とみへて候」（御書一四九一ジペー）と説《と》かれている〉

なぜ法華経は広まったか
「運命は変えられる」と希望を与えた

池田　あらゆる経典《きようてん》の中で、法華経がなぜ最《もつと》も優《すぐ》れているのか。博士は、どのようにお考えですか。

ヴォロビヨヴァ　仏教は、インドで生まれました。仏教は、進取《しんしゆ》の気概《きがい》に満ち、きわめて進歩的な思想として誕生したのです。その一方で、仏教思想は、輪廻《りんね》、業《ごう》（カルマ）など、インド古来《こらい》の哲学に深く根差し、それらを土台としていました。その結果、それらのインド独特《どくとく》の考え方が、仏教者の足枷《あしかせ》になってしまった面があると思います。つまり、過去に縛《しば》られるような傾向《けいこう》のことです。

ところが法華経は、まったく新しい考え方をもたらしました。すなわち、人間は本来、自由であり、自分の力で運命を切り開けるし、人間の運命は変えられるという考え方です。この法華経《ほけきょう》の思想は、人々を内面的に解放《かいほう》しました。そこが多くの人々を魅《ひ》きつけていったのだと思います。

池田　まったくその通りだと思います。

ヴォロビヨヴァ　しかも法華経では、自分の宿命を変えられるというだけでなく、たとえ普通の人間であっても、仏になれるのであり、他の人々を利してていくこと（利他《りた》）もできると説《と》かれたのです。

池田　核心《かくしん》を突《つ》くお話です。法華経は、中央アジアをはじめ、中国、日本、ネパール、チベットなど、多くの言語《げんご》に訳され、民衆《みんしゅう》の心をつかんできました。これは、なぜだとお考えですか。

ヴォロビヨヴァ　特に中央アジアでは、紀元《きげん》一世紀《せいき》のころに仏教が広く受け入れられました。そのころ、中央アジアにはさまざまな国家が分立《ぶんりつ》し、多くの民族《みんぞく》がせめぎ合っていました。そうした中にあって仏教、そして仏教文化は、その分裂《ぶんれつ》を統合《とうごう》する要因《よういん》となっていったのです。

仏教の中でも、特に法華経《ほけきょう》と金剛経《こんごうきょう》が各民族《かくみんぞく》の言語《げんご》に訳されて広まっていましたが、金剛経は理論的に説《と》いた経典《きょうてん》でした。一方、法華経は、やさしい表現で人々を導《みちび》きました。それで、法華経は多くの人々の心をとらえていったのです。

ところで、私は池田会長の法華経講義を読んだ際、会長が、難解《なんかい》な思想を非常にわかりやすく、現代人の考え方を配慮《はいりょ》しながら、多くの人々が理解できるように語《かた》られていることに大変、感動いたしました。

池田　温《あたた》かいご理解に感謝いたします。

宝塔が象徴するもの
「仏を礼拝《らいはい》する人が仏」

池田　膨大《ぼうだい》な大乗経典を漢訳《かんやく》し、「妙法蓮華経」の訳者としても有名な鳩摩羅什《くまらじゅう》（三四四年〜四一三年）については、どう思われますか。鳩摩羅什は、中央アジアの亀茲国《きじこく》（現在の新疆《しんきょう》ウイグル自治区《じちく》・クチャ）の生まれでした。

ヴォロビヨヴァ　かつて中央アジアでは、法華経《ほけきよう》が多くの言語《げんご》に訳されていました。鳩《く》摩《ま》羅什《らじゆう》の訳した漢訳《かんやく》の法華経が、現在にいたるまでの数々の法華経の中で、最《もつと》も正確で、最も素晴《すば》らしいものと言われています。

鳩摩羅什は、一人で経典《きようてん》を翻訳《ほんやく》したわけではありません。彼を中心にチームで翻訳を進めました。サンスクリット語で表された仏教用語の元意《がんい》を正確に漢語《かんご》に訳したのです。

はじめ中国の翻訳家は、経典を正確な文章にするよりも、仏教を中国人にわからせるために、伝統的な「中国の概念《がいねん》」に合わせて訳したのです。その結果、彼らの訳は、あまりにも中国的なものになってしまいました。鳩摩羅什は、経典の「精神」とともに、「用語」の面でも、正確に翻訳したのです。

池田　法華経に出現する「宝塔《ほうとう》」は、何を表したものと考えられますか。古来《こらい》、さまざまな議論がありますが。

ヴォロビヨヴァ　仏教で説《と》かれる「宝塔」とは、常に、人々が拝《おが》む対象《たいしよう》——すなわち本《ほん》尊《ぞん》を表していると思います。法華経の場合、「宝塔」とは、「仏を礼拝《らいはい》する人、その人が仏である」ということを象徴《しようちよう》しているのだと思います。

池田　日蓮大聖人も宝塔《ほうとう》の出現について「己《こ》心《しん》の宝塔を見ると云《い》う事なり」（御書一三〇四ページ）と言われています。

寿量品《じゅりょうほん》の永遠の生命

「宇宙と一体」の境涯を教えた

池田　釈尊《しゃくそん》が法華経《ほけきょう》の「如来寿量品《にょらいじゅりょうほん》」で仏の生命の永遠性《えいえんせい》――すなわち「久遠《くおん》の仏」を明かした意味を、博士はどのようにお考えですか。

ヴォロビヨヴァ　釈尊は「私の教えを受持《じゅじ》する人は前へ前へと進みなさい」と教えました。前へ前へと進むごとに、いろいろなことを認識します。仏がまだ生きている、仏が入《にゅう》滅《めっ》した、などと。これは「時間的」な概念《がいねん》です。

そして、修行がさらに進めば、仏と一体になります。つまり仏と融合《ゆうごう》する境涯《きょうがい》を寿量品では説《と》いていると思います。これは「時間を超《こ》えた」概念です。宇宙《うちゅう》のエネルギーを、自分自身のエネルギーとするのです。その宇宙との一体感を味わう境涯を「永遠性」として表現したのではないでしょうか。

池田　法華経《ほけきょう》には、「七譬《しちひ》」に代表される多くの「譬喩《ひゆ》」が説《と》かれています。その中で中央アジアで最《もっと》も親しまれていた譬喩は何でしょうか。

ヴォロビヨヴァ　これであると断定はできません。ただ言えることは、商業の国では隊商を助ける譬《たと》えを、砂漠《さばく》のオアシスに住む人々には慈雨《じう》の譬えをというように、人々の生活に当てはめて、できるだけわかりやすく教えを説いたのだと思います。どういう譬えが、実際の民衆《みんしゅう》の生活に合うか、どうすれば民衆にわかりやすく仏の教えを伝えられるかという点が最も重視されたのだと思います。

仏教衰退《すいたい》の原因は　僧侶の堕落《だらく》 法が正しくても　人心《じんしん》がはなれた

池田　中央アジアにおいて、これほどまで広まった仏教が衰退した原因は何でしょうか。イスラム勢力《せいりょく》の侵入《しんにゅう》といった外因《がいいん》や仏教教団自身の内因《ないいん》が指摘《してき》されていますが――。

ヴォロビヨヴァ　重要な問題です。仏教は、さまざまな国へ広まり、いくつかの国では国王自《みずか》らが仏教を庇護《ひご》しました。しかし、その庇護をいいことに、僧侶《そうりょ》は次第に華美《かび》な儀《ぎ》式《しき》にふけるようになっていきました。民衆《みんしゅう》の心はさめました。

民衆は、堕落《だらく》した一握《ひとにぎ》りの僧侶が儀式をしても、自分たちには関係ないと思うようになりました。法がどんなに正しくても、人心《じんしん》が離れてしまえば衰退《すいたい》するしかないのです。

池田　その通りです。「民衆のための仏法」が、民衆を利用して「僧侶のための仏法」になってしまった。そこに衰退の根本《こんぽん》原因があります。

二十一世紀《せいき》の人類《じんるい》にとって、法華経《ほけきょう》はどのような使命《しめい》を果たすと思われますか。

ヴォロビヨヴァ　そうですね……。法華経は、人間、一人一人に「なぜ、私はこんなことをしているのか」「自分は、いずこへ行くのか」、また「人類は、いずこへ向かうのか」等と思索《しさく》させます。人々が考え始めるのです。それが法華経の使命であると考えます。

池田　法華経は人類を覚醒《かくせい》させていくということですね。その通りの二十一世紀でありたいと念願します。

権力者はずるく うそをつく
「信仰をもつ誠実な政治家」に期待

――席上、博士は「権力者《けんりょくしゃ》や聖職者《せいしょくしゃ》はずるいものです。嘘《うそ》をつきます。民衆《みんしゅう》こそが『善《ぜん》の心』をもっているものです」と主張。「政治家が、良い心になろうとして信仰をもつことは理想的なことです。そうなった時こそ『民衆のために』『民衆とともに』という政治が期待《きたい》できます」と語《かた》った。

また博士は、信仰をもった民衆が政治を監視《かんし》し、政治に参加することについて、「そういうことは当然あるでしょう。政治の世界に入っても、その人が誠実な人間であり続け、『人間の尊厳《そんげん》』ということを忘れないならば、信仰と政治は両立するわけです」と述《の》べた。

さらに「信教の自由」に触《ふ》れ、「ロシアでも信教の自由は憲法で保障《ほしょう》されています。近代憲法では『宗教は国家からいかなる干渉《かんしょう》も受けない』ことが規定されているのです。問題は、為政者《いせいしゃ》が、その憲法を守るかどうかなのです」と明快《めいかい》に語《かた》った。

皆さまの一歩が世界を安穏《あんのん》へと

ヴォロビヨヴァ　私は学会の皆さまに叫びたいのです。前進を！　あくまで前進を続けてください。前へ！　前へ！　と進み、階段を一段一段、上るごとに、完璧《かんぺき》な真理《しんり》に近づくことができます。それは世俗的《せぞくてき》なしがらみから自身を解放《かいほう》するでしょう。

皆さまの一歩は、日本のみならず世界の人々を「平和」と「安穏」と「幸福」へ導《みちび》く一歩なのです。武力でもなく、政治的策謀《さくぼう》でもなく、そうした皆さまの努力によってこそ、「悪《あく》」の力に歯止めをかけられます。そして、人類《じんるい》は「平和」と「安穏」へと進むことができるのです。

池田　魂《たましい》のこもった励《はげ》ましに感謝いたします。仰《おお》せの通り、私たちは前へ、前へ、永遠《えいえん》に前へ進みます。それが嵐《あらし》の中で輝《かがや》く「法華経《ほけきょう》の心」ですから。

ヴォロビヨヴァ　きょうは、あっという間にすぎた楽しい語らいでした。次の語らいは、ぜひサンクトペテルブルクで！

池田　健康を祈ります。ご一家の繁栄《はんえい》を祈ります。法華経《ほけきょう》の大学者に、重ねて感謝申し上げます。

――博士は芳名録《ほうめいろく》に、こう記《しる》した。「私は、きょう、民衆《みんしゅう》を光と平安の地へと導《みちび》いている人と出会った。この出会いを私は、誇《ほこ》りと敬愛《けいあい》をもって、生涯《しょうがい》、忘れないだろう」。

プロフィール

一九三三年一月、レニングラード（現サンクトペテルブルク）生まれ。レニングラード国立大学東洋学部卒業。ロシア科学アカデミー東洋学研究所に勤務。八二年、博士号取得。東トルキスタン、敦煌のサンスクリット語、チベット語、ホータン・サカ語、中国語に関する著書のほか、論文も多数。

人を救え！
慈悲と勇気は「不可能」の扉《とびら》を開《あ》ける

インド最高裁判所元判事、世界芸術文化アカデミー副会長
ジャスティス・S・モハン氏
1996年3月28日（聖教新聞社）

インド最高裁判所《さいばんしょ》元判事のジャスティス・S・モハン博士、ティラカバティ夫人と、約二時間半にわたり聖教新聞社で会談した。

ここでは、釈尊《しゃくそん》の人権闘争《じんけんとうそう》や博士の詩を通して、「人のために尽《つ》くす人生の幸福」を語《かた》り合った。また、現代インドの女性の結婚と暮らし、「精神の大国から学ぶもの」などが話題になった。

池田　モハン博士は、インドにとっても、世界にとっても大事な方です。〈南インドの〉マドラス大学を卒業され、長年、マドラスで裁判官《さいばんかん》として活躍《かつやく》されました。今もマドラスに住んでおいでです。三十五年前、私がインドへの第一歩をしるした地がマドラスでした。本当に懐《なつ》かしい。〈一九六一年一月〉

何か青春時代のエピソードを、うかがえれば——。

モハン　〈第二次世界大戦の〉終戦の直前、一九四五年に私はマドラスにいました（十五歳）。終戦を迎えて、お祭り騒《さわ》ぎがありました。

私個人としては、「もうこれで人間の殺し合いが、殺戮《さつりく》が終わった」と感じました。これで、狂気《きょうき》から正気《しょうき》に、だんだんと戻《もど》っていく——。歓喜《かんき》したというより、ほっとしました。大きな安心感がありました。

皆が〈終戦の〉お祝いをしている時の、私の第一印象《いんしょう》がそれでした。「他人のために、この人生を送ろう」。そう思っていました。

国王や帝王や将軍——彼らは皆、歴史に名を残そうとして働いています。子どもの教科書に載《の》るために働いています。しかし、「人々の心の中に生き続ける人」は、彼らとは別

初の語らいを喜び合う博士とSGI会長。「崇高なるもの」を求めて生きる詩人の魂が、瞬時にとけ合う（聖教新聞社で）

の人たちです。人類《じんるい》への思いやりと慈悲《じひ》をもつ人こそが「人々の心の中に」生き続けるのです。

池田　素晴《すば》らしいお話です。素晴らしいお心です。博士は、人々の人権《じんけん》を守るために、現実に正義《せいぎ》の行動を貫《つらぬ》いてこられた。「人間の帝王」です。

博士のことを、ある人は、こう言いました。「彼が働くとき、彼は判事である。彼が語《かた》る時、彼は詩人である」と。

法律の第一人者として「正義の魂《たましい》」と「冷徹《れいてつ》なる頭脳《ずのう》」をもちながら、詩歌《しいか》の第一人者として「人間愛の詩心」と「豊潤《ほうじゅん》なる表現」をもっておられる。

博士のような大指導者の存在こそ、「精神の大国」インドの奥深さを象徴《しょうちょう》しています。法華経《ほけきょう》では、菩薩《ぼさつ》が「三十三身《しん》」「三十四身」という、さまざまな姿を現して、人間を救っていくと説《と》いています。博士は、こうした菩薩の意義に通じる存在だと思います。

モハン　私は、砂浜の小さな小石のようなものです。

池田　偉大な人ほど謙虚《けんきょ》です。博士のことは、あらゆる点で存じ上げています。尊敬しています。その詩は、人々の琴線《きんせん》に深く強く響《ひび》いてきます。味わえば味わうほど「偉大である」と痛感します。

モハン　ありがとうございます。ただし、池田会長の詩に比べれば、私のは「無」に等《ひと》しいと思っています。

青年よ　人類への愛情に目覚《めざ》めよ——モハン

池田　恐縮《きょうしゅく》です。間もなく二十世紀《せいき》は終わります。二十一世紀に生きる青年たちにメッセージをいただけないでしょうか。

モハン　わかりました。率直《そっちょく》に申し上げたいと思います。英国の詩人・バイロンは皮肉《ひにく》を込めて言いました。
「ワイン。女性。快楽《かいらく》。笑い。ソーダ水。そして〝お説教《せっきょう》は、あした〟」
これが、当世《とうせい》の若者の生き方を象徴《しょうちょう》するものだと。今の青年も同じ傾向《けいこう》ではないかと思うのです。こういう姿勢は捨てなければなりません。その意味で、私は申し上げたい。
「青年よ、全人類《ぜんじんるい》に対する愛情を持て。慈悲《じひ》は、不可能の扉《とびら》をも開《あ》ける」
「君よ、すべてをなげうって、社会のため、国のために尽《つ》くせ。たとえ侮辱《ぶじょく》されても、そんなものは忘れてしまうことだ」と。
池田　大詩人の言葉です。勇気を与える言葉です。
モハン　また、私の人生観として、こう言えます。「屈辱《くつじょく》をも許す心をもつ人は、真珠《しんじゅ》貝《がい》のようなもの。傷《きず》つけられても、その傷を真珠でくるんでしまう」
池田　大海のような心の言葉です。
モハン　人は、大地のようであるべきです。大地というものは、いくら土を掘られ、削《けず》り取られても、掘っているその人をも支え続けているのですから。

池田　博士の詩を先日、名古屋でのスピーチで引用させていただきました。
〈第九十八回本部幹部会・第一回愛知県総会でのスピーチ（九六年三月二十四日）〉
モハン　「誤解《ごかい》」という詩を引いてくださいましたね。聖教新聞（三月二十八日付）を拝見《はいけん》しました。
池田　著作権《ちょさくけん》の侵害《しんがい》にならなかったでしょうか（笑い）。
モハン　とんでもありません（笑い）。光栄なことです。

臆病な人間は繰り返し死ぬ

池田　博士には「青年よ！」という詩もあります。青年のために、朗読《ろうどく》させていただきたい。「おお　眠《ねむ》る青年よ、目覚《めざ》めよ／さあ夜明けだ、世界は急速《きゅうそく》に動く／たわいもない噂《うわさ》話《ばなし》で人生を無駄《むだ》にしてはならない／今という時を、くよくよして過ごしてはならない／勇者は一度しか死なない／臆病者《おくびょうもの》は何度も死ぬ／貧《まず》しい人、老いた人、弱い人に手を差し伸べよ／人間としての価値《かち》を証明し、行動で自己の崇高《すうこう》さと偉大さを確認するのだ」。
魂《たましい》の光った詩です。詩心のない国は幸福ではない。詩心のない人は、わびしい。日本も残念なことに美しき詩がなくなった。次第に、わびしい国になりゆくことを、私は心配している一人です。奥さまのお生まれは、インドのどちらですか。

ティラカバティ夫人　インドの南部です。タミールナドゥ州のコインバトール地方です。

池田　どんな風景の地でしょうか。

ティラカバティ夫人　小さな町ですが、滝があり、緑が多くて、自然の美にあふれた所でした。お米もとれます。

池田　気候は暑《あつ》いですか。

ティラカバティ夫人　真夏の一～二カ月間は暑いです。それでも、最高気温は二十九度くらいで、しょっちゅう風が吹くので過ごしやすいのです。

池田　お父さま、お母さまの思い出は。

ティラカバティ夫人　父は輸送業をしていました。母は大変に働きものでした。六人兄弟で、四人の兄と一人の弟がいましたが、娘は私一人です。

池田　一人娘だと、お父さまは、かわいくてしかたなかったでしょうね。

ティラカバティ夫人　はい。いつも一緒で、まるで父のペットのようでした（笑い）。

池田　仏典《ぶってん》でも「竜女《りゅうにょ》」の話など、（竜は父、女は娘で、父子一体の成仏《じょうぶつ》を表し）父と娘の結びつきの強さを説《と》いています。

娘が嫁《とつ》ぐ時の父親の悲しみときたら（笑い）。ところが娘というのは、父の悩《なや》みや寝床《ねどこ》で流す密《ひそ》かな涙も知らないで、勝手《かって》に恋をし、結婚して、家を出ていってしまう（笑い）。

ティラカバティ夫人　その点、インドの結婚は親族同士の場合が多く、自分の家を出て他の家へ嫁ぐ日本とは違《ちが》っています。私も主人が母方の叔父《おじ》でしたから、家族は皆、喜びました。

池田　そうでしたか。結婚の形態《けいたい》や儀式《ぎしき》、場所はどんな風ですか。

ティラカバティ夫人　以前は、見合い結婚が主流でした。今は変わってきています。挙式《きょしき》は、寺院でやる場合も、そうでない場合もあります。盛大にやると、お金も結構かかります。

池田　日本ではバブル経済の崩壊《ほうかい》で派手《はで》な挙式を控《ひか》える傾向《けいこう》があります。では新婚旅行や、結婚指輪を贈る習慣《しゅうかん》はどうでしょう。

ティラカバティ夫人　新婚旅行はありますが、贈り物の方は、指輪でなく、マンガルスートラという金のネックレスです。このネックレスは、絶対《ぜったい》にはずしません。

モハン　金のネックレスとともに重要なのが、足の指にはめる銀のリングですね。この二つが結婚の必需品《ひつじゅひん》です。

池田　足の指のリングには、どんな意味がありますか。

モハン　それは、ある美女の伝説にもとづいています。彼女は、主人への誓《ちか》いを守り抜き、最後に銀色に輝《かがや》く天の星になったとされています。

ですから、インドの女性は、銀色のリングを足の指にはめて、そして、星を指さしながら、「あの星のように」と、変わらぬ愛情を誓うのです。男性の方も、足の指にリングをしている女性には、目をそらして通るのです。

池田　よく理解できました。日本では、離婚が増えていますが、インドではどうでしょうか。

ティラカバティ夫人　極めて少ないです。たとえ主人を亡《な》くしても、再婚はしません。最近は僅《わず》かですが例外もありますが。

池田　そうですか。晩婚《ばんこん》についてはどうですか。日本はだんだん遅くなっているようですが。

ティラカバティ夫人　インドでは、そういう傾向《けいこう》はありません。

モハン　勉強や仕事を続けるために晩婚《ばんこん》になる人も一部にいますが、一般的ではありません。

インドには〝いじめ〟はない　慈悲の心で友を励ます

池田　日本では、一組の夫婦と子供という核《かく》家族、それに子供は少数という家庭が増えています。インドでは?

ティラカバティ夫人　大家族が同じ屋根《やね》の下で暮らすのが望ましいのですが、経済的にそうできない場合が出てきているようです。また、政府は、子供は少なくという政策をとっています。

池田　中国もそうですね。日本の小・中学校では「いじめ」が深刻《しんこく》な問題です。自殺する子供もいます。インドにも「いじめ」はありますか。

ティラカバティ夫人　ありません。

モハン　皆、慈悲《じひ》の心をもっていますから、「いじめ」にあいそうな気の弱い子なら、なおさら励《はげ》ましてあげるでしょう。

池田　それは素晴《すば》らしいことです。ところで、普通の主婦の一日の時間帯は、だいたいどんな感じでしょうか。

ティラカバティ夫人　毎朝、五時もしくは五時半に起床。まずは入浴、そして掃除《そうじ》とか洗濯《せんたく》とかが一段落すると、どこの家にもある礼拝室《らいはいしつ》で、お祈りをします。その後、朝のコーヒーかお茶で一息ついて、子供たちのお弁当作りに取りかかります。そこまでで、だいたい午前十時ですね。それから午後五時ぐらいまでが、自分の自由な時間。私は、休憩《きゅうけい》したりピアノの稽古《けいこ》やペーパーフラワー、また娘と日本食の料理教室にも通《かよ》っています。タミールナドゥ州のタンジョールという古都《こと》の伝統である石や金を使った絵画も好きで、よく描《えが》いています。五時からはアップルパイを焼いたり、食事の準備を始めます。

池田　日本は着物ですが、民族衣装《みんぞくいしょう》のサリーについて、何か教えていただけますか。

ティラカバティ夫人　大都市マドラスに近いカンチープラムという都市では、今でも手《て》織《お》りのサリーをつくっています。生地《きじ》はシルク（絹）一〇〇パーセントで、金糸《きんし》、銀糸による装飾《そうしょく》が大変に美しいのが特徴《とくちょう》です。

池田　奥さまのきょうのサリーも輝《かがや》いています。

ティラカバティ夫人　ありがとうございます。現在は、手入れが簡単《かんたん》なのでポリエステルなどの合成繊維《せんい》のサリーも使われています。

モハン　インドの女性が、額《ひたい》につける赤い印《しるし》についても、ご説明いたしましょうか（笑い）。

池田　では、お願いします（笑い）。

モハン　これは、ヒンドゥー教の三神の一つ、ヴィシュヌ神の妻が、赤い蓮《はす》の中に住んでいるとされることに由来《ゆらい》します。女性たちは、赤い粉《こな》を額に塗《ぬ》るのですが、この時、「他人のために」という祈りを捧《ささ》げることになっています。

池田　慣習《かんしゅう》の一つなんですね。

モハン　はい。私たちにとって宗教は、法律以上に重要です。私の場合、祈りの内容は

「子供を守りたまえ」「妻を守りたまえ」「家族を守りたまえ」「隣人《りんじん》を守りたまえ」「私の国を守りたまえ」です。「自分を守ってください」とは言いません。こう祈ることで、人間は「他の人のために」生きていかねばならないことを自覚するのです。

池田　「他の人のために」——素晴《すば》らしい心です。先日も語《かた》ったのですが、「自分のため——それはエゴであり、権力者《けんりょくしゃ》の心である。他人のため——これが菩薩《ぼさつ》であり仏の心である」と。

モハン　その通りだと思います。

非暴力の力は核兵器より強い——モハン
仏典は釈尊の人権闘争の詩《うた》——池田

賢人・聖人に対しても反逆者が

池田　博士の「人生の教訓《きょうくん》」という詩も、まことに味わい深い。

「シーザーにはブルータスが／チャールズ一世にはクロムウェルがいた／歴史は多くの反逆者《はんぎゃくしゃ》を見た／人生の教訓《きょうくん》は、彼らの前例から学べ／この世には、たくさんの裏切《うらぎ》り者がいる」

思えば、貴国《きこく》が生んだ偉大なる人類《じんるい》の教師・釈尊《しゃくそん》にも、身と影のごとく、提婆達多《だいばだった》という裏切り者の存在がありました。博士は、ご子息《しそく》に、釈尊と同じ「ゴータマ」という名前をつけておられます。釈尊ほどの賢人《けんじん》・聖人でさえも、反逆や策謀《さくぼう》から逃《のが》れることはできなかった。〈有名な「九横《くおう》の大難《だいなん》」のうち二つは、釈尊を陥《おとしい》れる女性スキャンダルの捏造《ねつぞう》であった〉

しかし釈尊は、「能忍《のうにん》（能《よ》く忍《しの》ぶ）」というごとく、すべてを耐《た》え忍びました。「世雄《せおう》（世の英雄）」として、堂々と打ち勝ちました。卑劣《ひれつ》きわまる裏切り者の提婆をも「第一の善知識《ぜんちしき》」として、より偉大な自身の力を引き出していきました。

釈尊の人生は呼びかけています。凶暴《きょうぼう》な権力《けんりょく》に屈《くっ》するな！　邪悪《じゃあく》な誹謗《ひぼう》に、ひるむな！　非道《ひどう》な人権蹂躙《じんけんじゅうりん》に侵《おか》されるな！　正義《せいぎ》は断じて負《ま》けてはならない！

そういう人間の真髄《しんずい》の強さを、釈尊は後世《こうせい》の私どもに示してくれたのです。数々の仏典《ぶってん》は、その大闘争《だいとうそう》のなかで、釈尊が、民衆《みんしゅう》のために歌い残した「人間の尊厳《そんげん》」の不滅《ふめつ》の詩《うた》であり、永遠《えいえん》の希望の詩《うた》である、といってよいでしょう。

モハン　その通りです。

釈尊・アソカ大王・ガンジー

池田　仏教史上、著名《ちょめい》なアソカ大王、カニシカ王について、どういう印象《いんしょう》をお持ちでしょうか。

モハン　両者とも、暴力《ぼうりょく》と戦争を強く憎《にく》みました。アソカ大王は、不滅《ふめつ》の原理を打ち立てました。それは、不殺生《ふせっしょう》と非暴力です。アソカ大王は、釈尊《しゃくそん》から学んでいます。ネルー（独立インドの初代首相）は、これを「哲学」という形にしました。彼は、著作《ちょさく》『インドの発見』の中で、この原理について美しく表現しています。

一方、マハトマ・ガンジーは、この原理を具体的に実践《じっせん》しました。アメリカの『ライフ』誌の記者が、ガンジーにインタビューしたことがあります。「あれほど強力な英国に対して、どう戦うのですか」と。

ガンジーは答えました。「私たちは釈尊から、二つのものを学んでいます。一つは『真《しん》理《り》』。もう一つは『アヒンサー（非暴力《ひぼうりょく》）』です。この二つの原理に打ち勝たないかぎり、英国は、我々に打ち勝つことはできません。どんな武器《ぶき》を使おうとも。たとえ核兵器《かくへいき》を使おうとも」と。

「真理は必ず勝利する」がモットー

モハン　目標は、「法（ダルマ）」が主役になる王国をつくることです。「法」には、深い意義があります。

一つは「平等《びょうどう》」ということです。二つめは「豊かさ」「すべてが満たされている」ということです。これが実現すれば、殺人も、盗みも、なくなるでしょう。人を騙《だま》したり、争ったりという、人間同士の〝摩擦《まさつ》〟がなくなるでしょう。この釈尊《しゃくそん》の原理は、（インドの国民的叙事詩《じょじし》）『ラーマーヤナ』のラーマ王に受け継《つ》がれています。

ガンジーは、この原理を、インド全土に流布《るふ》しました。インド国旗の図柄《ずがら》には、アショカ王のチャクラ（法輪《ほうりん》）が入っています。コインや紙幣《しへい》にも描《えが》かれています。紙幣にはまた「真理《しんり》は必ず勝利《しょうり》する」というインドのモットーが記《しる》されています。

池田　インドには全人類《ぜんじんるい》が学ぶべき「智慧《ちえ》の宝庫」があります。
博士は詩「悠久《ゆうきゆう》のインド」を書かれました。
「ああ、母なるインドよ
あなたは、他人に略奪《りやくだつ》され、支配される土地にすぎないのか？
いな、あなたは知識を探《さが》し求める者が集まる、世界の国の王女なのだ」
「精神には敗北はない／あなたは全世界が学ぶ／聖者《せいじや》の魂《たましい》を次々と生んだ
豊かなる母よ／悠久のインドよ
平和の先駆《せんく》者《しや》よ
あなたの偉大さは／不滅《ふめつ》なのだ」
また、博士の「他のために」という詩も、私の好きな詩です。
「私のろうそくよ、君は残酷《ざんこく》な仕打ちを受ける／君は燃やされる
しかし笑顔《えがお》をもって　君は光を照《て》らす！／なぜだ？／君は溶《と》けながら／他のために命を
燃やす／君の未来は、あらゆる栄光で飾《かざ》られるだろう」
多くの人は、自分のためだけに生きています。日本には、そういう人が多くなりまし

た。この詩は、博士ご夫妻の気高《けだか》い人生を象徴《しょうちょう》しているかのようです。また、この詩は、大乗仏典《ぶってん》のひとつ、維摩経《ゆいまきょう》の美しい譬《たと》えを連想させます。

それは、女性のために説《と》かれた「尽《つ》きることのない灯火《ともしび》」という法門《ほうもん》です。すなわち——ひとつの灯火から百・千の灯火に点火されても、もとの灯火の明るさが減《へ》ることはない。むしろ、尽きることなく明るさを増していく。

他の百・千の人々のためにわが身をなげうって貢献《こうけん》しゆく菩薩《ぼさつ》の人生もまた同じである。その惜《お》しみない労苦によって、菩薩の境涯《きょうがい》は決して燃え尽きない。逆に、いよいよ善《ぜん》なる光彩《こうさい》を増していく。まさに「尽きることのない灯火」のごとき生命となっていく——というのです。「他のために」尽くす人生こそ、永遠不滅《えいえんふめつ》の栄光の人生となるのです。

モハン　素晴《すば》らしい英知の言葉です。

「全人類の境涯を最高に高めたい」

池田　奇《く》しくもモハン博士の誕生日は、絶対《ぜったい》に忘れ得ぬ我が恩師《おんし》・戸田先生と同じ二月十一日です。戸田先生は言われました。

「全人類《ぜんじんるい》を仏の境涯《きょうがい》、すなわち、最高の人格価値《かち》の顕現《けんげん》においたなら、世界に戦争もなければ飢餓《きが》もありませぬ。疾病《しっぺい》もなければ、貧困《ひんこん》もありませぬ。全人類を仏にする、全人類の人格を最高価値のものとする。これが『如来《にょらい》の事《じ》』を行《ぎょう》ずることであります」と。

インドの釈尊《しゃくそん》が灯《とも》した人間主義《しゅぎ》の「尽《つ》きることのない灯火《ともしび》」を、私どもは、「第三の千年」へと伝え広げてまいりたい。博士ご夫妻とともに――。

モハン　偉大な、崇高《すうこう》な理想です。釈尊は我が国の人ですが、今は池田会長の胸中に釈尊がいると思います。ちょうど子供が成長して家を離れるのと同じように、インドよりも、今、創価学会の中にこそ釈尊の真理《しんり》はあります。

池田　そのお言葉を、励《はげ》ましと受けとめたい。また、かつて（博士が副会長を務《つと》める）世界詩歌《しいか》協会から「世界桂冠《けいかん》詩人」賞をいただきました。最大の誇《ほこ》りです。

モハン　そのお言葉には、シェークスピアにならって、お答えしたい。「素晴《すば》らしいことをなすものには、素晴らしい助けが与えられる。正義《せいぎ》を行《おこな》うものには、正義が行われる。偉業には偉大な助けがある」。

池田　過分《かぶん》な、お言葉に感謝します。シェークスピアは私も大好きな詩人です。彼のゆかりの館《やかた》を今、「シェークスピア文学館（シェークスピア・ハウス）」とすることを計画中です。〈イギリス・ロンドン南西のリッチモンド会館を整備〉

モハン　そうした構想《こうそう》自体が、池田会長が「偉大な詩人」であることの証拠《しょうこ》です。会長の「詩心」は、著作《ちょさく》や詩集、例えば『わが心の詩《うた》』などに豊かに表現されています。

人間の最大の罪は「忘恩・裏切り」——モハン

己に忠実なれ

モハン　インドのタミール地方に『ティルックラル』という箴言《しんげん》詩集が伝えられています。〈ティルヴァッルヴァルの作とされ、作成年代は五世紀《せいき》ごろ等、諸説がある〉

千三百三十の二行詩からなるもので、三十七カ国語に翻訳《ほんやく》されているようです。『ティルックラル』は、シェークスピアの作品とも共通点があります。偉大な詩人に共通する知《ち》恵《え》でしょう。そうした詩節のなかから、一部を紹介させてください。

池田　ぜひ、お願いします。

モハン　例えば、こうあります。「良心《りょうしん》が、これをするなと言ったなら、してはならない。さもなければ、良心が、あなたを殺すだろう」

シェークスピアの『ハムレット』にも、同じような言葉があります。

「いちばん大事なことはな、己《おの》れに忠実《ちゅうじつ》なれ、この一事を守れば、あとは夜が日につづくごとく、万事《ばんじ》自然に流れだし、他人にたいしても、いやでも忠実にならざるをえなくなる」（『ハムレット』福田恆存訳、新潮社）と。

また『ティルックラル』では「人間が他人に対して犯《おか》すことのできる最大の罪《つみ》は忘恩《ぼうおん》である。それは、後ろから人を刺《さ》すに等《ひと》しい」「感謝の心がない人は、神でさえも、その人を救うことはできない」とも言っています。

シェークスピアも、同じことを言っています。「吹けよ、吹けよ、冬の風、／恩知らぬ人ほどに／なんぢは酷《ひど》くはあらず」（『お気に召《め》すまま』坪内逍遥訳、中央公論社）

恩知らずの人間よりも、冬の風のほうが、ましだと。

池田　博士は雄弁家《ゆうべんか》です。話す言葉が、そのまま詩になっている。長年、判事などの立場で、さまざまな人間模様《もよう》を目の当《ま》たり《あ》にしてこられたことでしょう。ある時は人間の業《ごう》を、宿命の悲惨《ひさん》さを。またある時は、寛大《かんだい》な判決に、ほっとした表情の人々を。〃法で裁《さば》く〃という一番劇的《げきてき》な場面を、すべて胸に刻《きざ》み納《おさ》めて、その上で詩人でいらっしゃる。ご夫妻の人生も、すべてが詩です。すべてが絵です。すべてが物語であり、魂《たましい》が躍動《やくどう》しています。

モハン　きょうは、池田会長と、人生最高の、偉大なひとときを過ごさせていただきました。これからも私は私の立場で、ＳＧＩの崇高《すうこう》な理想を、広く伝えていきたいと思います。

池田　温《あたた》かいご理解に感謝します。人生、何が信じられるか。私の結論は「友情こそ人生の宝である」ということです。友情ほど気高《けだか》く、美しく、尊《とうと》い世界はありません。

モハン　私は、言葉では言い表せないほど幸せ者です。ＳＧＩ会長と、誇《ほこ》り高い友情を結ぶことができて――。

進もう！　戦いが待っている

池田　「我がペン」という博士の詩を思い出します。

「おお、我がペンよ、詩人は予言者なり。
彼は賛辞《さんじ》を欲せず／悪口《あっこう》を親しく思う
成果や称号《しょうごう》にも無頓着《むとんちゃく》で／キャラバン（隊商《たいしょう》）の旅のように進みゆく
彼が、現世《うつしよ》の肉体を脱《ぬ》ぎ捨てたあと／世界は彼の栄誉《えいよ》を知る」
「さあ書き続けよ、／思索《しさく》の滔々《とうとう》たる流れを確かなものに
なぜならば、戦うべき闘争《とうそう》は多い／戦いは永遠《えいえん》になくなることはないのだ
それこそが多くの詩人が教えてくれたことである」
詩人こそ「未来」を見通す予言者です。詩人こそ「永遠」のために戦う戦士です。私も博士とともに叫《さけ》びたい。「さあ語《かた》り続けよう！」「さあ戦い続けよう！」
全人類《ぜんじんるい》へのほとばしる愛に突《つ》き動かされて――と。

プロフィール

一九三〇年、インド・タミールナドゥ州生まれ。マドラス大学を首席で卒業後、同大学大学院を修了。マドラス高等裁判所およびカルナータカ州最高裁判所の長官、カルナータカ州知事代

理、インド最高裁判所判事などを歴任。世界芸術文化アカデミー副会長、世界詩歌協会副会長。著名な詩人であり各国での世界詩人会議に出席している。

著作に『正義は勝利する』『マレーシアにおける証言法』等の法律の研究書、詩集『創世』『つれづれの回想』『野草』などがある。

1997

ホセ・V・アブエバ氏

（国立フィリピン大学前総長）

銭　偉長氏

（上海大学学長、中国人民政治協商会議副主席）

マーチン・セリグマン氏

（アメリカ　ペンシルベニア大学心理学部教授）

I・K・グジュラール氏

（インド　首相）

趙　永植氏

（韓国　慶熙大学創立者）

「歴史」と「教育」と「平和」の信念が共鳴
リーダーシップで一切が決まる

国立フィリピン大学前総長
ホセ・V・アブエバ氏
1997年4月6日（東京牧口記念会館）

池田SGI会長夫妻は、国立フィリピン大学前総長のアブエバ博士夫妻を、東京牧口記念会館に歓迎し、旧交《きゅうこう》を温《あたた》めつつ、語《かた》り合った。

ある時は創価大学で、ある時はフィリピン大学で、ある時はマニラ郊外の博士の自宅で、平和と教育の語らいを重ねてきたSGI会長と博士。

約四年ぶりの対談では、「リーダーシップ」の重要性、歴史教育の在《あ》り方、「フィリピン独立の父」ホセ・リサールの信念などをめぐって——。

アブエバ　私とSGI会長には、いくつかの共通点があると思います。
一つ目は同じ年（一九二八年）の生まれであること、二つ目は平和への真剣な行動、三つ目は、文化を愛し、文化を通して国際理解を推進しようとしていることです。加えて、きょう、もう一つ認識した点があります。それは「リーダーシップ」を研究している点です。私も何年か研究を重ね、マグサイサイ大統領やアキノ大統領のリーダーシップについて、書いたこともあります。先生をはじめSGIのリーダーの方を見ていると、「リーダーいかんで、すべてが変わる」ことを実感します。地域でも、一国でも、世界においても、指導者が大きな影響力《えいきょうりょく》を及ぼしています。

†　　†

池田　リーダーシップは、現代においても、未来においても重大な問題であり、「人類《じんるい》の永遠《えいえん》の課題」です。人を、どう動かすか――人を善《ぜん》の方向へ導《みちび》くのか、悪《あく》の方向へ導くのか。団結させるのか、破壊《はかい》と分裂《ぶんれつ》の方向へ向かわせるのか。リーダーシップいかんで正反対になってしまう。

政治学者として、「リーダーシップの研究」に取り組んできたアブエバ博士は「池田会長は、平和と文化の偉大なリーダーです」と語る（東京牧口記念会館で）

人間は多様です。それぞれの意見や性格をもっています。そういう多様な現実を、リーダーは見極《みきわ》めながら、「調和《ちょうわ》」させ、「生かし」、「価値《かち》」の方向へ、「善《ぜん》」の方向へと導《みちび》いていかねばならない。そういうリーダーシップがないところに、現代の「混迷《こんめい》」が生まれているのではないでしょうか。

リーダーシップにも、「善」と「悪《あく》」があります。ファシズムは「権力《けんりょく》の魔性《ましょう》」のリーダーシップです。人間を善と希望の方向へ導くのが「人間主義《しゅぎ》のリーダー、リーダーシップ」です。前者は悪と不幸のリーダー、後者は善と幸福のリーダーです。後者のリーダーシップを、どんな小さなグループであっても求めているのです。

すべては「人間」で決まります。どんなに学問や理念、政策があったとしても、それだけで、現実がうまく進むとはいえない。そこにリーダーシップが絶対《ぜったい》に必要な理由がありまます。それは教育でも政治・経済でも同様です。すべては「人間から出発し」「人間に帰《き》着《ちゃく》する」のです。〝リーダーに「人」を得ることがなくても、機構や理念だけで、うまくいく〟――そう錯覚《さっかく》したところから現在の混乱《こんらん》が生まれている。

人間主義《しゅぎ》のリーダーについた人は幸福です。権力《けんりょく》や形式で抑《おさ》えて従《したが》わせるのは真のリーダーシップではありません。それは蛮性《ばんせい》や利己《りこ》主義が生んだリーダーシップです。

正しきことは断じてなせ
変革に立てば波乱は当然――アブエバ

アブエバ　同感です。リーダーは、必要とされている「正しいこと」をしなければならない。それが不評を呼び、波乱《はらん》を呼ぼうとも。何もしなければ、平々凡々《へいへいぼんぼん》と、安穏《あんのん》にすごせるでしょう。しかし、それでは、社会を「変革《へんかく》」することはできません。

池田　その通りです。

――語《かた》らいは、「歴史観」に。博士は、SGI会長が「青春対話」（高校新報連載）の第十四回「歴史との語らい」の中で「民衆中心《みんしゅうちゅうしん》の歴史観」を語っていることに言及《げんきゅう》。フィリピン大学が現在、進めている歴史書編集のプロジェクトの中でも、フィリピンの庶民《しょみん》から見た「歴史」を記録にとどめ、残す計画があることを紹介し、フィリピンのみならず、日本の市民も読めるようにしていきたいと望んだ。

「民衆の声を反映した歴史」を

アブエバ　私たちも、SGI会長が言われている通り、〝民衆の声を反映《はんえい》させた歴史〟を目指しています。

SGI会長は、若き高校生に、「歴史の真実《しんじつ》」を見抜く大切さを訴えておられる。私たちも、フィリピンの青年たちに、確かな歴史観をもたせたい。何が正しく、何が間違《まちが》っているのか、「真実《しんじつ》を見抜く眼」を養《やしな》わせたいのです。

――アブエバ博士のご両親は、日本軍によって虐殺《ぎゃくさつ》されている。SGI会長は、その事実にもふれながら、「正しい事実の歴史を残し、教えていくことが、不幸を繰《く》り返さない土台となり、平和への根本《こんぽん》の道を示すことになる。それが、日本人のためにもなると信じます」と語《かた》った。

またSGI会長は、政治や経済がどうあろうと「教育だけは混乱《こんらん》させたくない」と述《の》べながら、フィリピンの「独立の英雄《えいゆう》」ホセ・リサールの言葉に言及《げんきゅう》した。

教育に「高貴なる地位」を与えよ

池田　リサールは述《の》べています。「教育が高貴《こうき》なる地位を占《し》めるとき、青年は活力と軽《けい》快《かい》さをもって開花する」

まさに、その通りです。彼の偉大さは、先ほど博士が言われたごとく、正しいと信ずることは、迫害《はくがい》を恐れず、断じて為《な》した勇気にあると思います。こうも言っています。

「正義《せいぎ》の人、有徳《うとく》の人は、（迫害を受けて）苦《くる》しまねばならない。苦しむことによって、その理想は、人々に知られ、広まるのである。香水《こうすい》の香《かお》りを放つには、その壺《つぼ》を打ち割らねばならない。岩から火花を起こすには、その岩を打たねばならないのである」

そして、変革《へんかく》に立ち上がれと民衆《みんしゅう》に呼びかけました。「忍従《にんじゅう》は必ずしも美徳《びとく》とはかぎらない。忍従が、圧政者《あっせいしゃ》を勢《いきお》いづけるとき、それは犯罪《はんざい》となる。なぜなら、奴隷《どれい》のいないところに、圧政者は存在しないからである」。これも至言《しげん》です。

アブエバ　フィリピン人にとって、リサールは、啓発《けいはつ》し、勇気づけてくれる英雄《えいゆう》です。私どもの英雄について、SGI会長が、これほど深く知っていてくださることを大変にうれしく思います。

九一年のフィリピン大学の経営学部の卒業式の時、SGI会長は「平和とビジネス」と題して講演してくださいました。この時も、リサールの言葉を引かれました。

彼は、多くの才能を持っていました。詩人であり、SGI会長と同じヒューマニストでした。また歴史家であり、作家でもあった。そして、ミンダナオ島に流刑《るけい》されました。彼は、多彩《たさい》な才能を兼《か》ね備《そな》えた英雄《えいゆう》の具体例といえるでしょう。また、彼は、若者に、最《もっと》も期待《きたい》していました。彼自身も青年でした。〈処刑《しょけい》された時、三十五歳〉

彼は「平和の人」でした。平和的手段《しゅだん》で自由を勝ちとるべきだと考えていたのです。どう努力しても、それが失敗したならば、武器《ぶき》をとることも、やむをえないと。彼は、革命《かくめい》の発端《ほったん》となる文章を書き、人々を革命運動へと導《みちび》きました。

彼は、スペインの文明を愛していましたが、彼を処刑したのはスペイン人でした。歴史の皮肉《ひにく》です。

「人格なき国」は「自由なき国」に転落
文明人の「第一の徳」とは正義

「教育」以外に人間の発展なし

アブエバ　また、リサールは、教育に深い信念を持っていました。「教育を通してのみ、人々を発展させ、人間性を実現できる」と信じていました。

「平和」と「教育」と「歴史」――この三つについて、リサールは深い信念を持っていたのです。

池田　彼が死んで百年〈一九九六年十二月が百周年〉。今なおフィリピンの人々を鼓舞《こぶ》し続ける偉大さに感動します。彼は「正義《せいぎ》は、文明の進んでいる民族《みんぞく》の第一の徳である」と言っています。また「人格なき大衆は、自由なき国家を生む」と。その人格をつくるのが、「教育」です。

今、私は確固《かっこ》たる人格なき日本の将来《しょうらい》を強く憂《うれ》えています。リサールが言う通り、「自由なき国」となり、ファシズムの方向に行くことを心配するのです。

アブエバ　これまで、日本は「平和憲法を堅持《けんじ》し、軍事大国にはならない」と幾度となく表明してきました。アジアの近隣《きんりん》国家としては、この声明を心強く思っています。

また日本は、伝統と近代化を融合《ゆうごう》する優《すぐ》れた能力を持っています。その能力を今、多くの国が必要としており、日本は世界に示していくべきだと思います。

信仰心と自由が発展の条件

――さらに博士は、「祖国《そこく》の誇《ほこ》るべきもの」として、「失敗しても立ち上がる柔軟《じゅうなん》な国民性」「国民に息づく宗教的信念」の二点を強調。さらに、「信仰心と自由があれば、人格を形成することができます。国民に人格があれば、経済の発展は自然と後からついてくると信じます」と述《の》べた。

また席上、アブエバ博士の令嬢《れいじょう》が、日本の八丈島《はちじょうじま》に住む陶芸《とうげい》の師《し》のもとで修業《しゅぎょう》をしていたこと、現在、八丈島には、創価学会の研修道場が完成していることなどが話題になった。また、令嬢の陶芸作品がフィリピンで高い人気を呼んでいることが紹介された。

プロフィール

一九二八年五月生まれ。国立フィリピン大学卒業。アメリカのミシガン大学で、政治学、行政学等を修める。母校の教授を務めた後、国連大学に勤務。その後、八七年から九三年まで、フィリピン大学の総長を務める。

世々代々の日中友好を語る

上海大学学長、中国人民政治協商会議副主席
銭　偉長氏
1997年5月11日、12日（上海大学）

上海《シャンハイ》大学の銭偉長《せんいちょう》学長と、日中の世々代々の友好について語《かた》り合った。五月十一日の歓迎宴《えん》で、また十二日、上海大学で行《おこな》われた、池田SGI会長への同大学「名誉教授」称号授証式《じゅしょうしき》の終了後も、語らいは続いた――。

†　†

銭　池田先生を心から歓迎します。池田先生は中日の友好と平和のために尽《つ》くしてこら

れた。そのために、人民《じんみん》を団結させてこられた。池田先生が努力してこられたように、私たちも努力したいと思います。

中国と日本は、文化的にも共通点が多い。同じアジアの人間同士、相互に理解しやすいはずです。

池田 その通りです。銭学長のご高名《こうめい》は、かねてより存じ上げております。貴国《きこく》の物理学界のパイオニアであり、周恩来《しゅうおんらい》総理の指導のもと、中国の科学の発展をリードしてこられた。今回、こうして、お会いして、海のごとく広いお心に感銘《かんめい》いたしました。

日本と中国は絶対《ぜったい》に「世々代々の友好」を実現しなければなりません。そのために私は青年に、正しい歴史観と友好の精神を語《かた》っています。

銭 民衆《みんしゅう》と民衆の交流が大事です。また学者と学者の交流が大事です。政治家だけでは両国間の「友誼《ゆうぎ》」をつくることはできません。

――上海《シャンハイ》大学のメーン・キャンパスは、かつて日本軍の攻撃《こうげき》により破壊《はかい》されつくした場所。「八月十三日」（一九三七年＝昭和十二年）――上海攻撃の開始の日付を、人々は今も胸に刻《きざ》んでいる。上海《シャンハイ》は開港《かいこう》以来、一世紀《せいき》近く、大きな戦火をまぬかれていたが、この時から日本の敗戦まで、地獄《じごく》の苦《くる》しみを味わわされた。

青年に正しい歴史教育を――銭
中国の小学校に教育支援を――池田

銭　私は一貫《いっかん》して軍国主義《しゅぎ》に反対です。しかし、日本の人民《じんみん》の感情を傷《きず》つけたくはありません。中国と日本は、力を合わせて、偉大なる東アジアを建設すべきです。唯一《ゆいいつ》、残念なのが日本の軍国主義なのです。日本は正しい歴史を、若い人に教えるべきです。

――それは常にSGI会長が主張し、自《みずか》ら実行してきたことである。過去に目をつぶる人には、現在も見えず、未来も見えないからだ。中国人民政治協商会議副主席でもある銭学長は、中国西南部・貴州省《きしゅうしょう》の開発、貧困《ひんこん》地域の改善《かいぜん》を担当し、尽力《じんりょく》している。

SGI会長は、経済的な理由で、学習する機会《きかい》に恵《めぐ》まれない子どもたちへの支援《しえん》活動「希望プロジェクト」が、中国各地で推進されていることに言及《げんきゅう》。創価学会として、近い将来《しょうらい》、貴州省の子どもたちのために、小学校教育への支援を行《おこな》いたいと提案した。

銭学長は感謝を述《の》べ、いまだに数百万人の子どもたちが、貧困や教育施設《しせつ》の不足などのため、学校に行きたくても行けない現状であることを語《かた》った。

努力の人　銭学長の確信

「あきらめずにやり続ければ　必ず成功を勝ち取れる」

かぐや姫の類話《るいわ》

貴州省は、かつて戦国時代から漢《かん》の時代にかけて、「夜郎国《やろうこく》」が栄えたことでも知られる。〝川を流れてきた竹の中から男の子が生まれ始祖《しそ》となった〟との伝説《でんせつ》をもち、日本の「かぐや姫」「桃太郎」の物語と似《に》ていることが指摘《してき》されている。

上海大学の応接棟「楽乎楼〈らっころう〉」で。“友、遠方より来たる。また楽しからずや”——楼の名には、遠来の友を迎え、語り合う喜びが

銭学長は、「夜郎国《やろうこく》」が大国・漢《かん》の強大《きょうだい》さを知らずに自分の勢力《せいりょく》を誇《ほこ》った歴史から「夜郎自大《じだい》（自分の力量《りきりょう》を知らないで勢力を誇ること）」の言葉が生まれたこと、交通の便《べん》が悪いため、日本軍の侵略《しんりゃく》をまぬかれたことを紹介した。

銭学長は一九一三年生まれ。代々、学者の家系《かけい》で、育ての親の叔父《おじ》・銭穆《せんぼく》氏は「国学大師」と呼ばれる中国国学の大家《たいか》として有名である。

家庭は貧《まず》しく、小学校は三年間、中学校は二年、高校もわずかの期間しか行けなかった。しかも、文系の科目しか学ばなかった。

清華《せいか》大学に入学するにあたり、当時、青年の間にわき起こった「科学をもって国を救おう」という息吹《いぶき》に触《ふ》れて、物理学を志《こころざ》した。しかし、それまで理系の成績は悪く、教授からは文系に進むよう勧《すす》められた。

しかし意志を通し、「一年間で、すべての科目の成績が水準《すいじゅん》に達すること」を条件に許された。ＳＧＩ会長は「このときに、お世話になった恩師《おんし》を、学長は今も敬愛《けいあい》し、文章にも残しておられるそうですね」と。

銭学長は、人に倍する努力、努力で、一年後には教授の要求を大きく上回り、卒業時には最優秀《さいゆうしゅう》の成績を勝ちとった。学長は言う。

「『銭偉長には才能がある』という人がいるかもしれないが、それは違《ちが》う。私の業績《ぎょうせき》はすべて、懸命な研鑽《けんさん》と不断《ふだん》の努力で得たものである」「これまで、ありとあらゆる苦難があったが、私は断じて努力をやめなかった。ゆえに私は専門のことであれば、常に最先端に立っている自信がある」

学生たちにも「問題は、たゆみない研鑽を続けられるかどうかにある。あきらめずに、やり続けさえすれば、必ず成功を勝ち取ることができる」と訴えている。

基礎と応用

有名なエピソードがある。学問における「基礎《きそ》」と「応用《おうよう》」について、こんな話を教えたのである。

「ある賢《かしこ》い人が、皆と一緒に食事をし、饅頭《マントウ》（中国式の蒸《む》しパン）を三つ食べて満腹《まんぷく》になった。ここで彼は考えた。『最初の二つの饅頭は無用であり、三つ目の饅頭が大事なのだ』と。それからというもの、彼は食事のときはいつも、最初は食べないで、皆が三つ目の饅頭を食べるときになって初めて口にするようにした。すると、しばらくして彼は栄養失《しっ》調《ちょう》のために病気になってしまった」

学長はこの笑話《わらいばなし》を通して「応用だけを重視《じゅうし》して基礎を軽視《けいし》するなら、この男と同じである」と教えた。また「反対に、最初の二つの饅頭（基礎）だけでも満腹にならない。学問・研究では『基礎』と『応用』の両方を偏《かたよ》りなく重んじてこそ発展がある」と。

現在、上海《シャンハイ》大学では、応用研究、基礎研究をともに重視した教育システムがつくられている。ＳＧＩ会長が、学長のこのエピソードに触《ふ》れると、「いやぁ、いくら言ってもわかってくれないので、譬《たと》え話《ばなし》を使って話したのです」。

語《かた》らいでは、「労働者」と「知識人」を、ともに大切にしていこうとしている中国の現状について、学長から説明があった。また学長夫人の孔祥瑛《こうしようえい》女史が、孔子《こうし》の七十五代目の直系《ちよつけい》の子孫《しそん》であることも話題に。

上海《シャンハイ》大学でSGI会長を迎えた応接棟《とう》は「楽乎楼《らつころう》」。「これは(孔子の言行録《げんこうろく》)『論語』の言葉に基《もと》づいています。すなわち『朋《とも》あり、遠方《えんぽう》より来たる。また楽しからずや』(有朋自遠方来、不亦楽乎)と。中国の『古き友人』である池田先生に、日本から、わざわざ上海に来ていただき、私たちは本当にうれしいのです」。

そう語ると、学長の温顔《おんがん》に、いつもにもまして、こぼれんばかりの笑《え》みが広がった。

プロフィール

一九一三年生まれ。清華大学物理学部卒業。カナダ・トロント大学応用数学科博士号取得。一九九四年から上海大学学長。中国人民政治協商会議副主席。中国科学院アカデミー会員。出版した著作は二十冊を越える。発表された科学論文は二百編以上。

幸福への意識革命を仏教と心理学は同志

アメリカ　ペンシルベニア大学心理学部教授
マーチン・セリグマン氏
1997年9月20日（聖教新聞社）

アメリカ心理学会の会長（九八年度）であったマーチン・セリグマン博士と、聖教新聞社で約二時間半にわたり会談した。

同博士は「楽観主義《らっかんしゅぎ》の心理学」の研究などで著名《ちょめい》。「フロイト以来の革命的《かくめいてき》理論家」と評される心理学者である。

会談では、仏教と博士の心理学に共通する「行動によって状況《じょうきょう》は打開《だかい》できる」との楽観主義こそ、個人にも社会にも「幸福」をもたらす鍵《かぎ》であることが語《かた》り合われた。また、青年を覆《おお》う悲観《ひかん》主義《しゅぎ》の克服《こくふく》についても論じられた。

†　†

楽観主義の人が「人生に成功」――セリグマン
仏教は「永遠の希望」の生命学――池田

池田　きょうは、世界的な心理学者であられるセリグマン博士とお会いでき、本当にうれしい。心から歓迎いたします。

セリグマン　私のほうこそ、きょうのSGI会長との語《かた》らいを、最大に意義深いものと思っています。

池田　「心」の働きは不思議《ふしぎ》です。ミルトンは喝破《かっぱ》しました。「心というものは……地獄《じごく》を天国《てんごく》に変え、天国を地獄に変えうるものなのだ」(『失楽園』平井正穂訳、筑摩書房)と。

「内面の変革」こそ「自他ともの幸福」への軌道――仏教と最先端の心理学が共鳴し合う2時半の語らいとなった（聖教新聞社で）

心理がどうかで人生は、どうにでも変わります。人間にとって、最《もっと》も根本《こんぽん》である「心」を探究《たんきゅう》する心理学は「生きた人間学」であり、重大な学問と思います。

宗教なかんずく仏教は、本来、心理学の側面《そくめん》を強くもっています。しかし、宗教は、歴史上、しばしば聖職者《せいしょくしゃ》によって権威《けんい》化《か》し、人間を操縦《そうじゅう》する道具になってきた。また独善《どくぜん》となり偏狭《へんきょう》になる傾向性《けいこうせい》をもっています。

その意味で、心理学は、より普遍性《ふへんせい》のある「人間学」と言えるかもしれない。

ゆえに私は、心理学の分野《ぶんや》から人間の幸福と平和を追究《ついきゅう》しておられる博士との対話を楽しみにしていたのです。

セリグマン　世界で多くの重要な業績《ぎょうせき》をなしとげられた池田会長のような方と、一方で心理学におけるリーダーである私のような人間とが、このように会談するのは、まれなことだと思います。

今の人々は、人間の内面の世界——すなわち「心」の世界と「実社会」での現象《げんしょう》とは、全く別の問題であると区別して考えがちです。しかし、「サイコロジー（心理学）」という言葉には、隠《かく》れた意味があります。

サイコロジーの最初の「サイコ」とは、もともとギリシャ語で「魂《たましい》」とか「精神」を意味する言葉です。表面的な「感情」を意味するよりも、もっと深い生命の奥底《おくそこ》にあるものを指しています。ゆえに私は、心理学とは、部分的な心の問題ではなく、「生命全体のことを扱《あつか》う学問」であると常に考えているのです。

池田　その一言で、博士の心理学観が、よくわかりました。視野《しや》が大きく開けゆくような一言です。博士の「楽観主義《らっかんしゅぎ》の心理学」は、人々に大いなる希望を贈ってきました。

希望——私の一番好きな言葉です。博士は、こう洞察《どうさつ》されています。

——人生には、楽観《らっかん》と悲観《ひかん》の二通りの見方がある。特に、困《こま》った状況《じょうきょう》に直面した時、どのように自分に説明するか。

悲観的な人は「この悪い状況は、ずっと続くだろう。そして、このせいで、私は何をやってもうまくいかないだろう」と思いこんでしまう。

つまり悲観的な人は、困難《こんなん》が永続的《えいぞくてき》と思いやすく、ある一つの分野《ぶんや》で挫折《ざせつ》すると、すべてをあきらめてしまう。

これに対し、楽観的な人は、「悪い状況は一時的なもので、すぐに終わる」と考える。また、悪い出来事がすべてに当てはまるとは、とらえない。それゆえに「自分にはできる！」「自分には変えられる！」という希望をもてる。

ハーバード大学の卒業生たちの人生を五十年前から追跡《ついせき》調査した研究がある。その結果、〝人生の成功や幸福は、社会的な条件《じょうけん》よりも、心の楽観度、悲観度と深くかかわっている〟ことがわかった。

特に、四十代の半ばから、楽観主義《しゅぎ》の人と悲観主義の人との間で、大きく人生の違《ちが》いが出てくる——すべて、うなずけるお話です。〈『オプティミストはなぜ成功するか』山村宣子

訳、講談社〉

セリグマン　的確《てきかく》に要約していただきました。常に楽しい、満たされている、お金がある――これが楽観主義《らっかんしゅぎ》の人生か。そうではありません。ここが重要な点です。

楽観主義とは「希望」のことです。いつ、どこで、失敗したり、苦《くる》しい経験をしても、それは「行動」によって変えられるという信念が「楽観主義」なのです。楽観主義とは、心の表面ではなく、もっと深い、魂《たましい》の奥底《おくそこ》の次元《じげん》にあるものなのです。

池田　まさに仏法に通じます。一般的に仏教というと、「静的《せいてき》なもの」「諦観的《ていかんてき》なもの」、また「苦行《くぎょう》」といったイメージが浮かぶかもしれません。

しかし、真実《しんじつ》の仏法の真髄《しんずい》とは「生きる喜び」です。歓喜《かんき》であり、躍動《やくどう》であり、行動であり、何ものをも越えゆく「永遠《えいえん》の希望」です。その喜びと希望を人々と分かち合う――すなわち、「人間の救済《きゅうさい》」へ向かっての巨歩《きょほ》が、仏法にはあります。ダイナミックな前進があります。

釈尊《しゃくそん》の教えの最高峰は、法《ほ》華経《けきょう》であり、今、その真髄は、日蓮仏法にあります。日蓮の「日」は太陽の意味です。「蓮」は蓮華《れんげ》で、「因果《いんが》倶時《ぐじ》（原因と結果が同時に一瞬の生命にそなわること)」を表します。瞬間、瞬間、因果倶時《いんがぐじ》で進むのが我が生命です。その我が生命を、太陽の方向へ、希望の方向へ、平和の方向へ、幸福の方向へ向けていく。永遠《えいえん》に、その方向へ向けていく。それが日蓮仏法です。

日蓮の根本《こんぽん》の教えは「南無妙法蓮華経」です。そして「南無妙法蓮華経は歓喜《かんき》の中の大歓喜」と言われている。この地球上に何をするために生まれてきたか。仏法では「衆生所《しゆじようしよ》遊楽《ゆうらく》(衆生の遊楽するところ)」と説《と》きます。楽しむために生まれてきた。苦《くる》しむためではない。

もちろん、人それぞれ宿業《しゆくごう》もある。先天的《せんてんてき》な問題もあるかもしれない。しかし、すべて「変毒為薬《へんどくいやく》」し、「煩悩即菩提《ぼんのうそくぼだい》」と変えゆく力が南無妙法蓮華経にあると説くのです。

「冬は必ず春」の希望の仏法

池田　日蓮仏法には、強き強き楽観主義《らつかんしゆぎ》が脈打《みやくう》っています。たとえば「(状況《じようきよう》が)よいのは不思議《ふしぎ》、悪いのは一定《いちじよう》(決まったこと)と思いなさい」と励《はげ》まし、その一方で「冬は必ず春となる」と希望を贈る。

日蓮その人も、苦難また苦難の連続でした。ゆえに、その言葉には、人間の魂《たましい》の叫びがあります。死罪《しざい》にのぞんでも「これほどの喜びを、笑いなさい」と弟子《でし》に呼びかけ、首切りの役人に「早く首を切れ」と毅然《きぜん》と言い放つ。流罪《るざい》の地にあっても「流人《るにん》であっても、歓喜《かんき》は、はかりしれません」と。

こうした〝大いなる楽観主義《らっかんしゅぎ》〟に立ち、全人類《ぜんじんるい》の永遠《えいえん》の幸福という目的へ前進を続けたのです。これに連《つら》なることこそ、私どもの人生であり、希望であり、戦いです。

心理学の革命

セリグマン　一九九七年という今、日蓮仏法の指導者と、心理学会の代表者が、こうして会ったことは非常に大事だと思います。それは、なぜか。

仏教にも、心理学にも、歴史があります。もちろん、仏教のほうが、比べものにならないほど長い。「伝統的な仏教」が生まれ変わり、日蓮仏法となった。池田会長は、そのことに触《ふ》れられました。同じように、昔からの「伝統的な心理学」は変貌《へんぼう》し、今の九七年の心理学になってきたのです。いわば「心理学の革命《かくめい》」です。そこに仏教の革命である日蓮仏法との共通性があると思うのです。

私が学生のころ、心理学は機械的でした。患者《かんじゃ》をどう治《なお》すか、無気力《むきりょく》な人をどう変えるかという学問でした。そういう人が、なぜ悪い状態に陥《おちい》るのか、環境《かんきょう》をどう克服《こくふく》するか、などが中心的課題でした。しかし、今の心理学は、機械的な、単に〝是正《ぜせい》していくだけ〟の心理学ではありません。

希望を与え、弱い者を強く変えていく。強さをつくり、追求《ついきゅう》していくのが、今後の心理学の課題です。

〈博士は、かつては「問題のある人々にのみ焦点《しょうてん》を合わせることによって、精神病理学者ばかりいて、心理学者がいなくなってしまった」と語《かた》っている〉

より「精神的な心理学」となってきている今、仏法の指導者である会長とお会いできたことは不思議《ふしぎ》であり、意義あることと思います。

池田　人間の素晴《すば》らしい可能性を開発する――そういう方向でなければ、心理学も行き詰まります。民衆《みんしゅう》の理解は得られない。厳然《げんぜん》たる「人類《じんるい》の灯台《とうだい》」になることはできません。

博士は「世界で、最《もっと》も影響力《えいきょうりょく》のある心理学者の十人」の一人に数えられています。開拓《かいたく》者《しゃ》として、また先駆者《せんくしゃ》として、どれだけの無理解な批判を受けてこられたか。

そのなかで、創造的《そうぞうてき》な仕事をなしとげ、画期的《かっきてき》な新理論を次々と打ち立ててこられたことは有名です。

いわば、第一期の戦いは勝利《しょうり》された。これからは第二期です。人間と社会にどう希望を与え、現実の問題を乗り越えていくかです。その方面でも、博士はすでに「行動」を始めておられる。

〈アメリカ心理学会とカナダ心理学会の共同計画も推進している。民族的《みんぞくてき》・政治的紛争《ふんそう》の原因の探究《たんきゅう》、それに対する効果的介入《かいにゅう》・予防法の研究、終わりなき報復《ほうふく》合戦の終結・仲裁《ちゅうさい》などを可能にする心理学者の訓練《くんれん》などが提唱《ていしょう》されている〉

私も行動の人間です。行動がなければ、花も咲かないし、実《み》もなりません。観念論《かんねんろん》です。博士の心理学は観念ではない。人類《じんるい》の「平和」と「幸福」を真剣に追求《ついきゅう》しておられる。その点を私は尊敬します。

何が人間を無気力にするのか

池田　博士が十三歳の時、父君が脳溢血《のういっけつ》で倒れられた。法律家であり、有能《ゆうのう》な公務員であり、新《あら》たな仕事に取り組もうとしていた四十九歳の父は、それを機に、希望を失《うしな》い、無気力《むきりょく》で苦《くる》しむようになった。

博士は、愛する父の不幸をバネに「何が人間を無気力にするのか、それを乗り越える手だてはないのか」――その解答を求めて心理学を志《こころざ》したと、うかがっています。大変に印象《いんしょう》深いお話です。

セリグマン　おっしゃる通りです。

池田　博士は一九四二年八月十二日生まれの五十五歳。アメリカ心理学会の次期会長であられる（九八年から）。ペンシルベニア大学の教授で、心理学会の第一人者として次々に新理論を発表され、「フロイト以来の革命的《かくめいてき》理論家」と評《ひょう》されています。

プリンストン大学の哲学部を首席で卒業され、ペンシルベニア大学で博士号を取得《しゅとく》された。現在、イギリス・ウェールズ大学心理学部の名誉教授であり、アメリカ心理学会及びアメリカ精神医学会の電子学術誌『治療《ちりょう》』の共同編集長など、活躍《かつやく》の場は、じつに広い。

多くの賞も受けておられる。

アメリカ心理学会若手研究者賞（七六年）、同学会特別貢献賞《こうけんしょう》（八六年）、アメリカ応用《おうよう》予防心理学会特別貢献賞（九二年）、精神病理学研究学会ズービン賞（九七年）などです。スウェーデン・ウプサラ大学の名誉博士でもあられる。著書《ちょしょ》は『学習の生物学的境界《きょうかい》』『無力感――抑《よく》うつ、発達、死について』『精神病理学――実験モデル』『人間の無力感――理論と応用』『オプティミストはなぜ成功するか』（講談社から日本語版）、『学習性無力感』『あなたが変えられること、変えられないこと』『楽観的《らっかんてき》子ども』などがあり、多数翻訳《ほんやく》されています。

論文も、三十二年間で百四十以上発表されている。「希望の要因《よういん》」「認知療法《にんちりょうほう》と抑うつの予防」「モーツァルトの楽観性――説明スタイルの研究」「楽観性は遺伝《いでん》か」「アメリカ人は中国人より楽観的か」すべて、興味《きょうみ》をかきたてられるテーマばかりです。

セリグマン　先生と私には、一つの共通点があると思います。それは、どれほど多くのことを達成したとしても、もっと「成長しよう」「触発《しょくはつ》を受けよう」「向上しよう」という姿勢を持ち続けていることです。

ニーチェは、このことを「自分より先に矢を飛ばせ」と言いました。常に前進し続けなければいけないという意味です。今日、私が池田先生と対話させていただくのも、自分を向上させるためです。

青年よ自信をもて!!「自分にはできる!!」と

「悲観」と「空虚《くうきょ》」心の疫病《えきびょう》に勝て

池田　二十一世紀《せいき》に向かう青年たちに、「これだけは言っておきたい」というメッセージはありますか。

セリグマン　二十一世紀に向けて、かつてなかった状況《じょうきょう》があります。まず、核《かく》戦争の脅《きょう》威《い》が大きく遠ざかりました。

南アフリカでボーア戦争という(人種問題のからむ)戦争があった百年前から、今は一番、平和な時期といえます。病気や飢《き》餓《が》で苦《くる》しむ人も少なくなりつつあります。

総体的には、これまでで一番、いい時代といえるのではないでしょうか。それにもかかわらず、思想的には、多くの人が悲観主義《ひかんしゅぎ》になってきている。現代のパラドックス（逆説）です。ゆえに、青年よ、悲観主義という「精神的な病《やまい》」を乗り越えよ！　こう私は申し上げたいのです。

自分中心の人は悲観主義に――セリグマン
「心」ひとつで人生と社会は一変――池田

池田　悲観主義――日本も、そうなってきました。「日本の将来《しょうらい》は明るいか」と聞かれて、「明るい」と言い切れる人は、ほんのわずかになってきています。

青年に「希望」がなくなってしまったのです。国家にもない。学校にもない。希望がないから、利己《りこ》主義になり、自己中心になり、悲観的な空気に覆《おお》われてしまった。

日蓮大聖人は〝人間に焦点《しょうてん》を！〟〝人間に希望を！〟〝人間とつながれ！〟と主張されました。この行動を、仏法では「菩薩《ぼさつ》」と言います。

どんなに機構《きこう》を変えても、政策を変えても、それだけで根本的《こんぽんてき》には変わらない。人間自身が変わり、人間が人間を変えていくしかありません。そのために、まず人間の「心理――心の理《ことわり》」を学んでいくことです。人間を幸福にするための意識革命《かくめい》――「心理学」と「仏法」は、この一点で目的を同じくする同志です。

仏法では「一念三千」と説《と》きます。自分自身の「一念」の変化が、「三千」という社会の次元《じげん》、宇宙《うちゅう》の次元にまで大きく広がり、互いに影響《えいきょう》を及ぼし合っていきます。私の恩《おん》師《し》・戸田第二代会長は、ある次元から論ずれば、「一念三千」に「心理学」は含まれると言われていた。

また、仏典《ぶってん》には「心は巧《たく》みなる画家《がか》のようなものであり、種々の生命現象《げんしょう》をつくる」と説いています。また、「不思議《ふしぎ》なる心を悟《さと》り知った人を名づけて如来《にょらい》という」とも説きます。

家庭の生活も、景気の動向も、芸術も、人間の営《いとな》みは、すべて「一念」の現れです。「心」ひとつで、どうにでも変わるのが人生です。その「心」を、どう善《ぜん》の方向へもっていくかが問題なのです。

仏教哲学は、「自己の内観《ないかん》」から始まり、自分だけでなく、他の人々や環境《かんきょう》とのかかわりを考えていく方向に発展しました。博士は、当初から、同様の方向性を考えておられる。博士の考えは、私たちの志向《しこう》する「人間主義《しゅぎ》」と一致しています。

総合的に言って、アメリカは「明るい」と思いますか。

セリグマン　将来《しょうらい》は、明るいと思います。ただし、アメリカには今、二つの雲がありま す。一つは悲観《ひかん》主義という精神的な雲です。もう一つは、異《こと》なる人種の人たちが互いに憎《にく》しみ合っていることです。「憎しみ」ではなく「理解」が必要です。そうした争いがいつ起きるかという「予測」とともに、それを未然《みぜん》に防ぐ「予防」が大事です。そして、犠牲《ぎせい》になってしまった人たちをどう助けるかということも、心理学者は考えるべきです。

――博士は、西洋科学の歴史を、次のように分類。

（1）十六世紀《せいき》以前＝〝神の思《おぼ》し召《め》し〟に従《したが》い、人間の側から積極的な行動を起こすことはなかった。

（2）十六世紀のフランシス・ベーコン以降＝宇宙《うちゅう》の諸現象《しょげんしょう》を傍観《ぼうかん》するだけではなく、

人間の側から環境《かんきょう》に影響《えいきょう》を与え得ることを論じ始めた。
（3）一九七〇年代以降＝機械論的な決定論ではなく、環境をどう変えるかの「決定権」は人間にあり、人間は困難《こんなん》を克服《こくふく》できる、との主体性を確立し始めた。

「富」はあっても「徳」なき社会

セリグマン　人間は、環境に影響を及ぼし始め、科学は、その〝調整役《ちょうせいやく》〟になろうとしています。ただ心配なのは、現代の人々が、「富《とみ》」を得た反面、「善《ぜん》」とか「徳」といったものを失《うしな》ってきたように思えることです。

それは、特に若者の間に顕著《けんちょ》です。物質的には豊かになっても、精神的な「空虚《くうきょ》」に苦《くる》しんでいる。先ほど触《ふ》れたように、自分の人生に希望が持てないという〝疫病《えきびょう》〟が蔓延《まんえん》しているのではないでしょうか。〝疫病〟の原因を分析《ぶんせき》し、探究《たんきゅう》すべきです。原因がわかれば、解決に向けて、行動を起こせますから。

池田　原因の一つは、確たる「哲学」がないことではないでしょうか。哲学がない。思想がない。その空白《くうはく》に、悪《あく》へと向かわせる〝魔《ま》〟が入り、邪道《じゃどう》へ行ってしまう。そうなると、すべてにわたって、歯車《はぐるま》が狂ったようになっていきます。それを転換《てんかん》するには、どうすればよいか。日蓮大聖人は「一人立て」と教えました。

「人間革命《かくめい》」「意識革命」と言ってもよいでしょう。自分を革命しながら、人をも革命し、その波を起こしていく。それ以外にないと。

一人が変われば、すべてが変わります。一人の人間が万人のもとであり、宇宙《うちゅう》の縮図《しゅくず》です。例えば、一人の教員が「人間革命」すれば、その変化は、生徒にも無言《むごん》のうちに〝感染《かんせん》〟します。親が変われば一家が、社長が変われば会社が、指導者が変われば社会が変わります。

川の流れは、上流が濁《にご》ると下流も濁る。上流が清らかになれば、下流も清らかになる。同じように、人間の社会も、その〝もと〟となっている人間が変わればよいのです。

自分自身の心と生命を見つめ、正し、清らかにしていく。その清らかな心の流れを他の人々にも広げ、通《かよ》わせていく。それが指導者の使命《しめい》です。ゆえに、指導者は「心の理《ことわり》」を学ぶべきと私は思います。たとえば、ヒトラーやスターリンは、人間のもつ野獣性《やじゅうせい》の象徴《しょうちょう》です。

仏法では「第六天の魔王《まおう》」と説《と》きます。すべてを自分が支配したい。自分の欲望《よくぼう》を満足させたい。これしか頭にない。平和など考えない。次々と人を恫喝《どうかつ》し、恐怖《きようふ》させ、殺していく。

これは人間が大なり小なり持っている魔性《ましよう》といえますが、権力者《けんりよくしや》は、そういう心に堕《お》ちることが多い。この「権力の魔性」と戦うのが真の仏法なのです。日蓮もそうです。私どもも、その戦いを受け継《つ》いでいます。

利己主義という「精神の障壁」

セリグマン　（悲観主義《ひかんしゆぎ》という）〝精神の病《やまい》〟の原因の一つは、「私」と「私達（皆）」のバランスが壊《こわ》れたことだと思います。

「私」が自分の成功ばかりを願い、「私達（皆）」のなかで生かされていることに気づかなくなっています。そして個人が、どんどん肥大化《ひだいか》し、「私」という存在が、家庭で、社会で、あらゆる場所で孤立《こりつ》してきました。

この五十年間、そうした「精神の障壁《しようへき》」が次々と乱立《らんりつ》し、身動きがとれなくなってしまったのが現代人ではないでしょうか。

池田　その通りです。〝壁《かべ》〟を破るために、私どもは戦っています。博士も戦っておられる。これを打ち破るのが、利《り》他《た》の行動、菩《ぼ》薩《さつ》の生き方です。大人《おとな》が範《はん》を示すべきです。

セリグマン　利他の行動の模《も》範《はん》を、指導者が身をもって示さなければなりませんね。そこから、多くの人々に、波動していきますから。

池田　精神の〝壁〟を破るには、その生き方を、たゆみなく進んでいく以外にない。波が何度も何度も打ち寄せ、堅《かた》い岩壁《がんぺき》をも打ち砕《くだ》くように、不屈《ふくつ》の行動しかありません。

――また博士は、悲観主義《ひかんしゅぎ》の原因の第二として、子ども時代の教育を指摘《してき》した。博士は、子どもたちに、二十五年前の同じ童話《どうわ》を読み聞かせてきたことを紹介。〈博士には現在、四歳から二十几歳までのお子さんがおられる〉

セリグマン　最近の童話には、子どもが、ただ楽しくなるような内容で、自尊心《じそんしん》を傷《きず》つけないことに重きを置いた作品が目立ちます。

しかし、人は、失敗を経験し、それをどう乗り越えるか努力するなかで成長するものです。「失敗を恐れず、強く前向きに生きる」生き方を子どもたちに教え、自信を与えなければ、ひ弱な人間をつくってしまいます。

——これに対し、ＳＧＩ会長は、子どもたちへの配慮《はいりょ》を欠いたテレビ番組などの悪影《あくえい》響《きょう》について語《かた》った。博士は、日本は経済的には成功してきたが、この教育の問題の解決には「長期的視野《しや》」に立ったリーダーシップが必要であると強調した。

被害者意識は人間を弱くする

さらに博士は、悲観主義《ひかんしゅぎ》の第三の原因として、自分の弱さによる失敗などを自分で引き受けようとしない「被害者意識《ひがいしゃ》」があることを指摘《してき》。

「そういう被害者意識は、自尊心《じそんしん》を守るための自己防衛《ぼうえい》の手段《しゅだん》にはなるかもしれません。しかし、それは実は、失敗の原因を他人のせいにしています。自己を正当化するあまり、『環境《かんきょう》を変える力が人間にはある』ことを否定《ひてい》してしまう危険性があるのです」と語った。

池田　セリグマン博士は、社会の「共通の価値《かち》」のために行動する意義を強調されています。特に、身近な地域社会は今後、大変に重要です。その意味で、学会の「座談会」は、地域の人々にとって、共通の「対話の広場」であり、「精神のオアシス」であり、「心の癒《いや》しの場」となっています。そうした場が、民衆《みんしゅう》の間に自然のうちに生まれてきているのです。学会の座談会運動は、博士の考えに、かなった方向性であると確信しています。

「学問」即「行動」

池田　仏教と心理学——博士とは語《かた》り尽《つ》くせません。

セリグマン　私のほうこそ、池田会長と長い友情を結びたいと思っています。会長の「運動」と、私のこれまでの経験を対照《たいしょう》できる、このような機会《きかい》は大変に貴重《きちょう》なものです。

池田　現実的であり、繊細《せんさい》——博士の心理学と私どもの運動には相通じるものがあります。観念《かんねん》でなく、実際の人類《じんるい》の課題を変革《へんかく》しようとする「学問即《そく》行動」の姿勢に打たれました。

セリグマン　心理学というのは、精神性と科学の「交差点《こうさてん》」にあります。心理学は、今の世界の青年に、問題解決の希望をもたらすことができると思います。

池田　精神性と科学の「交差点《こうさてん》」という点でいえば、医学の分野《ぶんや》でも、心理学は、大きな比重《ひじゅう》を占《し》めつつあります。身体の病気についても「楽観主義《らっかんしゅぎ》」が効果がある。また長寿《ちょうじゅ》にも影響《えいきょう》すると言われています。

知性や財産だけでは幸福はない

池田　ともあれ、指導者は、心理学を学ぶべきです。大勢《おおぜい》の人々を心広々と「安心」に導《みちび》いていくために必要なのです。指導者とは「人を幸福にする」ためにあるものです。

それでは、人間は頭がいいから幸福か。そうとは言えない。頭がいいから人を幸福にできるか。そうとも言えない。それでは富《とみ》があれば幸福か。人を幸福にできるか。そうでもない。やはり「人間」を知り、人間の「心」を学ぶ必要があります。

表面の現象《げんしょう》だけでなく、一歩深い「心」を見なければならない。きれいな花が咲いている。根っこはどうか、そこを流れている地下水はどうか。その「深き心」の次元《じげん》を知らないがゆえに、ものごとが行き詰まるし、威張《いば》ったり、人々を命令で強制《きょうせい》したり、争いが起きたりするのです。

希望の生命学——今日の対談は「生命心理」というか、「人間心理」「生活心理」「哲学心理」を論じる対談となりました。人間は「心」ひとつで、どのようにも変わることができる——このことを重ねて確認したいと思います。

セリグマン　今日の対談は、ミルトンの言葉で始まり、会長の詩的な言葉で結ばれました。今日の対話を芸術に翻訳《ほんやく》して表現すれば、多くの人々に利益を与えられるでしょう。

セリグマン博士は芳名録《ほうめいろく》に記《しる》した。

「二十世紀《せいき》の終わりに、二つの学びの道が——表面的には非常に異《こと》なっているように見えても——同じ一点に近づいてきた。それらが強く結び合う第一歩が、きょう、しるされたのだ」

東洋の仏教の真髄《しんずい》と、西洋の心理学の最先端とが、二重唱のように、協奏曲のように共鳴《きょうめい》した。「楽観主義《らっかんしゅぎ》」という名のその曲は、高らかに、そして伸びやかに「希望を！」「希望を！」と私達に呼びかけている。

プロフィール

一九四二年生まれ。アメリカ心理学会会長（九八年度）。

ペンシルベニア大学心理学部教授。心理学会の第一人者として次々に新理論を発表。「フロイト以来の革命的理論家」と評されている。プリンストン大学の哲学部を首席で卒業。ペンシルベニア大学で博士号を取得。イギリス・ウェールズ大学心理学部の名誉教授。スウェーデン・ウプサラ大学の名誉博士。アメリカ心理学会及びアメリカ精神医学会の電子学術誌『治療』の共同編集長など。

「インドの心」と「人権」と「詩情」の語らい

インド　首相
I・K・グジュラール氏
1997年10月20日（ニューデリーの首相官邸）

インドのI・K・グジュラール首相と約四十分にわたり、首相官邸《かんてい》で会見した。首相は、SGI会長のインド訪問を心から歓迎。九七年がインド独立五十周年にあたることから「マハトマ・ガンジーの精神の遺産《いさん》を継承《けいしょう》し、世界に広げたい。その責務《せきむ》を、池田会長の訪印《ほういん》が私どもに改《あらた》めて想起《そうき》させてくれる」と強調した。

会長は、首相の若き日からの人権闘争《じんけんとうそう》と、今なお〝ガンジーの弟子《でし》〟として行動を続ける信念に敬意《けいい》を表し、「ぜひ日本への訪問を」と念願した。会見には、首相のシーラ夫人とともに、ナラヤナン大統領夫人、カント副大統領夫人、またＳＧＩ会長夫人らが同席した。

池田会長の訪印は私達の名誉――グジュラール

「池田会長、ようこそ、インドにいらっしゃいました。池田会長のお名前は、インドでも有名です。会長のご訪印《ほういん》はインドにとって名誉です」

出迎えたグジュラール首相は、さらに、こう語《かた》った。「私たちがやっていることは、すべてマハトマ・ガンジーから学んだことです。マハトマに学んだことを守ろうとしています。マハトマの遺産《いさん》を傷《きず》つけてはいけないと思っているのです」と。

首相は、両親もインド独立運動の活動家。首相も、十代の初めから運動に加わった。大学生の時は「クイット・インディア（インドを出ていけ）」運動で逮捕《たいほ》され、獄中《ごくちゅう》生活を送っている。

池田会長は、少年時代、青年時代の理想を裏切《うらぎ》らずに戦い続けている首相の信念に敬意《けいい》を表明。一九九七年四月、第十三代首相に選ばれたときは、党派を超《こ》えて、人々が「インドを代表するにふさわしい人がなった」と言ったとのエピソードに言及《げんきゅう》した。首相は、インドを代表する「知性の人」とされる。

また、こんな人物評《ひょう》も。「もの静かな思索家《しさくか》」「学者タイプの外交官」「ユーモアと機知《きち》に富《と》む」「柔和《にゅうわ》な風貌《ふうぼう》で、温厚《おんこう》な語《かた》り口だが、自身の信念を貫《つらぬ》く『意志の人』」「派閥《はばつ》をつくることが嫌《きら》いな孤高《ここう》の政治家」等々。これまで二期にわたり外相を務《つと》め、その実務《じつむ》的手《てきしゅ》腕《わん》は高い評価《ひょうか》を受けている。外相として「スリランカからの軍の撤退《てったい》」「ネパールとの友好の促進《そくしん》」「パキスタンとの関係修復《しゅうふく》」「バングラデシュとのガンジス水利権問題の解決」などで実績をあげた。首相就任《しゅうにん》に当たっても、難題《なんだい》であるパキスタンとの「カシミール問題」に意欲的に取り組む姿勢を見せている。

会長は、首相のこうした経歴《けいれき》・信条《しんじょう》は、よく存じ上げているとし、第五十二回国連総会での首相のスピーチ（九月二十四日）に言及した。スピーチでは、次の諸点が具体的に論じられている。「国連の強きリーダーシップと国連改革《かいかく》への期待《きたい》」「『世界人権《じんけん》宣言』の精神

「池田会長を迎えてうれしい」と首相。会見には、詩人でもある首相夫人（左から４人目）、ナラヤナン大統領夫人（左端）らも（首相官邸で）

と、その具現化《ぐげんか》への方途《ほうと》」「インドの近隣《きんりん》友好政策と、その理念」「テロリズムや麻《ま》薬根絶《やくこんぜつ》への挑戦《ちょうせん》」「地球的環境《かんきょう》問題へのさらなる取り組み」等。

池田　とくに「人権《じんけん》」について首相は、こう強調されました。「人権の普遍性《ふへんせい》を実現することは、より深い次元《じげん》からいえば、さまざまな文明において『各個人の尊厳《そんげん》を擁護《ようご》する』方途を探求《たんきゅう》することから始まる」と。一人の「人間の尊厳」から出発せよ！　私どもも、まったく同感です。それがポイントです。

また首相は「九八年、世界人権宣言の五

十周年を祝うに当たり、我々は『宣言に盛《も》られた理想が全世界の人々にとって現実となったかどうか』を振り返ってみよう」と促《うなが》しておられる。さらに、「世界人権《じんけん》宣言が要求しているものは、『一般の人々の最高の願望《がんぼう》として』『言論および信仰の自由を享受《きょうじゅ》し、恐怖《きょうふ》および欠乏《けつぼう》のない世界の到来《とうらい》』である」と論じられました。

そして「世界人権宣言」に表現された「人間の尊厳《そんげん》」の追求《ついきゅう》に真実《しんじつ》の意味を与えていこうと呼びかけておられる。「精神の大国」からの呼びかけとして、全世界の人々が耳を傾《かたむ》けるべき内容だと思います。

独立五十周年　世界へ我が師《ガンジー》の精神を！——グジュラール
「マハトマの遺産」の継承に敬意——池田

——池田SGI会長は、このスピーチをはじめ、グジュラール首相の哲学・行動が「マハトマの思想を継承《けいしょう》する」という一点から出発していることを、たたえた。

グジュラール　独立五十周年の好機《こうき》に当たって、首相になった私の政策は、マハトマの遺産《いさん》を世界に広げることです。そういう意味から、私は南アフリカを訪問してきました。

〈十月、首相は南アを公式訪問し、マンデラ大統領とも会見した。南アは若き日のガンジーが人権闘争《じんけんとうそう》を展開《てんかい》した場所である〉

マハトマが行った場所も全部、回ってきました。

池田　首相は、かつて、インドの民衆《みんしゅう》が勝ち取った独立と自由について、こう述《の》べておられた。「我々の自由への闘争は、我々を植民地主義《しょくみんちしゅぎ》の軛《くびき》から解《と》き放っただけではありません。我々の心と考え方をも解放《かいほう》したのです。これこそが、インドの自由闘争の比類《ひるい》なき特徴《とくちょう》なのです」と。

じつに素晴《すば》らしいことです。

グジュラール首相は、その外交政策も「友情」「協力」「他者の視点への理解と受け入れ」などを柱とすることで知られる。池田会長は〝グジュラール・ドクトリン（主義）〟として有名な、これらの諸点にふれた。

池田　首相は「すべての価値《かち》ある外交政策は、まず近隣《きんりん》地域に光を当てるものでなくてはならない」との信念と、うかがいました。そして「インドは、相手からの見返りを求めず、信頼《しんらい》にもとづいて、与えられるすべてを与える」との方針であるとも。

中国との友好も重視《じゅうし》され、ラジブ・ガンジー首相が中国に歴史的な訪問をした際には（一九八八年）、その訪問を強く支持された。

九六年の秋には、外相として、江沢民《こうたくみん》国家主席をインドに迎えておられます。

江主席を私もよく存じ上げていますが、中国の元首《げんしゅ》としては初めてという「歴史的訪問」でした。

人生を詩のごとく

会見の席には、シーラ首相夫人も

池田　著名《ちょめい》な詩人であられる奥さまから、これまで三冊の素晴《すば》らしい詩集をいただきました。いずれも、まことに美しい詩心の調《しら》べです。「美」があり、「価値」があり、「心」

があります。わかりやすい言葉でありながら、読む人の胸に、まっすぐ入ってきます。しかも、それは、民衆《みんしゅう》に尽《つ》くす尊《とうと》い行動のなかから、あふれ出た人間愛の発露《はつろ》です。たとえば、「秘められた宝」という詩には、こうありました。

「貧《まず》しい街《まち》の人々に仕《つか》えながら／私は集める／たくさんの微笑《ほほえ》みという大いなる宝ものを！」と。

また「困難《こんなん》な仕事」という詩には、こんな一節があります。

「志《こころざし》は　天高く飛翔《ひしょう》して／私を持ち上げる／小さく萎縮《いしゅく》した自分など／もはや意識にものぼらない／奇跡《きせき》は起きる／強靭《きょうじん》であった過去／その思い出の河を散歩しながら／私は今再《ふたた》び取り戻《もど》す／あの昔のガンジーの精神を！／〝力〟に対抗《たいこう》する〝正義《せいぎ》〟の精神を！」

奥さまが、若き日から独立運動のリーダーとして戦い、闘争《とうそう》の中で首相と結婚されたことも有名です。

首相ご夫妻は、青春の日から、ともに偉大なる精神闘争を貫《つらぬ》いてこられた。そして、今も戦い続けておられる。その人生それ自体が、荘厳《そうごん》な叙事詩《じょじし》といえましょう。

池田会長の詩の深遠《しんえん》さに感動——シーラ夫人

シーラ夫人　いいえ、私のほうこそ、池田会長の詩の熱烈《ねつれつ》な愛読者なのです。会長の詩には独歩《どっぽ》の境地《きょうち》を感じます。訳されたものを読んでも、非常な深遠さを感じ、いつも喜んで読ませていただいています。

——会長は「温《あたた》かいお言葉に感謝します」と述《の》べ、青年時代に愛読した石川啄木《たくぼく》の詩境《しきょう》とシーラ夫人の詩を比較《ひかく》した。また「豊かさの中で現代人の心は貧《まず》しくなり、詩も貧しくなってしまいました」と指摘《してき》した。

これまで首相夫人からSGI会長に贈られた三冊の詩集は『沈黙《ちんもく》の署名《しょめい》』『窒息《ちっそく》した鳩《はと》』『アニーチャ』。なかでも『窒息した鳩』に掲載《けいさい》の詩「救済者《きゅうさいしゃ》II」は、SGI会長を思い浮かべて詠《よ》んだ詩という。そこには、こう歌われている。

「だれが悲嘆《ひたん》の海に飛びこみ／溺《おぼ》れる人類《じんるい》を救うのか」

「学者は疑いの岸につなぎ止められ／政治屋は群臣《ぐんしん》の養殖《ようしょく》に腐心《ふしん》する／ただ一人、詩人のみが大陸を超《こ》え／人類愛《じんるいあい》の光線《こうせん》を放つ」

「その平和への情熱をして／磁力《じりょく》の波のごとく　魅了《みりょう》せしめよ／心から心へ！　広がる不信の菌《きん》を吹き払え！

かくて魂《たましい》に無垢《むく》なる光は差し／心晴れやかなり／爆弾《ばくだん》と銃弾《じゅうだん》に／我らは『さらば』と言えり／不屈《ふくつ》の魂と鳴り響《ひび》く声で！」

シーラ夫人は、これまでに、SGIの青年文化訪問団を、何度も、わざわざ自宅に招いてくださり、真心《まごころ》の食事まで、ごちそうしてくださっている。九五年の折には、グジュラール首相も夕食に同席して、もてなしてくださった。

池田会長は「激務《げきむ》のご夫妻が、貴重《きちょう》な時間を割《さ》いて歓待《かんたい》してくださったことを、青年たちは生涯《しょうがい》の金の思い出とすることでしょう。心から御礼申し上げます」と述《の》べた。

シーラ夫人は、社会福祉《ふくし》・教育の活動家でもある。一九四五年の結婚後、児童教育の免《めん》状《じょう》をとり、社会活動や文化活動に従事《じゅうじ》。当時、夫妻は現パキスタン領《りょう》に住んでいたが、独立に伴《ともな》う両国の分離《ぶんり》によって、一家でインドに移住《いじゅう》した。そのとき、ヒンズー教徒とイスラム教徒の殺し合いの悲劇《ひげき》を目《ま》の当《あ》たりにし、夫妻は「二度とこんなことを起こしてはならない」と誓《ちか》う。その後、首相は一貫《いっかん》してパキスタンとの友好に力を注《そそ》いでいる。

インドへの移住後、シーラ夫人は難民《なんみん》の子供たちの悲惨《ひさん》な現状を見て、児童福祉《ふくし》活動を始めた。児童福祉団体（バルカンジ・バリ）の会長として、さまざまな教育・福祉プログラムを推進。都市スラム地域では、スラムにおける初めての託児所《たくじじょ》を設置《せっち》した。

また、農村地域では、親子のための文化プログラムなどをはじめ、さまざまな活動を行《おこな》ってきた。そうした活動のかたわら、小説、詩、戯曲《ぎきょく》、子供向けの教育記事などを精力《せいりょく》的《てき》に執筆《しっぴつ》。また、女性作家協会の会長（一九八一〜八六年）として、女性作家による共同出版、セミナーの実施《じっし》など、多彩《たさい》な活動も行《おこな》ってきた。

会長は、こうした点を具体的に語《かた》り、夫人の「人間への奉仕《ほうし》」を称賛《しょうさん》。また、首相自身も文学・美術に造詣《ぞうけい》が深く、演劇《えんげき》、詩作《しさく》、絵画《かいが》を愛することなどが話題になった。

シーラ夫人は「私どもは、池田会長の活動を心から尊敬しています」と強く語った。そして、グジュラール首相は述《の》べた。「独立五十周年という、この年に、私たちは池田会長をインドに迎えました。会長のご訪問は、インドの私どもに、『ガンジーの行動を世界に広げていく責務《せきむ》』を、改《あらた》めて想起《そうき》させてくれます」と。

「精神の闘争」を皆に伝えたい――池田

池田会長は「寛大《かんだい》なお言葉に感謝します」とし、「ぜひ日本にご訪問を」と念願した。

会見の部屋では、ナラヤナン大統領夫人とSGI会長夫人の語《かた》らいもはずみ、和《なご》やかな空気が満ちる。また、著名《ちょめい》な作家や詩人、社会評論家《ひょうろんか》も同席し、首相夫妻とSGI会長との語らいに熱心《ねっしん》に耳を傾《かたむ》けていた。

会長は、七十七歳の今なお〝マハトマの弟子《でし》〟として前進し続ける首相の不屈《ふくつ》の信念をたたえるとともに、「国民のため、世界のために、くれぐれも、お体を大切に」と述《の》べ、首相官邸《かんてい》を辞《じ》した。

プロフィール

一九一九年十二月、英領インドのパキスタン地方（現在のパキスタン）生まれ。パンジャブ大学卒。十一歳のころから、インド独立運動に参加。学生時代は、パキスタン地方の街・ラホールの学生連盟の会長など、学生運動のリーダーとして活躍した。四七年、インド・パキスタンの分離・独立にともない、一家でパキスタンからインドに移住。その後、実兄を通じてネルー初代首相に紹介された。六四年、上院議員に当選。インディラ・ガンジー政権のブレーン（政策集団）として活躍。議会担当相、通信相などを歴任した。外相の後、九七年四月から九八年三月まで首相に就任。シーラ夫人との間に二人の子息がいる。

韓国と日本が力を合わせて「文化世界の創造」を

韓国　慶熙大学創立者
趙　永植氏
1997年11月1日（創価大学、東京牧口記念会館）

創立者《そうりつしゃ》の心は、創立者にしか、わからない——創価大学創立者の池田SGI会長は、韓国《かんこく》の名門・慶熙《キョンヒ》大学の創立者・趙永植《チョーヨンシク》博士一行を創価大学で歓迎した。

また夕刻には、東京牧口記念会館で語《かた》らいのひとときを。教育のため、両国の友好のため、平和な世界のための熱《あつ》き心情《しんじょう》が、秋の一夜に共鳴《きょうめい》した。

「『お兄さま』の大学から『弟の大学』へ、ようこそ！」

池田SGI会長が、趙博士一行を創価大学の記念講堂で迎える。初めての出会い。しかし、出会った瞬間、旧知《きゅうち》のような温《あたた》かさが通《かよ》い合った。「私は貴《き》大学から、たくさん学びたいのです」。

SGI会長がそう言うと、趙博士は「池田先生の話は以前から、よく知っています。これからの世界を建て直そうという尊《とうと》い行動は、よく知っています」――博士は流暢《りゅうちょう》な日本語で。趙博士は、韓国《かんこく》有数の名門校である慶熙《キョンヒ》大学・学園の創立者《そうりつしゃ》。韓国とアジアを代表する世界的知識人の一人である。慶熙大学は一九五一年の創立。この九月、韓国の大学として初めて創価大学との交流協定が結ばれた。

池田　きょうは両大学のみならず、日韓《にっかん》そして韓日の「民衆《みんしゅう》」と「民衆」の友好へ、大きな波を起こしゆく歴史的第一歩となったと確信します。空も、素晴《すば》らしい秋晴れです。菊の花も見事に咲き香《かお》っている。趙先生にお会いでき、本当にうれしい。先生は教育者であり、大学・学園の創立者であられる。私も創立者として、それがどれほど大変か、知っ

「文明の未来は？」「世界をどうするか」。趙博士との語らいはグローバル（地球的）な行動に裏づけられて（東京牧口記念会館で）

ているつもりです。

趙　（ＳＧＩ会長が、博士に贈った長編詩《ちょうへんし》）「新しき千年の黎明《れいめい》」に非常に感激しました。特に韓日《かんにち》の「百年の知己《ちき》」のみならず「千年の知己」を目指そう――その言葉に感銘《かんめい》しました。（先月、インドの「アジア協会」からＳＧＩ会長に贈られた）「タゴール平和賞」も、おめでとうございます。池田先生ご夫妻の健康を祈ります。

池田　恐縮《きょうしゅく》です。私もそうですが、博士が、かつては体が弱かったと、うかがいました。

池田夫人　その点でも、よく似《に》ていますね。

主人も「あす、どうなってしまうか、わからない。だから、きょうのことはきょう、やるのだ」という気持ちで、ここまできたのです。

――博士は今回、関西創価学園（大阪・交野《かたの》市）を訪問（十月三十日）。その印象《いんしょう》を「本当に望ましい教育は今、創価学園で行《おこな》われていると感じました」と語《かた》った。

SGI会長は「生徒たちは本当に感激しておりました。一生、忘れないでしょう。人間教育は『価値《かち》ある人』に会うことが大事です。生徒は敏感《びんかん》です。人間の偉さは、わかるものです」と、訪問に感謝した。

博士に贈った詩「新しき千年の黎明《れいめい》」――SGI会長は認《したた》めた。

「不屈《ふくつ》の勇者《ゆうしゃ》は同志を糾合《きゅうごう》し／生命を賭《と》して抗日闘争《こうにちとうそう》を展開《てんかい》せり
弾圧《だんあつ》の投獄《とうごく》にも　正義《せいぎ》の炎は／いやまして燃えたぎり／冷徹《れいてつ》なる知性の光は／牢獄《ろうごく》の闇《やみ》の中で／祖《そ》国《こく》と人類《じんるい》の未来を展望《てんぼう》した」

「趙博士が／慶煕《キョンヒ》大学の前身たる／新興《シンフン》大学を設立せしは／『六・二五』動乱《どうらん》の翌年／一九五一年なり

博士は獅子吼《ししく》した／『二度とくりかえすものか／二度とその美名《びめい》に騙《だま》されるものか／戦争では　幸福が得られない／征服《せいふく》では　平和がもたらせない』と」

語《かた》らいでも、博士の大学創立《そうりつ》のきっかけが話題に。博士は「初めは政治家になるつもりだったのです」と語り、ソウル大学を卒業後、大韓民国《だいかんみんこく》国会内の政治団体（共和民政会）に所属《しょぞく》し、司法専門委員兼調査局長として、企画立案の部門を担当していたことを紹介した。また、当時の選挙では、候補の理念や政策よりも、出身や縁故《えんこ》関係を見て投票する傾《けい》向《こう》が強く、そのため国会議員の質が低かったと指摘《してき》した。

政治から教育へ

趙　動乱《どうらん》のさなか、二十九歳の若い青年に国防委員長をさせたこともありました。その時に感じたのです。政治というのは、よくわかっている人がやるべきだ。先の見えない人が指導者になったら、人々は、どこへ連れていかれるか、わからないではないかと。当時は、読み書きのできない国民の割合《わりあい》が七〇パーセントを超《こ》えていた時代でもありました。

私は、決意しました。いい国をつくるには、私一人が何かをなそうとするのではなく、

立派な人間を育てなければならないと。そして、教育の世界に踏み出したのです。〈新興《シンフン》大学を設立〉

――〝教育で社会を建て直そう〟。その固《かた》き信条《しんじょう》が響《ひび》き合う。また博士は、一九六一年の軍事革命《かくめい》の直後、「五・一六同志委員会」（革命を行《おこな》った人たちの会）の会長になるよう要《よう》請《せい》されたのを断《ことわ》ったために、文部省から大学の総長であることを取り消す処分《しょぶん》を受けたことに言及《げんきゅう》。理事会で、閉校せざるを得ない旨《むね》を話すと皆が反対し、卒業生も反対を言いに訪ねてきたこと、文部省に無償《むしょう》で大学を引き渡すつもりで交渉《こうしょう》した末、文部省が非を認めて大学は存続するようになったことを紹介した。

また、SGI会長が「韓国《かんこく》の目覚《めざ》ましい経済発展の要因は何か」と問うと、同席していた「明るい社会問題研究所」の黄丙坤《ファンビョンゴン》所長が、趙博士の著作《ちょさく》に遠因《えんいん》があると述《の》べた。

その著作とは、一九六二年の『私たちも豊かに暮らせる』。

当時の朴《パク》大統領は、農村の近代化を中心とする「セマウル運動」（新しい村づくり運動）を全国的に推《お》し進めて成功したが、その陰には、大統領が博士の著作を何度も読み、その理念を採用《さいよう》したことが背景《はいけい》となっていると語《かた》った。博士は、（大統領府がある）青瓦台《せいがだい》に呼ばれ、栄える道を知るためにと、大統領から、諮問《しもん》を受けたこともあった。

父の教え「考えよ、考えよ、考えよ」

会談では、博士の父君のことが話題に。父君は、韓《かん》半島の北部・平安北道《ピョンアンプクト》に鉱山を掘りあて、社会的な成功を収《おさ》めた鉱山主であった。しかし、そこに至るまでに二度の大きな失敗を経験され、そのたびに失敗を教訓《きょうくん》として生かそうとされた。博士は、十代のころの思い出として〝石の塔《とう》〟のエピソードを披露《ひろう》した。

趙　ある夏の日のことです。父と二人で家路《いえじ》についた時、大きな川のほとりに、石を積み上げて造った塔がありました。父はそれを指して、「考える塔」だと言いました。父は語ってくれました。

「どうして失敗したのか？　どうしたら失敗しないのか？――これを考えながら進むことが大切なんだ。私も二度の失敗をしたが、考え続けたから、最後に成功したんだ。同じ失敗でも、考えて失敗するのと、本能的に行動して失敗するのでは、次の結果が違《ちが》う。何回も何回も熟考《じゅっこう》し、忍耐《にんたい》強く考えることが、人生において大切なんだよ」と。

池田 いいお話です。私は日本の多くの人々に、博士の尊《とうと》き人生を伝えたいのです。

――博士の生まれ故郷《こきょう》は、現在の朝鮮民主主義人民《ちょうせんみんしゅしゅぎじんみん》共和国(北朝鮮)にあたる。語《かた》らいは博士の〝亡命劇《ぼうめいげき》〟へと――。

第二次世界大戦後の一九四七年、博士は韓国《かんこく》へ亡命。この折にも、〝父の教え〟である「熟考」が、人生の明暗《めいあん》を分けたと述懐《じゅっかい》した。

趙 大戦後、朝鮮半島が南北に分断され、未来の見通しがつかなかった時、父に相談したのです。すると父は、「よく考えて決心しなさい」と言いました。こう言い遺《のこ》して、一九四六年春、他界《たかい》しました。その後、約一年、考え抜いて、財産をすべてなげうって、韓国へ移ることを決断しました。「私の祖国《そこく》は、自由がある国にしよう。自由があってこそ、人間なんだ!」と。

池田先生は「価値創造《かちそうぞう》」と言っておられますが、本当にその通りです。価値創造のためには自由が不可欠でしょう。今でも、あの時よく決断したものだと、つくづく思います。

池田　どうやって韓国《かんこく》に渡られたのですか？

趙　平壌《ピョンヤン》から元山《ウォンサン》を抜け、太白《テベク》山脈を越えて渡りました。羅針盤《らしんばん》一つで、ただひたすらに南へ、南へと——。

今年（一九九七年）、その五十周年になりますので、当時歩いた道を三十八度線の手前まで、妻と息子二人と一緒にたどってみました。このとき、三カ所で、「自由を求めて」と石に刻《きざ》みつけてきました。

池田　亡命《ぼうめい》されたとき、お一人だったのですか？

趙　そうです。

池田　奥さまは、ご一緒ではなかったのですか。

趙　妻は身重《みおも》でしたので、母とともに後から来ました。〝おなかに、韓国にいる夫の子がいる〟と言えば、無事《ぶじ》に来られるだろうとの判断でした。

池田　では、いつ、どのようにして、再会されたのですか？

趙　ところがそれが、大変なことだったのです。妻は三十八度線を越えるときに、平壌《ピョンヤン》に戻《もど》るよう、軍隊から勧告《かんこく》されたのです。それでも何とか韓国《かんこく》へ渡ろうとしたところで、偶然《ぐうぜん》、知り合いに会い、その人が、開城《ケソン》にあるアメリカ軍の保護施設《ほごしせつ》に連れていってくれました。その知り合いの方が、私に連絡をしてくれ、私が迎えに行ったのです。

「三つの正行《せいこう》」

――博士はさらに「この時の亡命《ぼうめい》の判断は正しかった」「そうでなければ、今のように教育に心血《しんけつ》を注《そそ》ぐことなどできなかっただろう」と語《かた》った。

また、博士自身が行動を決断していくうえで、大切にしている価値基準《かちきじゅん》を紹介。これは「三正行」と呼ばれる①正しく知る②正しく判断する③正しく行《おこな》う――の三つの実践《じっせん》基準である。

博士は、「この二つが正しく満たされていれば、自然の摂理《せつり》にかなうかぎり、不可能はありません。この三つは、もともと〝父の教え〟です。〝考えて、考えて〟――これまでの人生にあって、何度もそうして進んできました」と、感慨《かんがい》を込めて述懐《じゅっかい》した。

創立者は常に「学生の側に立つ」

席上、SGI会長が、黄《ファン》所長に「学園長（趙博士）に叱《しか》られたことはありますか」と質問。所長は微笑《ほほえ》みながら、「私が初めて学園長に会ったのは、台湾《たいわん》大学の四年生の時です。以来、四十年間、仕《つか》えてきましたが、一度も叱られたことはありません」。そして、趙博士の言葉「平和は凱旋《がいせん》より尊《とうと》い」に触《ふ》れ、「徳」で皆を包む博士の人柄《ひとがら》を紹介した。

——学生運動の激しかったころのこと。過激《かげき》派になる学生たちもいた。教授たちは、彼らを退学《たいがく》させたほうがいいと主張した。しかし趙博士は最後まで学生の側に立って、教授たちを説得《せっとく》し、学生をやめさせなかった。

当時、多くの大学で、学生と大学側との対立が暴力《ぼうりょく》事件を引き起こしていたが、慶熙《キョンヒ》大学からは、一人の犠牲者《ぎせいしゃ》も出すことはなかった——。

これには、慶熙女子高等学校の洪承疇《ホンスンジュン》前校長も、あいづちを。「慶熙学園では、こう言われています。学園長は、十回までは許してくれる（笑い）。だから皆、もどってくるんです」

いつでも徹底《てってい》して「学生の側に立つ」「大学は学生のためにある」――これはまた、創大創立者《そうりつしゃ》の一貫《いっかん》した行動でもあり、信条《しんじょう》であることは、よく知られている。

春に慶熙《キョンヒ》大学のキャンパスを彩《いろど》る「桜の花」の見事さ――。キャンパスは、山（高凰山《コファンサン》）の一部を切り開いて建設されている。洪《ホン》前校長は、この山が、一九五〇年前後（新興《シンフン》大学の設立当時）は、荒れ果て、裸《はだか》同然の山であったことを述懐《じゅつかい》した。

洪前校長　そんな場所に学園長は、自《みず》ら上着を脱《ぬ》ぎ、時にはランニングシャツ姿になって、一本ずつ木を植え、花を植え、一つずつ石を置いて、環境《かんきょう》をつくっていきました。今では、緑の山に生まれ変わっています。

私たち〝慶熙人〟は、学園長のことを、こう呼びます。「無から有を創造《そうぞう》する方」と。一本一本の木にも、花にも、学園長の精神が込められているのです。

「慶熙金剛山《クムガンサン》」という庭園《ていえん》をつくる時も、岩を積み上げる現場にも行かれて、皆が危険を心配すると「私の命は天からもらったものだから」と言われるのです。

また、こんなこともありました。私が高校の校長の時、「文化世界の創造《そうぞう》」との建学《けんがく》精神を刻《きざ》んだ塔《とう》のそばに、生徒たちと校花である木蓮《モクレン》の木を植えようとしていたのです。そこへ通りかかった学園長は、車から降《お》りて、上着を脱《ぬ》ぎ、一緒に木を植え、ともに植樹《しょくじゅ》の意義をとどめてくれたのです。その木蓮は今もきれいに咲いています。池田先生にも、ぜひ見てほしいと思います。

未来は「今の我々の心の中」に

千年のビジョン

池田　ありがとうございます。美しいお話です。

また、洪《ホン》前校長は「ここへおじゃまする前に、『二十一世紀《せいき》への対話』『人間革命《かくめい》』など多くのご著作《ちょさく》を読ませていただきました。学園長と池田先生は哲学的に、よく似《に》ておられます。先生が、世界のために戦われていることが、よく分かりました。お二人の会見は歴史的な出会いです。ここから二十一世紀への扉《とびら》が開かれると思います」と述《の》べた。

この指摘《してき》のように、SGI会長と趙博士の理念には、共通する部分が多い。一例として SGI会長は、一九九七年九月、慶熙《キョンヒ》大学で開かれた平和国際会議で趙博士が「人間社会の現実と、新《あら》たな千年へのビジョン」と題して行《おこな》った基調《きちょう》講演に言及《げんきゅう》。「ご講演は、つぶさに拝見《はいけん》しました。深く感銘《かんめい》しました」と述《の》べた。

講演の中で博士は語《かた》っている。「人間社会において最《もっと》も重要なものは人間の心であるがゆえに、私たちはまず、心を正しくするところから出発しなければならない」「私たちの未来は、明日やってくるのではない。今日の我々の心にあるのだ。つまり、未来とは、常に、私たちのビジョンの中にある」と。

会見でも、博士は「文化こそ、人間を人間たらしめる根本《こんぽん》である」とし、これが建学《けんがく》精神の「文化世界の創造《そうぞう》」に込めた思いであると強調した。

〝お母さんの勲章〟

「素晴《すば》らしい奥さまですね」——語らいの折々に、呉貞明《オジョンミョン》博士夫人をいたわり、たたえるSGI会長夫妻。半世紀《せいき》以上、博士と苦楽《くらく》をともにし、大学運営を財政面《ざいせいめん》から支えてきた中心も呉《オ》夫人であった。

SGI会長は会見前、こんな話を聞いていた。大学設立の当初、経営は苦《くる》しかった。さまざまな方法で乗り切ってきたが、どうしても教職員に渡す給料が足りない時があった。給料日の前日、お金の工面《くめん》のために結婚指輪《ゆびわ》を質屋に入れることにした。

ダイヤモンドの指輪。しかし質屋の主人は「本物かどうか分からないから」と言って、お金に替《か》えてくれなかった。途方《とほう》に暮れて泣きながら帰る途中《とちゅう》、前が見えず、電信柱にぶつかってしまう。その傷跡《きずあと》が、今も額《ひたい》に残っているが、人はそれを〝お母さんの勲章《くんしょう》〟と呼んでいる——。

池田　貴《き》大学からは美しい「心」を感じます。

趙　今は、道徳《どうとく》が廃《すた》れ、どこの大学でも砂漠《さばく》のようになっています。そんな時代に、池田先生は、このように立派に青年を育てておられる。どうして、それができたのか。先生には数多くの苦労があったと思います。私こそ、それを、うかがいたいのです。

「人間革命」と「人間中心主義」

池田　恐縮《きょうしゅく》です。お答えになるかどうか、わかりませんが——。ギリシャの哲人の言葉に「艱難《かんなん》にまさる教育なし」とあります。

私は十代の時に、この言葉を胸に刻《きざ》みました。苦労すればするほど、大きく偉大な人間になる。知性だけでなく、それも含めた全人格的な教育は、苦労によってなされる。ゆえに、苦労を求め、苦労と戦っていこうと決めました。

また「波浪《はろう》は障害《しょうがい》にあうごとに、その頑固《がんこ》の度を増す」という言葉が私のモットーです。たとえ巌《いわお》に砕《くだ》かれようとも、波は何度も何度も押し寄せていきます。人間も、障害を前に、一歩下がったり、負《ま》けてはならない。障害があればあるほど、全力でぶつかって、前へ前へと乗り越えていかねばならない。この精神を支えとして、私は前進してきました。しかし、私のことより、趙先生こそ素晴《すば》らしい、堅実《けんじつ》なお仕事をされてきました。そのご苦労の大きさを、私はわかっているつもりです。私も私なりに、未来への手を打ってきたからです。

多くの機関《きかん》を創立《そうりつ》しました。東洋哲学研究所、民主音楽協会《みんしゅ》、創価学園、創価大学、小学校、幼稚園……。創価学会の会館も、全国、世界にあります。ともかく働いて働いて働きました。何もないところから立ち上がって、今、日本一になりました。大学には、まだまだ大きな構想《こうそう》もあります。

一方、あまりにも発展したがゆえに妬《ねた》みがある。迫害《はくがい》もあります。理想を捨て、裏切《うらぎ》る者もいます。でき上がった結果だけを、かすめ盗《と》ろうとする卑《いや》しい者もいる。がっかりもしますが、これが人間の性《さが》なのだと私は達観《たっかん》しています。超然《ちょうぜん》と見おろしています。あまりに急速《きゅうそく》に発展すると、それがかえって、あだになる面があるものです。

日本の高度成長もそうでした――。一気になしとげることが必要な場合もありますが、自分らしく、自分の力に応じた堅実《けんじつ》な発展が大事です。一時の栄えではなく、理想に向かって、どこまで長く生き続けるかが大事です。

「人間性の破壊」を止《と》めなければ

趙　私もそう思います。先生のおっしゃる通り、私も時には、人に対して失望《しつぼう》もします。「私が皆のために命をかけてやっているのに、何で、そんな考えをするのか」と。しかし、私は私のためにやってきたのではない。だから、いつも心は満足しているのです。

二十一世紀《せいき》は、ものすごく難《むずか》しい世紀です。本格的な変化の時代です。変化それ自体が、いいものであると漠然《ばくぜん》と（未来に）期待《きたい》している人が多いが、そうではない。人間性が破壊《はかい》された、とんでもない世紀になる危険があります。

――博士は今、歴史の岐路《きろ》にあると強調。科学技術によって、人は寿命《じゅみょう》を延《の》ばすこともできれば、IQ（知能指数）を高めることもできる。しかし、人間性を失《うしな》った「サイボーグ」や、本能のままに生きる「猿人《えんじん》」になる可能性もある。

人間性が破壊《はかい》されないように、何とか歴史の方向を転換《てんかん》しなければならない。そこに今、心血《しんけつ》を注《そそ》いでいるのが池田会長と私なのですと語《かた》った。

またインドの釈尊《しゃくそん》の成道《じょうどう》の地、ブダガヤを博士が訪《おとず》れ、菩提樹《ぼだいじゅ》の下で明星《みょうじょう》を仰《あお》ぎながら詩をつくったことも紹介された。

友情は海を越え

池田　博士は一昨日（九七年十月三十日）、大阪の関西創価学園で、〈日本の江戸時代の国学者である〉賀茂真淵《かものまぶち》と本居宣長《もとおりのりなが》の出会い（一七六三年）について、語《かた》られました。

〈博士は関西で、二人のたった一度の出会いが、明治維新《いしん》という時代変革《へんかく》の運動へと発展していったと紹介。「私も本居宣長の気持ちで、東京にまいります」と語っていた〉

ところで、同じ江戸時代に、貴国《きこく》からの「通信使《つうしんし》」と日本の学者との美しい友情のドラマがありました。

〈一六八二年、韓国《かんこく》の洪世泰《ホンセテ》と日本の人見鶴山《ひとみかくざん》との出会い〉

江戸で会った二人は、ただちに互いの見識《けんしき》を認め合い、深い友情を結びました。日本の学者・鶴山は、貴国の通信使を心から敬愛《けいあい》しました。「あなたは博学で、人格は雄々しく偉大である。聡明《そうめい》さは群を抜き、志《こころざし》は非凡《ひぼん》である」と。

一方、貴国《きこく》の通信使《つうしんし》も、「いにしえより、〃一言で百年の交《まじ》わりを定む〃とありますが、これは、私とあなたのことです」と語《かた》り、友情を深め合ったのです。今、私も、そのような気持ちで博士とお会いしています。

さて、二人の語らいから三十年の年月が流れました。誠実な貴国の通信使は、日本に向かう使節《しせつ》に託《たく》して、懐《なつ》かしい日本の学者・鶴山《かくざん》に友情あふれる手紙を贈りました。

「あなたと日本で詩を交《か》わしあい、楽しく語り合ったことを、いつも思い出します。ああ、あなたとは国が異《こと》なり、遠く万里《ばんり》を離れ山海が隔《へだ》てています。しかし、私たちは、心は通《かよ》いあっております」

ところがその時、鶴山はすでに亡《な》き人となっていた。その手紙は、かつて二人の語らいに同席していた鶴山の子息《しそく》に手渡されました。父の志《こころざし》を受け継《つ》ぎ、立派な学者と育っていた子息は、亡き父に代わって、三つの絶句《ぜっく》とともに、深い感謝の返書《へんしょ》を贈ったのです。

〈通信使のエピソードは、編集部でまとめる際、松田甲著『日鮮史話(一)』(原書房)などを参照〉

こういう友情のドラマも、かつてはありました。しかし、特に明治以後の日本は、貴国に対してあまりにも傲慢無礼《ごうまんぶれい》な態度を取り続けてきました。これを変えなければ、日本は、アジアの平和のため、ひいては世界の平和のために、永遠《えいえん》に悔《く》いを残します。私は、博士との出会いを真剣に受け止めて、貴国《きこく》との「友情」の心を日本に広げていくことをお約束します。

趙　今のお話を、心に収《おさ》めて、私は一生忘れないでしょう。しかし、(両国の)過去は忘れましょう。未来志向《しこう》でいきましょう。力を合わせて、歴史の方向を変えていきましょう。

――「池田先生の言葉のように、人類《じんるい》は一家族にならねばなりません。先生の『人間革《かく》命《めい》』と私の『人間中心主義《しゆぎ》』は、文字は違《ちが》うけれども思想は同じです」と語《かた》る趙博士。

博士は、一般に西洋は、ものごとを「分化」し、分析的《ぶんせきてき》に見る。それに対し、東洋は、ものごとを「直観《ちょっかん》」で見ると指摘《してき》。

「太陽と人間」「太陽と月」「月と人間」――何ひとつ孤立《こりつ》して存在するものはない。ものごとの関係性を見、立体的・有機的《ゆうきてき》に見なければ本質はつかめないと述《の》べた。

また、今なお核兵器《かくへいき》や化学兵器を開発したり、武器《ぶき》を売買《ばいばい》している国がある。永久《えいきゅう》平和のためには、「価値観《かちかん》の基準《きじゅん》」を変えねばならない。「心」を変えなければならない。利害《りがい》だけの経済主義《しゅぎ》等ではなく、文化主義、人間主義、普遍的民主主義《ふへんてきみんしゅ》でいかねばならないと語《かた》った。

戦争なき「一つの世界」へ

地域共同体を東北アジアに

さらに、ヨーロッパがＥＥＣ（欧州経済共同体）からＥＣ（欧州共同体）、そしてＥＵ（欧州連合）へと結びつきを強めてきたように、これからの世界は「排他的《はいたてき》国家主義」ではなく「地域的国家主義」を目指すべきであり、「共生《きょうせい》」が大切であると強調。なかんずく、日本と中国と韓国《かんこく》が力を合わせて、東北アジアに地域共同体をつくりゆくべきであると述《の》べた。そして、二十一世紀《せいき》は「世界市民社会」を志向《しこう》するべきであり、戦争なき「一つの世界」へ「パックス・ＵＮ」（国連による平和）が機軸《きじく》とならなければならないと語った。

その際、一九八〇年、韓国人《かんこくじん》として初めて、ソ連に講演に招かれ、四百人の各界指導者を前に「第三民主革命《みんしゅかくめい》と新世界秩序《ちつじょ》」と題する講演を行《おこな》い、平和への信念を堂々と語《かた》ったエピソードが紹介された。ロシア語に翻訳《ほんやく》された講演は三十五万部、印刷され、指導的役割を担《にな》う、すべての人々に配布された。これがペレストロイカに大きな影響《えいきょう》を与えたと言われる。

この日、博士夫妻の訪問を記念する「桜」が牧口記念庭園に植樹《しょくじゅ》された。博士は『ルネサンスの木』と名づけては、どうでしょうか」と、にこやかに語った。〝文化の大恩《だいおん》の国〟からの訪問者・趙博士。SGI会長は「多摩川の名前も韓国語に由来《ゆらい》があるようですね」と語るなど、日本の各地に跡《あと》をとどめる韓半島との縁《えにし》の深さを強調した。

「今度は池田先生の番ですね。ぜひ、韓国にいらしてください」と趙博士。SGI会長は「お招きに感謝します。必ず、うかがいたいと願っております。その時に、きょうの〈対話の〉続きをお願いします」と応じた。

芳名録《ほうめいろく》に趙博士はつづった。その言葉が、この日の「心の共鳴《きょうめい》」を鮮《あざ》やかに表現していた。「二〇〇〇年の知己《ちき》　二十一世紀《せいき》を建てなおしましょう」と。

プロフィール

「韓国の孔子であり、先駆者」「世界に傑出した指導者」「二十一世紀を開く警世家」「千の業績を成し遂げた教育者」「教育立国を実践した国際平和の指導者」――趙博士に寄せられる評価は、あまりにも幅広い。

一九二一年、平安北道雲山生まれ。ソウル大学法学部卒業。慶熙大学の創立者・学園長。常々語る言葉は、「人類最大の悲劇は戦争であり、人類最大の幸福は平和である」。また、「平和は凱旋より尊い。征服では平和は築けない」とも語り、平和を志向する思いから、「平和学」という独特の学問分野を打ち立て、大学内に「平和福祉大学院」を設置。

世界大学総長会の会長にたびたび就任。台湾中国文化大学、国立フィリピン大学、釜山大学、ノースカロライナ大学をはじめ世界各国の大学の名誉博士でもある。中華民国文化褒賞、国際教育指導者賞、ユネスコ平和教育賞など受賞。著書も多数。七五年、「明るい社会問題研究所」を発足し、人間中心思想に立脚した善意、協同、奉仕の精神の「明るい社会運動」を展開。三十五カ国に広がっている。

1998

アナトーリ・A・ログノフ氏

（ロシア　国立 高エネルギー物理研究所所長、モスクワ大学前総長）

チンギス・アイトマートフ氏

（キルギス　作家）

ベンジャミン・ウイリアム・ムカパ氏

（タンザニア　大統領）

教育も科学も「深き哲学」が必要に

ロシア　国立 高エネルギー物理研究所所長、
モスクワ大学前総長
アナトーリ・A・ログノフ氏
1998年4月2日（東京牧口記念会館）

池田SGI会長夫妻は、ロシア国立「高《こう》エネルギー物理研究所」からの名誉博士号授章式《じゅしょうしき》に続いて、同研究所所長のアナトーリ・A・ログノフ博士を東京牧口記念会館に歓迎。博士の孫《まご》娘であるアンナさんとともに、「子どもの教育」「科学と宗教」「素粒子《そりゅうし》の世界」などについて語《かた》り合った。

✝

教育は大人が「善の手本《てほん》」を‼——ログノフ
成績イコール幸福ではない「幸福になる」道を教えよ——池田

武蔵野《むさしの》の林の中に、ひときわ明るく輝《かがや》く〝桜の園《その》〟がある。東京牧口記念会館に隣接《りんせつ》する牧口記念庭園だ。庭園の一角に、「ログノフ夫婦桜《めおとざくら》」「ログノフ夫人桜」が、可憐《かれん》な花を咲かせている。鮮《あざ》やかな紅《くれない》の紅《べに》桜。

四月二日午後、池田SGI会長への「名誉博士号」授章式《じゅしょうしき》を終え、ログノフ博士一行は、この桜のもとへ。

——ログノフ博士がアンナ夫人を亡《な》くしたのは、一九九七年九月。博士の偉大なる伴侶《はんりょ》として、ともに風雪を乗り越えてこられたアンナ夫人の逝去《せいきょ》を悼《いた》み、池田会長夫妻が、桜を記念植樹《しょくじゅ》したのである。博士は語《かた》っていた。

「妻は、外国に行きたいと言うことは、ほとんどありませんでしたが、日本にだけは

ロシアの知性・ログノフ博士との対談集は『第三の虹の橋』『科学と宗教』がある。この日は、孫娘・アンナさん（左端）も同席して（東京牧口記念会館で）

行ってみたいと願っていました。私が池田先生や、日本の皆さまと接するようになり、心の温《あたた》かな日本のことを話題にするので、妻も『いつの日か、私も』と思っていたようです」――

夫人をしのびつつ、博士は、学生の代表が見守るなか、「夫婦桜《めおとざくら》」そして「夫人桜」の根もとに、そっと土を盛《も》り、水をやった。いたわるように。語《かた》りかけるように。夫人から名前を受け継《つ》いだ、孫《まご》娘のアンナさんとともに。

「今日は、本当に感動的な日です。胸がいっぱいです。この桜の前に来た時、創価学会の皆さま、そして、そのリーダーである池田先生の真心《まごころ》に包まれました。ログノフ家を代表して、心から感謝を捧《ささ》げます。現代は一見すると文明社会のように見えます。しかし人間主義《しゅぎ》が欠けています。二十世紀《せいき》は過《か》酷《こく》な、無慈悲《むじひ》な時代だったのです。私はこの桜を見て、『本当の人間主義が、ここにある』と実感しました。池田先生は、我々の共通の師匠《ししょう》です。皆さん、ともに力を合わせて、人間主義の花開く世界を築いていこうではありませんか」

このあと、ログノフ博士とアンナさんは、ＳＧＩ会長夫妻が待つ東京牧口記念会館へ。

ログノフ　素晴《すば》らしい建物ですね。

池田　牧口初代会長を顕彰《けんしょう》する建物です。牧口先生は国家主義と戦って、狭《せま》く冷《つめ》たい独《どく》房《ぼう》で亡《な》くなられた。そこで、壮麗《そうれい》な記念会館をもって顕彰しようと思ったのです。

ログノフ　池田先生は、見事に使命《しめい》を果たされましたね。初代会長、二代会長を宣揚《せんよう》されるには、大変なご苦労があったと思います。しかし、池田先生の苦労の成果は未来に大きく残されていくでしょう。

池田　寛大《かんだい》なご理解に感謝します。

ログノフ　先生と奥様が植樹《しょくじゅ》してくださった桜を見てきました。とても、きれいに咲いていました。お心づかいに、深く、深く感動しながら、桜を見させていただきました。

池田　大事に守ります。大きな木になるでしょう。毎年、花が咲いたら、写真を送ります。

ログノフ　本当にありがとうございます。

池田夫人　ちょうど咲いている時に来ていただいて、本当によかったです。

――博士とSGI会長との出会いは、ちょうど十七年前。八一年四月一日、桜花《おうか》輝《かがや》く創価大学で。以来、年とともに友情を深め、力を合わせて両国の文化・教育交流を推進してきた。馥郁《ふくいく》たる友情の薫《かお》りに包まれた対話は、時代の焦点《しょうてん》である教育へと移っていった。

池田　日本は今、経済も行き詰まり、社会の雰囲気《ふんいき》は暗い。多くの困難《こんなん》があります。残念なことです。また、中学生による殺人など、青少年の痛ましい事件が続いています。

ログノフ　中学生や、高校生の事件は、ロシアでも起きています。日本より規模《きぼ》が大きく、過激《かげき》かもしれません。孫《まご》たちの世代の将来《しょうらい》を心配しています。

池田　お心は、深くわかります。私も憂《うれ》えています。こうした問題に、どう対処《たいしょ》すべきか。日本でも、明快《めいかい》な結論を出すことが、だれもできない。

大人《おとな》が変われ！

ログノフ　おそらく、どこかに、解決への「処方箋《しょほうせん》は、ある」のでしょう。問題は、その薬を「使わない」ところにあるのではないでしょうか。

池田　同感です。問題の〝本質〟を突《つ》いておられる。論じているだけでは、だめなのです。大人が本気で自分たち自身を変えなければ。

ログノフ　手本《てほん》となるべき大人や指導者たちが、闇《やみ》の企業と結託《けったく》したり、犯罪《はんざい》グループと癒着《ゆちゃく》したり――裏《うら》で悪いことをしている。それを、子どもたちは知っているのです。

こういう環境《かんきょう》の中で育つ子どもたちは、「善《ぜん》なる思想」や「ヒューマニズムの考え」に出あったとき、信じたいと思っても、目の前の現実がそうなってはいない。それで信じられなくなってしまうのです。

池田　鋭《するど》い指摘《してき》です。その通りです。

ログノフ　そういう世界にあって、私は、ここに来るたびに――つまり、創価大学をはじめ、池田先生の世界に来るたびに、「ここは違《ちが》う世界だ」と感じるのです。だから私は、先生に深く感謝しています。

池田　ありがとうございます。また、そうなれるよう努力しています。

今、創価大学は、さまざまな次元《じげん》で日本のトップレベルになっています。就職難《しゅうしょくなん》の時代ですが、創大生は素晴《すば》らしい活躍《かつやく》をしています。

一方、私どもが理想的な方向に歩《あゆ》んでいるゆえに、妬《ねた》まれる場合もあります。この麗《うるわ》しい世界を攪乱《かくらん》しようとする勢力《せいりょく》があるのも事実です。

ログノフ　よく、わかります。

――この日、ログノフ博士は授章式《じゅしょうしき》で語《かた》った。「この無慈悲《むじひ》な時代にあって、池田博士こそ、社会・文化・学術・教育の発展に寄与《きよ》する、優《すぐ》れた人格の一人であります」と。

「慈悲」――この言葉は、精神性を「観念論《かんねんろん》」と軽視《けいし》していたソ連時代には語られることがなかった。その〝つけ〟に、やがて人々は苦《くる》しんだ。そして今、ロシアの人々は「精神性」の大切さに気づいた。しかし日本では今なお本音《ほんね》では、〝精神性など観念論《かんねんろん》〟という〝唯物思想《ゆいぶつ》〟が社会をむしばんでいる。

かつて博士は、こうも語《かた》った。「人と苦しみを分かち合おうという心——この『慈悲《じひ》』の精神が国と国との間にも広がっていくことを望みます」。

ログノフ　私は、世界のたくさんの国を訪《おとず》れました。しかし、その中で一番、「私の心を置いておきたい」と思う国は日本です。

それは、この国で、池田先生という方に出会ったからです。ここに来ると、自分の家にいるとき以上に、ほっとします。

ともかく私は、池田先生に健康であっていただきたい。そして、ヒューマニズムのための貴重《きちょう》な戦いを、末永く続けていただきたいのです。再《ふたた》び、池田先生がロシアに来てくださるよう願っております。

また、いつの日か、ロシアにも創価大学の分校ができる日を夢見ています。

孫娘のアンナさんの質問に答えて

席上、ログノフ博士の孫娘《まご》のアンナさんが、ＳＧＩ会長に質問を。

アンナさんは、日本でいうと中学二年生。将来《しょうらい》は英語の通訳になって、世界で活躍《かつやく》したいという夢をもっている。

アンナ　池田先生のお話をうかがい、一つ質問させていただきたくなったのですが、いいでしょうか。

池田　どうぞ、遠慮《えんりょ》なく聞いてください。

アンナ　なぜ、人間には「差」があるのでしょうか。

というのも、ある人は、熱心に勉強して、どんどん才能を伸ばしていきます。反対に、ある人は学校や親に反発《はんぱつ》して、取り返しのつかない罪《つみ》を犯《おか》してしまったりします。そういう違《ちが》いは一体、どこからくるのでしょうか。

池田　鋭《するど》い質問ですね。遺伝学《いでんがく》、社会学はもちろん、環境学《かんきょうがく》、生理学《せいりがく》、家庭論、生命論にもおよぶ問題でしょう。大学者といえども簡単《かんたん》には答えられない難問《なんもん》です。

アンナ　あの、つまり、「先天性《せんてんせい》のもの」と言う人もいれば、「育っていく中で違《ちが》いが出てくる」と言う人もいますが——。

「あと五分」の努力を

池田　わかりました。本当に一生懸命ですね。

一口に人間といっても、さまざまです。健康な人もいれば、病気の人もいる。生まれながらに体に障害《しょうがい》をもった人もいる。

それらを踏まえた上で、一番の〝決め手〟となるものは何か。それは平凡《へいぼん》なようですが、「人一倍の努力」ができるかどうかではないでしょうか。

簡単に言えば、もうだめだと思った時に、「あと五分」頑張れるかどうかです。そうやって「努力する習慣《しゅうかん》」を身につけた人は、どんな環境《かんきょう》にあっても、必ず自分の力を発揮《はっき》できるようになっていきます。

ログノフ　その通りですね。

よき師、よき友人

池田　第二に、同じように努力しても、やはりよき環境《かんきょう》が大切です。運が良ければ、まわりに良い人が集まり、賢明《けんめい》な人に支えられます。運が悪ければ、たとえ努力しても、思うような方向に進めない場合もある。だから、良き友人が大切です。その友人が自分を善《ぜん》の方向へ導《みちび》いてくれます。

そして教育環境です。なかでも、学校の先生がどういう人か。良い学校、良い教師にめぐりあうことは、かけがえのない宝です。

アンナ　同じ環境、同じ先生であっても、まったく違《ちが》った方向に進んでいく場合もあるのではないかと思うのですが……。

池田　その通りですね。すごい質問です。例えば、双子《ふたご》であっても性格がまったく違ったりします。

また、私の知人の話ですが、娘さんは大秀才なのに、息子さんは成績が悪い。それどころか、悪友とばかりつきあって、お父さんにも反発《はんぱつ》している。お父さんは「同じ自分の子どもなのに、天地雲泥《てんちうんでい》の差だ」と悩《なや》んでおられた。そんなケースもあります。だから、この問題は難《むずか》しいのです。教育上、お父さんの存在は大きい。叱《しか》る場合でも、お母さんが叱るのは問題ない。しかし、お父さんが、むやみに感情で怒鳴《どな》ったりするのは問題がある。子どもが、よけいに悪くなる場合があります。

私の恩師《おんし》も「父親が怒ると子どもは離れていく。母親が、どんなに怒っても、子どもは母親から離れないものだ」と言われていました。

こうした夫婦のバランスが崩《くず》れると、子どもは反発《はんぱつ》したり、おかしくなったりする。多くの家庭を見てきた体験からいっても、これは大切なポイントです。

また、兄弟姉妹の成績を「比較」して、叱ったりしてはいけない。「父母が同時に叱る」のも禁物《きんもつ》です。子どもは、心の行き場がなくなってしまう。

ログノフ　私も経験上、よく分かります。

池田　だれもが、子どもたちに「優秀《ゆうしゅう》になってほしい」と願っています。お父さんも、お母さんも、学校の先生方も。でも、そうなれない場合がある。そこに葛藤《かっとう》があるのです。そこで大事なのは、「幸福になってほしい」という心ではないでしょうか。

「幸福になるためには、どうすればいいのか」を教えるのが本当の教育です。しかし、今の教育は、それを教えていない。最高の教育を受けた、一番のエリートが、犯罪《はんざい》を犯《おか》して、一家ごと不幸になっている。それが日本の現実です。彼らは、幸福と不幸の境界線《きょうかいせん》に立っているようなもので、大変、危《あや》うい状態にいるのです。

ログノフ ロシアでも、まったく同様の状況《じょうきょう》です。

池田 本来、「幸福になる方法」を教えるのは、宗教の役目です。その意味で、博士も言われるように、「教育における精神性の役割」が重要になってくるといえるでしょう。

――ログノフ博士は「私は、無宗教の教育を受け、精神面を軽視《けいし》した世界観に生きてきました。しかし、池田先生との出会いによって、大きな人生の道を教えていただきました」と語《かた》り、人間教育における宗教心の意義を強調している。

自分らしく開花

池田 仏法は「桜梅桃李《おうばいとうり》」と説《と》きます。つまり、桜は桜としての生き方があり、梅は梅としての生き方がある。桃は桃、李《すもも》は李、そして、杉は杉、松は松としての生き方がある。同じように、私たちも「自分らしく生きていこう」「自分を信じて、自分らしく幸福の道を歩いていこう」と教えているのです。

教育にも重要な示唆《しさ》を与える「仏法の智慧《ちえ》」ではないでしょうか。

ログノフ　孫娘《まご》の質問に、本質的な次元《じげん》から、全部、答えていただきました。

杉の中には、杉が持っている性質が全部、入っている。それを開発し、豊かに実らせていかなければならないのですね。

人間の中にも、人間として生きていく上で必要なものが全部、埋《う》め込まれている。それを「開く」ことができるかどうか。それを教えるのが教育です。

自信と勇気を！

池田　その通りです。決まった「型」にはめこむのが教育ではありません。「開花《かいか》」させなければいけない。「開花」させるには、自分が自分で開花できるよう、心に「自信」と「勇気」を与えなければいけない。

もう一点、言いますと、「勝つ」ことだけが強調される社会だからこそ、私は「勝つ」ことよりも「負《ま》けない」という哲学をもってほしいと思います。

仏典《ぶってん》には、「よからん《善》は不思議《ふしぎ》わるからん《悪》は一定《いちじょう》とをもへ」（御書一一九〇ページ）とあります。状況《じょうきょう》がよいのは不思議であり、悪いのが当たり前と思っていきなさい、という意味です。そう決めれば、何があっても、動じることも嘆《なげ》くこともありません。

人生には、いろんなことがあります。しかし、「私は負けない！」という「強い心がある人」は、すべてをプラスにしていける。その人こそ、真に「幸福な人」です。

以上で、アンナさんの質問への答えを終わります。

アンナ　池田先生、私の質問に答えていただきまして、本当にありがとうございました。私は、いつも心に思っていることを、きょう、先生にぶつけてみました。

私は、この問題について、自分でもいろいろ考えていましたが、答えを出すには至らなかったのです。いつか、人生経験の豊かな、賢明《けんめい》な方に出会った時に質問したいと思っていました。私がこれから生きていく上で、また自分なりの答えを見つけていく上で、本当に大切なことを教えていただきました。

池田　素晴《すば》らしい言葉です。本当に聡明《そうめい》なお嬢《じょう》さんです。

「知の最先端」を

この日、池田会長はロシア国立「高《こう》エネルギー物理研究所」から世界初の「名誉博士号」を受章《じゅしょう》した。

同研究所では、ログノフ博士を中心に、六七年、世界に先駆《さきが》けて高エネルギー加速《かそく》器を始動《しどう》させた。当初、フランスから百世帯以上の科学者が移り住んで建設に協力した。「体制は違《ちが》うが、学問は同じじゃないか！」――その思いが厚《あつ》い鉄のカーテンを破った。

「物質の一番、小さな構成要素《こうせいようそ》は何か」――極小《ごくしょう》の〝ミクロの探究《たんきゅう》〟は、極大《きょくだい》の〝宇宙《うちゅう》論《ろん》〟に結びつく。「物質はどうやってできたか。どのようにできているか」という問いは、「宇宙の始まりは？」「宇宙は、どうやってできたのか？」という問いにつながるからだ。アインシュタインの理論をも超《こ》えようとする「人類《じんるい》の知の最先端」の一大拠点が同研究所なのである。

ログノフ博士は創大の工学部棟《とう》を見学。語《かた》らいでも、大学の研究における「実験物理学」と「理論物理学」の在《あ》り方が取り上げられた。

その際、博士は「今、物理学は哲学と深くかかわってきており、科学者自身の世界観・生命観が問われている」と述《の》べた。

超《ちょう》ミクロの世界

池田会長は「多くの読者のために、〝知の最先端〟を、わかりやすく紹介してほしい」と念願し、種々、博士に質問した。

まず素粒子《そりゅうし》とは何か。博士は解説する。「素粒子とは、物質をどんどん小さく割って、『もう、これ以上は分割できない最小のもの』という意味です。ところが、はじめ『これが一番、小さい』と思っていたものが、じつは、さらにその中が複雑《ふくざつ》な構造になっていた！――そういうことが、ここ三十年くらいでわかってきたのです」

また、湯川秀樹《ゆかわひでき》博士が「パイ中間子《ちゅうかんし》」（素粒子のひとつ）の存在を予言し、後に英国のパウエル博士らが発見したことにも言及《げんきゅう》した。

素粒子に重さはあるか。

博士は「ものすごく小さい質量ですが、たとえば電子は十のマイナス二十七乗《じょう》グラム。0.000000000000000000000000001グラムです」。

クォークの性質

今、最小と考えられている基本粒子《りゅうし》に「クォーク」がある。博士は、クォークの面白《おもしろ》い性質を語《かた》った。

「プラスチックの下敷《したじ》きに髪《かみ》の毛がついているとします。それを引き離せば、髪の毛はすぐ離れます。つまり『離れるほど、引き合う力は弱くなる』。これに対し、クォーク同士が引き合う力は、ものすごく大きい。しかも『離れれば離れるほど、引き合う力は強くなる』のです。だから素粒子の中のクォークは、素粒子の中から、自由に飛び出せないのです」

〝引き合う力〟が働いているのだ。

博士は、ミクロの世界には「四つの力」が働いていることを述《の》べた。いわゆる「強い力」「電磁力《でんじりょく》」「弱い力」「重力」の四つ。このうち「強い力」には「原子《げんし》核《かく》をまとめる力」

すなわち「核力《かくりょく》」も含まれる。

博士は、「かつて錬金術師《れんきんじゅつし》たちは『金以外の物質』から『金』をつくろうとしたが、失敗した。化学反応では元素《げんそ》は別の元素にはならないのです。元素が別の元素に変わるには『核力』が必要であり、その力を使ったのが原子力《げんしりょく》発電や核兵器《へいき》です」と語《かた》った。

また「人体は、どんな力で結びついているのか」。

博士は、まず「電磁力《でんじりょく》」によって原子や分子《ぶんし》が結びつき、それがさまざまに結びついて有機物《ゆうきぶつ》になり、生物体になると説明した。しかし、たとえば、人が死んだからといって、〝結びつく力〟が、ただちに壊《こわ》れるわけではない。さらに火葬《かそう》の場合も、「焼く」ことによる化学反応で、有機物としての結びつきが断《た》たれ、有機物ではなくなるが、陽子《ようし》や電子は壊れずに残っていると述《の》べた。

生命の長さ短さ

人間である以上、避《さ》けられないのが、「老《お》い」と「死」。

池田　人間の生命の長短《ちょうたん》は、何で決まるのでしょうか。

ログノフ　鍵《かぎ》をにぎる一つは、心臓や血管などの循環器《じゅんかんき》です。

池田　確かに、人間の生命の営《いとな》みは、心臓と血液の運動が大きな支えです。

ログノフ　車も〝エンジンの性能がいい〟車は長持ちします。同様に、循環器が〝いいもの〟であれば、その状態が維持《いじ》される限り――事故などで損《そこ》なわれない限り、理論的には長生きできます。脳細胞《のうさいぼう》はじめ、ありとあらゆる細胞の活動は、循環する血液によって維持されています。ですから、血管にコレステロールなどがたまり、血管がつまってしまうと問題が出てきます。

池田　よく分かります。しかし、実際には、体の強い人が、長生きしているとは限りません。

ログノフ　その通りです。じつは、今の学問では、「生命の長短は何で決まるか」の答えを出すことはできないのです。そして、答えの出せない問題は、ほかにも、たくさんあります。例えば「思考」。人が考えるということは、何なのか――答えは出せません。その意味でも、「宗教性」「精神性」が大切になってくると私は思うのです。

人類には宗教が不可欠
科学は部分観　池田会長の哲学は全体観――ログノフ

ログノフ　宗教性というのは、人間の本質的なものに深くかかわっています。科学は、宗教が教えることを「確認」はできません。同時に「否定《ひてい》」する力もないのです。

池田　そうです。そこがポイントです。

ログノフ　ですから、宗教性を科学から排除《はいじょ》することは、非常に、幼稚な行為《こうい》だと思います。

池田　理路整然《せいぜん》たるお話です。〝科学的知性〟は、自分の特質と限界を知ったときに、はじめて価値《かち》を生むと思います。

――博士の人生の大半は宗教的世界観に否定的な環境下《かんきょうか》にあった。唯物史観《ゆいぶつしかん》のうえから、長い間、宗教は否定的《ひていてき》にとらえられていたのである。しかし、池田会長との語《かた》らいを重ねるなかで、博士の世界観は変わった。

「以前の私は、物理学の立場だけの世界観、宇宙観《うちゅうかん》でした。池田博士と出会ったおかげで、世界観、宇宙観が広がっていきました」

「マルクスは〝宗教はアヘン〟と言いましたが、それは正しくないと思います」「ひょっとしたら、唯物《ゆいぶつ》論者は人生の一方だけ、つまり物質的な面だけを見て、精神的な面を見落としているのかもしれません」

この日の語らいでも、博士は熱心に語った。

「自然科学を研究する者は、ともすると、全体のごく一部を、ある一つの角度からしか見ていません。その部分観を一歩、上の立場から見て、全体を統括《とうかつ》していく重要な立場に、池田博士はおられる」

「池田博士の哲学は、あらゆる学問に通じる法則性があり、一番重要な方向性を含むものです。すべての学問の土台になっていくと、私は思います」

また、博士は「キリスト教は、宗教的権威《けんい》をもって学問の世界を抑《おさ》えつけようとした歴史があります。自《みず》らの宗教的世界観に合わないものは、弾圧《だんあつ》したのです」とし、その例としてガリレイ（イタリアの物理学者）、ブルーノ（イタリアの哲学者）などへの迫害《はくがい》を挙《あ》げた。

仏教の〝科学性〟

博士は「私の見るところ、仏教においては、学問の世界に侵入《しんにゅう》し、迫害したことは歴史上、なかったのではないでしょうか」「仏教に含まれる科学性は、他の宗教よりも大きいと思います」と言う。ＳＧＩ会長は、博士の見解への深い共感《きょうかん》を伝えた。

「人間の精神生活をつきつめていくと、『信じる』ということに行きつくのではないでしょうか」と述《の》べる世界的物理学者。強い調子で、「人類《じんるい》は、信仰なしには生きていけないと思います。これは、個々人が『信じる』『信じない』という意味ではなく、人類にとって必要という意味です」と語《かた》っていた。

教育の真髄《しんずい》とは――。

科学の真髄とは――。

人間の真髄とは――。

縦横《じゅうおう》に、また和《なご》やかに語《かた》り合った一夜。ログノフ博士は、芳名録《ほうめいろく》に、こう記《しる》した。

「池田先生が創立《そうりつ》された創価大学を訪問させていただきました。素晴《すば》らしい環境《かんきょう》――『人間主義《しゅぎ》』と『平和』の雰囲気《ふんいき》に満ちており、本当に驚《おどろ》いております。そのような優《すぐ》れた環境の中で、青年たちに教育が施《ほどこ》され、その青年たちが未来を担《にな》っていく――池田先生の教育思想は、幸福な社会を築いていくうえでの基礎《きそ》となるものです」

プロフィール

一九二六年十二月生まれ。モスクワ大学卒業。理論物理学博士。モスクワ大学総長（七七年～九二年）、ソ連科学アカデミー副総裁、ソ連共産党中央委員、最高会議代議員などの要職を歴任。ソ連核合同研究所・理論物理学研究室副室長を経て、ロシア国立「高エネルギー物理研究所」所長に就任。世界最大の陽子シンクロトロン（七〇〇億電子ボルト）の建造を指導、完成。九三年に再び同研究所所長に就任。主に、素粒子および重力理論を研究。レーニン賞、ソ連邦国家賞など、多数受賞。池田SGI会長との対談集『第三の虹の橋』『科学と宗教』がある。

人間よ「地球の未来」を考えよ「自分の未来」を救いたいなら!!

キルギス　作家
チンギス・アイトマートフ氏
1998年11月17日（京都国際文化会館）

十年来《らい》の友人であるキルギス共和国の世界的文豪《ぶんごう》、チンギス・アイトマートフ氏。「世界青年平和文化祭」の折（九八年十一月十四日）、ナゴヤドームで四年ぶりの再会となったが、時間も限られていて、「池田先生、語《かた》り尽《つ》くせないことが山ほどあります!」と、氏は、もどかしげであった。対談は所を移し、錦秋《きんしゅう》の京都で。十一月十七日、ＳＧＩ会長夫妻は、開館まもない京都国際文化会館に氏とマリア夫人を歓迎した。

二十一世紀《せいき》の人類《じんるい》の針路《しんろ》を見つめながら、「活字文化の衰退《すいたい》をふせぎ、新《あら》たな文芸復興《ふっこう》を」「地球的視野《しや》に立った人間主義《しゆぎ》を」等、和《なご》やかな語《かた》らいに。

創価学会は「政治の上に立つ」団体ゆえに「永遠性」がある「迫害」もある

「じつは、私がこの会館で、海外からのお客さまを迎えるのは、きょうが初めてなんです。歴史の第一ページを飾《かざ》っていただきました」

池田SGI会長がそう紹介すると、アイトマートフ氏はゆっくりと部屋を見渡しながら、「この会館は、本当に美しい！　お城のようです。日本の人々の『古典的《こてんてき》な美意識』と『現代的な美意識』が見事に調和《ちょうわ》しています」と。

氏を迎えた広間の絨緞《じゅうたん》の絵柄《えがら》にも、加茂川《かもがわ》の流れの「青」と、しだれ桜の「ピンク」

10年来の友人である世界的文豪・アイトマートフ氏と、21世紀の人類の針路を見つめながら。マリア夫人（左から2人目）もにこやかに（京都国際文化会館で）

が、変奏曲《へんそうきょく》のように折り重なっている。

アイトマートフ　創価学会の皆さんと交流すると、多くの哲学的なことを学びます。私は、池田先生と、じっくりと自分の心のうちを語《かた》り合いたい。そのなかで自然のうちに、皆の心に通じ、皆が感動するような深い内容を話し合いたいのです。

先生と初めて対談集（『大いなる魂《たましい》の詩《うた》』）を編《あ》んだころと比べて、世界は大きく変わりました。

池田　おっしゃる通りです。激動《げきどう》です。

アイトマートフ　当時あった作家同盟《どうめい》等の社会団体・組織の多くは、すでに消滅《しょうめつ》してしまいました。「極めて権威《けんい》ある組織」と言われていたものもなくなりました。では、消えた組織の本質は何だったのか。

それは、政治的な目的のためにつくられたものでした。だから、政治という土台が崩《くず》れた時、そういう組織は、いいものも含めて、すべてが崩れてしまったのです。

これに対し、創価学会は「政治を超越《ちょうえつ》した団体」「政治の上に立つ団体」である、そこに創価学会の力があると、私は思っています。だから迫害《はくがい》もあるんでしょうが。

池田先生が仕事をされるうえでの哲学や考え方。そのなかには「非常に近代的なもの」と、「文明の根っこにある」（伝統的な）ものと両方あり、素晴《すば》らしいハーモニーを奏《かな》でています。

「精神闘争」の人

池田　深き「心」で見てくださっている。「精神」で見てくださっている。それはアイトマートフさん自身が「精神闘争《とうそう》」を続けてこられたからでしょう。

「形而上《けいじじょう》（形を離れたもの）」と「形而下」の世界の両方に目を配《くば》り、心を配っておられる。一方だけなら簡単《かんたん》です。両方を手ばなさないからこそ「精神闘争《とうそう》」があるのです。文豪《ぶんごう》にして指導者（キルギスの国会議員で、ベネルクス諸国《しょこく》大使）。私は〝わが友アイトマートフ〟は、時代の変化を超越《ちょうえつ》した「本物」の人であると思っています。

青年よ良書を読め　作家よ良書を綴《つづ》れ
「新しき文芸復興」を!!

アイトマートフ　ありがとうございます。

池田　私は「良き文章」を、特に青年に読ませたい。今、多くの著名《ちょめい》な文学者、作家、出版関係者も、「活字文化」の衰退《すいたい》を憂《うれ》えています。本当に、読まなくなってしまった。なんとか、もう一度、人々の目を活字に向けられないか。活字文化を再興《さいこう》しなければならない、と。

活字を読むことで、はじめて頭脳《ずのう》は鍛《きた》えられる。批判力も身につく。テレビだけでは受け身です。幻惑《げんわく》される面がある。

私どもにとっては、一つは聖教新聞を読むことです。また仏法にかぎらず、多くの良書《りょうしょ》に親しんでいます。読めば、愚《おろ》かにならない。だまされない。

だからこそ「新しい文芸復興《ふっこう》」しかありません。日本も、世界も。

でっちあげた「うその活字」ではなく、人間の深い心から出た「真実《しんじつ》の文」を――。

創価学会が、その先頭をきってほしい。そういう期待《きたい》が、心ある識者《しきしゃ》から寄せられているんです。

「文化の顔」が「商いの手段」に

アイトマートフ　おっしゃる通りです。本は重みを失《うしな》い、権威《けんい》を失っています。なぜなのか。「テレビや他の現代的なメディアがあるから」――それだけではないと思うのです。

最近言われる新しい概念《がいねん》――「資本原理主義《しゅぎ》（商業主義）」がそれです。「イスラム原理主義」はよく取り上げられますが、そうではなく、「資本原理主義」です。これが、低俗《ていぞく》なものをはびこらせ、良書を絶滅《ぜつめつ》させている。かつて、本は「文化の顔」をもっていたのが、今は「商《あきな》いの手段《しゅだん》」になっている。

私も「本の運命」について、気がかりです。先生とまったく同じです。私もまた、創価学会の運動が、なんとか「文字文化」を救ってほしいと思います。

全体主義は個人の運命をもてあそぶ

池田　アイトマートフさんは、ソ連という「不自由」の中で「文字の戦い」をしてこられた。たとえば『チンギス・ハンの白い雲』（潮出版社）は、ソ連崩壊《ほうかい》の前には、世に出せなかったんですね。

アイトマートフ　そうです。その作品は、チンギス・ハン（ジンギスカン）をスターリンになぞらえています。二人の人物が二重写しになっている。

ソ連は全体主義《しゅぎ》でした。全体主義は、個人の運命をもてあそんでしまうものです。

一九四〇年代の終わりころから五〇年代の初めのころです。ソ連に、とても有名な女優がおりました。ゾーヤ・フョードロヴァという、若くて美しい女優です。才能にあふれ、やることなすこと、すべてが成功しました。ソ連の映画に出て、たくさんの賞にノミネートされ、たくさんの賞を受けました。

彼女は、どんな小さなことでも、法律に反することはありませんでした。ところが、彼女は私生活において「階級的・政治的分別《ふんべつ》」を無視《むし》してしまったのです。

ある時、彼女は、アメリカ大使館の武官《ぶかん》と知り合い、恋に落ちました。ひと目ぼれでした。熱愛《ねつあい》でした。彼女の友人たちは忠告《ちゅうこく》しました。

「危ないわよ。気をつけたほうがいいよ」「ゾーヤ、あの人は『アメリカ帝国主義《ていこくしゅぎ》の手《て》先《さき》』よ。あなたはソ連の女性よ」

あの人と会わないようにと、再三《さいさん》、忠告されても聞かない。忠告など耳に入らないほど、彼女は彼を愛していたのです。そして、実際、彼女は制裁《せいさい》を受けました。「スパイ活動をして祖国《そこく》を売り渡した」と。彼女は女優なのですから、スパイ活動なんかできるわけがないのに——。

彼女はシベリアで強制《きょうせい》労働させられることになりました。アメリカの武官は本国に戻《もど》されました。

シベリアに送られる前、彼女は、彼との子どもを産みました。彼女は、シベリアでは母子が生きていけないことを知っていました。だから、ゾーヤはシベリアへ向かう列車の窓から、赤ん坊を厚《あつ》く毛布にくるんで、友達が待ち構《かま》えているところへ投げたのです。赤ちゃんは一命をとりとめました。しかし、彼女はシベリアで亡《な》くなりました——。

池田　痛ましい……悲劇《ひげき》です。しかも、これは小説ではなく事実であった。何という権《けん》力《りょく》の傲慢《ごうまん》でしょうか。

アイトマートフ　これは、全体主義《しゅぎ》の恐怖《きょうふ》の姿を示す格好《かっこう》の一例です。他の人のプライベートな生活まで破壊《はかい》していくのです。

私の『チンギス・ハンの白い雲』でも、チンギス・ハンによって、二人の愛し合う若者が死を迎えなければならなくなります。もし、これをソ連時代に発表していたら、「君は、これで何を言いたいのだ！」と追及《ついきゅう》されたでしょう。

池田　よくわかります。本当に、よくわかる。

マリア夫人　ソ連時代は、出版する内容をＫＧＢに検閲《けんえつ》されました。私も夫と一緒についていきました。

「ここと、ここはだめ」「この行《ぎょう》を削《けず》りなさい」と言われる。夫は、本全体を殺さないために、やむなく、要求されたところを削ったのです。

低俗《ていぞく》な商業主義との戦い

検閲《けんえつ》の代《か》わりに

アイトマートフ　先ほど、先生が言われていましたね。「本の運命」というものについて。当時、ソ連には厳《きび》しい検閲がありました。統制《とうせい》があり、不自由ななかで、「自由」と「民主主義《みんしゅしゅぎ》」を得るために、精神闘争《とうそう》をしてきました。民主主義の社会になれば、皆、自由に作品を発表できるようになると思っていました。ところが――民主主義が獲得《かくとく》され、時代が良くなると思ったら、活字文化については、まったく逆でした。

池田　そこですね、問題は。

アイトマートフ　ことわざにある「火を消そうとしたら、よけいに火は大きくなる」（火に油をそそぐ）結果になってしまったのです。

以前は（権力《けんりょく》による）「思想的なチェック」がありました。今度は「読者が買うかどうか」。読者、大衆の目がすべて。大衆に受けいれられるかどうか。そのために、面白《おもしろ》く、わかりやすくないといけない。つまり「噛《か》みやすいもの」です。「噛みにくいもの」はだめ。で、どうなるか。作家の中には「自分は生計《せいけい》をたてるために書く」と開き直る人もいます。低俗《ていぞく》でもいいから、「売るために書く」と公言《こうげん》して、はばからない。

こうして本の価値《かち》が、文字文化の質が下がっています。たくさんの本が印刷されても「ゴミ」と変わらない——。

池田先生が、文字文化の衰退《すいたい》に警告《けいこく》を発しておられる通りです。

池田 日本でも一層《いっそう》、深刻《しんこく》です。

挫折《ざせつ》した新聞

アイトマートフ そういう意味で、私は「十代の青少年のための文庫」という名前の基《き》金《きん》をつくりました。

池田 それは大事なことですね！

アイトマートフ 目的は、本当に「青少年の心の栄養になるような本を書こう」という作家のために、チャンスを与えることです。

きっかけは、祖国《そこく》キルギスの（首都）ビシュケクの大学を訪問した時のことです。学生たちの集会があったのです。学生たちとの質疑《しつぎ》応答《おうとう》が終わると、一人のジャーナリストが近づいてきました。「一対一で、いくつか質問したいのですが」と。彼は言いました。「自分は新聞を作りたいと思っていました。名前は『永遠《えいえん》の雪』です」。

その名前を聞いただけで、私は彼が、どんなものを作りたいのか、すぐわかりました。キルギスの人なら、すぐわかります。万年雪が高い山の上に積もっている。凍《こお》りついている。それが少しずつ解《と》けていく。地下水となって山を下り、やがて川になる。その水のおかげで、人間も、アリも、鳥も、みんな楽しく生きられる。生命を育《はぐく》んでいる。生命にとって大事な栄養分――「永遠の雪」とは、それを意味しているのだと思いました。

彼は、その新聞を発刊するために、なけなしのお金をはたきました。そして、人類《じんるい》にとって大事な環境《かんきょう》問題、どう自然を保護するかなど、重要だと思うことについて記事を書きました。彼は才能もあり、いい記事を書きました。しかし、十号まで出して、打ち切らねばならなくなったのです。彼は「市場《しじょう》の競争」に負《ま》けたのです。彼は、みなに笑われ、バカにされました。

友人が言ったそうです。「君の新聞には、ゴシップ記事もなければ、面白《おもしろ》く仕立《した》てた、うわさ話《ばなし》もない。セックス記事も、殺人事件もないじゃないか。だれが、そんな新聞を買うと思う？　君のような考えでは、山で仙人《せんにん》でもするしかないよ」と。

その反対が、創価学会の機関紙《きかんし》「聖教新聞」です。同じように、ゴシップ記事も、捏造《ねつぞう》も何もない。きわめて高い文化的な内容です。なのに、ずうっと発刊され続け、何百万という方々が読んでいる。これは、大変なことです。

池田　ありがとうございます。

アイトマートフ　この若いジャーナリストは、私の気持ちを聞きたかったのです。「理想を求めて、負《ま》けてしまいました。どうか助けてください」と。「それとも、あなたは〝文豪《ぶんごう》アイトマートフ〟という名声だけで、中身は、からっぽなのですか」と（笑い）。

池田　せっぱつまっていたんでしょう。

人類の「宝の箱」

アイトマートフ　その時、私は思いました。「そうだ。こういう人たちを支えるために、基金《ききん》を作ろう。自分の人生で、価値《かち》ある何かをしなければ」と。本の運命――わが運命。池田会長が、このことについて発言してくださることは、世界の人々にとって意味のあることと思います。

本は「人類《じんるい》の未来」です。人類は本を「文化の宝箱」として、未来へ持っていけるのか。それとも「本の文化」をあきらめて、低俗《ていぞく》なものが、はびこるにまかせるしかないのか――。その岐路《きろ》に立っていると思います。

「文字」こそ人間性の証《あかし》
「活字文化」で「精神の骨格」を

日蓮仏法では文字を大切に

池田　大問題です。活字は、人間にしか読めません。動物は読めません。人間のひとつの証です。ゆえに、活字文化の崩壊《ほうかい》は、人間の崩壊に通ずる。

経典《きょうてん》も文字です。「文字」が「仏の仕事（仏事《ぶつじ》）」をするのです。なかでも、文字を、最《もっと》も大事にしたのが日蓮仏法です。旧来《きゅうらい》の仏教の多くは「仏像」を本尊《ほんぞん》にしました。これに対し、日蓮仏法では「文字」で本尊を顕《あらわ》しました。「文字の本尊」を確立したのは初めてなのです。また、文字によって学ぶ――つまり教学が、修行とともに絶対《ぜったい》に必要とされている。「行《ぎょう》」とともに「学《がく》」がなくなってしまえば仏法はないと教えます。

学会の運動も、文字を大切にする運動です。文字で人を救っていこう、文字の心に迫《せま》っていこうという運動です。学会の組織のリーダーも、活字を避《さ》け、学ぼうとしない人間は、大衆からバカにされてしまう。リーダー失格です。そういう時代です。

もちろん、文字にとらわれるということではありません。東洋には「論語《ろんご》読みの論語しらず」という言葉があります。〈書物を、よく読んでいるようで、まったく身についていない人のこと〉

ただ仏教の知識だけ、字面《じづら》だけ知っているのでは意味がありません。

仏法は「生きている」ものです。一切法が、これ仏法です。〝人生の万般《ばんぱん》、世の中の事《じ》象《しょう》、すべてが仏法だ〟。こうとらえるのが日蓮仏法です。

ですから、小説も学ぼう、トルストイも、ゲーテも、学んでいこう、政治も経済も美術も音楽も知っていこう――そういう生き方です。ここに創価学会の強みがあります。本当に「深い生き方」であり「豊かな文化的人生」を広げている。学会は「学ぶ会」です。この心に文化があります。

アイトマートフ　その通りだと思います。

二十世紀は十九世紀を超えたのか？

池田　ロシアには〝良書《りょうしょ》の最高峰〟が、いくつもあります。トルストイ（一八二八～一九一〇年）、ドストエフスキー（一八二一～一八八一年）、プーシキン（一七九九～一八三七年）……。ショーロホフ氏とは、お会いしました（七四年九月）。〈『静かなるドン』等。ノーベル文学賞を受賞〉

こういう大作家に今、どう取り組むべきか。いかがでしょうか。

アイトマートフ　最初に挙《あ》げられた三人は、私たちの世紀《せいき》より以前に生まれ、活躍《かつやく》した人たちです。時代は十九世紀ですが、彼らは「二十一世紀の精神的な規範《きはん》」の骨格《こっかく》を作ったと言えるのではないでしょうか。
池田　その発言は、素晴《すば》らしい。そこに「核心《かくしん》」があります。「良き未来」は、「良き過去」に学んでこそ生まれます。
アイトマートフ　二十世紀《せいき》の文豪《ぶんごう》たちは、彼らの高みに達することができなかったと思います。時代が古い、新しいではありません。彼らが思索《しさく》し、到達《とうたつ》した高みが、時代を超《こ》えたものであったと思うのです。
十日ほど前、ドイツで大きな集会があり、スピーチしました。テーマは「現代の文学と芸術」。そこに集まったのは、ドイツを代表する知識人です。二十一世紀を前にして、今世紀の総仕上げをしようとしていました。
池田　私たちと同じです。「二十世紀の総仕上げ」です。
アイトマートフ　私は彼らに問いかけました。
「〝現代のシラー〟〝現代のゲーテ〟は、どこにいるのでしょうか。彼らの思想を継《つ》いでいる弟子《でし》はいるのでしょうか。ベートーヴェン、バッハを凌駕《りょうが》する〝現代のベートーヴェン〟〝現代のバッハ〟は、いないのでしょうか。カント、その他を凌《しの》ぐ哲学者は、いるのでしょうか。私が知らないだけかもしれない。知っている人がいたら、ぜひ教えてほしい」と。だれも教えてくれませんでした（笑い）。

同じことが、ロシア・ソビエト文学にも言えると思うのです。

池田　本質に迫《せま》るお話です。二十世紀《せいき》は、「物質」面はともかく、「精神」面は進歩したとは言えません。断じて言えない。だから「二十一世紀」が大事なのです。

アイトマートフ　私が申し上げたいのは、池田先生に、ぜひ、先生の大きな人格と影響《えいきょう》力《りょく》をもって、語《かた》っていただきたいということです。

今、ディスコで若者たちが踊《おど》り狂っている。しかし、一生、踊っているわけにはいきません。いつかは人生を考え、哲学を知らねばならない。そしてじつは、青春時代にこそ、哲学を学ぶべきなのです。一生の〝根っこ〟になる哲学を、世界の最高峰の本に求めてほしいのです。

池田　たとえば、トルストイの中で一書を青年に勧《すす》めるとしたら、どれを選びますか。

アイトマートフ　一つを選ぶのは難《むずか》しいですね。やはり、「全部」と言わざるをえません（笑い）。ただ、こう言うでしょう。「単なる『古典《こてん》』として読むのではなく、現代と未来を理解するために読むべきだ」と。

池田　それが「生きた読書」です。

アイトマートフ　現代には、トルストイ、あるいはゲーテ、プーシキン、ドストエフスキーの時代には存在しなかった問題があります。

今、挙《あ》げた文豪《ぶんごう》たちは、たとえば「第二次世界大戦」を経験していません。「ソ連帝国《ていこく》主義《しゅぎ》」の時代も知らない。そして、私と池田会長がともに経験した、二度とは来ない「ペレストロイカ（改革《かいかく》）の時代」も経験してはおりません。

「ペレストロイカ」は、今では忘れ去られているか、さもなくば、わざと無視《むし》されています。しかし、私は思います。将来《しょうらい》、人道的《じんどうてき》・哲学的思想が台頭《たいとう》する時代に、もう一度、ペレストロイカの意味が問い直されるであろう。ペレストロイカという現象《げんしょう》を通し、「時代がどう変わり、その時、人々は何を求めていたのか」について、青年が思索《しさく》し、答えを見いだすだろうと。

池田　そうでしょうね。だから、その時代に何と言われようと、厳然《げんぜん》と、「不滅《ふめつ》の歴史」をつくっておくことです。後でわかります。後で輝《かがや》きます。それでいいのです。

アイトマートフ文学の世界

池田　文学と言えば、キルギス共和国の「文学の大賞」アブドモムノフ賞をいただいた時、温《あたた》かいメッセージをお寄せくださり、本当にありがとうございました。

〈九八年九月。東京での式典では、キルギス国立歌舞《か ぶ》団《だん》が、アイトマートフ氏の作品をテーマにした曲も演奏〉

アイトマートフさんは、これまで「ヨーロッパ文学オーストリア国家賞」「ロータス賞」をはじめ、数多くの賞を受賞《じゅしょう》されている。素晴《す ば》らしい業績《ぎょうせき》です。

アイトマートフ　「ロータス賞」は、ラジブ・ガンジー氏が健在《けんざい》のころ、インドからいただいた賞です。また「アレクサンドル・メーニ国際賞」という賞もいただきました。メーニはキリスト教の立場から、他宗教との対話と協調《きょうちょう》を目指した人ですが、数年前に凶《きょう》弾《だん》に倒れました。仏教発祥《はっしょう》のインドから、またキリスト教世界からと、異《こと》なる思想の世界から賞をいただいたことに深い意義を感じています。

池田　多くの青年たちのために、先生の作品から紹介させていただきたい。『白い汽船《きせん》』

で、少年が山に呼びかける言葉です。

「怖《お》じけるなよ、山ども！　おれはここにいるぞ。風が吹いたって、暗くたって、吹雪《ふぶき》だって、こわくないんだから。おまえたちもこわがるなよ。身を寄せあったりせずに、堂々と自分の場所に立っていろよ」（岡林茱萸訳、理論社）

雄大《ゆうだい》で、男らしい。キルギスが生んだ、偉大な文豪《ぶんごう》の言葉です。

アイトマートフ　ありがとうございます。

池田　近著《きんちょ》『カッサンドラの烙印《らくいん》』では、登場人物が、こう語《かた》っています。

「そもそもの初めから人類《じんるい》に与えられている善《ぜん》のエネルギーと、それと並んで、それに対立するかたちで存在している悪《あく》のエネルギーは、誰にもそれを変えることはできません。本来、その二つのエネルギーは同じ大きさのものです。しかし、人間は理性をもっています。理性は永遠《えいえん》そのものの無限の運動です。それゆえ、人間は、生き残ろうと望むなら、文明の最高点に達しようと望むならば、自分のなかの悪に打ち勝たねばなりません。そもそも人間の全生涯《ぜんしょうがい》はそのためのたゆみない努力であり、また、そこにこそ私たちの最大の使命《しめい》があります」（飯田規和訳、潮出版社）

この一節は重人です。「自分のなかの悪《あく》に打ち勝つ」——私どもの人間革命《かくめい》運動も同じです。

アイトマートフ　ありがとうございます。先生がこの一節に目をとめてくださったことは、私にとって、非常に意味があります。なぜかと言うと、この本は賛否両論《さんぴりょうろん》なんです。これまでの私の本は、おおむねほめられました。しかし、この本は「すごい」「わかる」と言う人と、「全然だめだ」と言う人がいるんです。

池田　すごすぎるからじゃないですか（笑い）。深すぎて、わからないのかも、しれません。

アイトマートフ　池田先生が、そう言ってくださると、何と心強いことでしょう。さまざまに翻訳《ほんやく》され、ドイツでは四回、版《はん》を重ねましたが……。

「（面白《おもしろ》く）読ませる」ということが、文学、小説の一面です。しかし、この作品では「深く考えなければならない」という観点《かんてん》に立ったのです。

池田　よくわかります。善《ぜん》と悪の戦い、永遠《えいえん》の戦い——その洞察《どうさつ》は、仏法の真髄《しんずい》に通じます。

アイトマートフ　そうですか！　私は仏教徒ではないのに、仏教を感じたんですね。

池田　そうだと思います。「仏法」は「道理」ですから。仏法は架空《かくう》の話ではありません。現実に生きている人間の「道」を示したのが、本当の仏法です。

そうでない仏教は、形式であり、権威《けんい》であり、金もうけであり、要するに、ごまかしと虚飾《きょしょく》です。真実《しんじつ》の仏法は「道理」です。普遍性《ふへんせい》がある。広々と開かれている。

私の恩師《おんし》は「仏典《ぶってん》を読むには、よき文学を読め。世界的文学を読めば読むほど、仏典がわかるようになる」と言いました。

アイトマートフ　そうですか！

池田　アイトマートフさん。本当によく戦ってこられましたね。よく書いてこられた。『一世紀《せいき》よりも長い一日』。これは、なぜ書かれたのですか。

アイトマートフ　そうですね。具体的に、どういう状況《じょうきょう》のもとでペンをとったか、思い出すのは難《むずか》しいです。ただ、ソビエト時代の鬱積《うっせき》された、一番、閉塞感《へいそくかん》の強い時代に書きました。そういう社会のなかで、自分が自分自身であるために、自分が生き続けるために、何が必要か——。ソ連という全体主義《しゅぎ》国家の中で、自分らしく、人間らしく生きる道を探《さが》しながら、書いたものです。

池田　感動です。人間の真実《しんじつ》の叫びです。魂《たましい》の鼓動《こどう》がある。今、どれだけの文学者が、そういう真摯《しんし》な思いで書いているか――。

同時代に生きて

両者の初めての出会い（八八年十月、東京で）から、この秋で、ちょうど十年。

ある時は、「ペレストロイカ」の挑戦《ちょうせん》の息吹《いぶき》のなかで、ある時は、現代史を揺《ゆ》るがす「ソ連邦崩壊《ほうかい》」の動乱《どうらん》のなかで、語《かた》り合い、音信《おんしん》を交《か》わし、変わらぬ友情を貫《つらぬ》いてきた二人。ともに一九二八年生まれ。同時代を生き、世紀《せいき》のかなたを見つめる、心と心の共鳴《きょうめい》は、対談集『大いなる魂の詩《うた》』（読売新聞社）に、深く鳴り響《ひび》いている。

アイトマートフ　私は、池田先生と同い年であることを、常に考えています。何カ月かは、先生のほうが〝お兄さん〟です（笑い）。だから池田先生のほうが偉いんです（笑い）。

〈会長は一月生まれの七十歳。氏も十二月（九八年）に七十歳になる〉

池田　ご一家との、おつきあいは長いです。妻も、いつも奥さまのこと、お子さん方のことを話しています。

アイトマートフ　うれしいです。私は、自分の年齢について、うまい言い方を〝発見〟しました。じつはロシアのプリマコフ首相は、私の子どものころからの友人なんです。彼は今、六十九歳。九カ月違《ちが》いで、私のほうが年上です。

ある人が言いました。「アイトマートフさん、七十歳になられますね。老後を、どう過ごされるつもりですか」。

私は、こう答えることにしました。「見たまえ！　友人のプリマコフは、私と九カ月しか違わないが、ロシアという大きな国の政治を司《つかさど》っている。だから、私だって隠居《いんきょ》どころではないよ。大きなことのために、いよいよ働かなければ！」と。

池田　その通りです！

アイトマートフ　こう言わないと、〝隠居あつかい〟されてしまいますから（笑い）。そういう意味で、プリマコフ氏が首相になったのは、私にとって大いに〝得《とく》〟でした（爆笑）。

孤独な権力者

池田　人生七十年。友情こそ「宝」です。しみじみ、そう思います。アイトマートフさんの言葉には「嘘《うそ》」がない。大自然の香《かお》りが、そのまま伝わってくる。尊《とうと》い言葉です。権《けん》力者《りょくしゃ》にも、学者にも「嘘」がある。だから本当の「友情」はありません。

アイトマートフ　その通りです。私こそ、池田先生との友情に運命的なものを感じています。

最近、ナポレオンに関する本を読み返しました。とても、面白《おもしろ》い本でした。今、池田先生が言われたように、たとえ皇帝《こうてい》であっても、どんなに偉い地位を得ても、地位によって友情が得られるわけではない。ナポレオンも、本当の友人は得られなかった。むしろ、孤《こ》独《どく》に陥《おちい》っていった。それを人生の最後で思い知ることになります。

池田　そうです。ナポレオンも、最後は部下とも親族《しんぞく》とも引き離され、妻にさえ見放されて、孤独の中で死にました。悲《ひ》劇的結末《げきてきけつまつ》です。

この夏、ここにいる長男（池田博正氏）が、ナポレオンが生まれたコルシカ島に行ってき

ました。〈レッチィ市からSGI会長への顕彰《けんしょう》があり、名代《みょうだい》として訪問〉

アイトマートフ　そうだったんですか！

池田　それにしても、アイトマートフさんは、本当に、いい言葉を皆に披露《ひろう》してくださる。深く、素晴《すば》らしい哲学性がある。詩と哲学が一体になっています。なかなか、そういう人はいません。私は、本当に高貴《こうき》な方と思っております。

アイトマートフ　恐縮《きょうしゅく》です。

世界経済という「大海」の中で〝自由の代償《だいしょう》〟に苦しむ祖国

――ここで会長は、世界的な経済不況《ふきょう》を踏《ふ》まえ、「旧ソ連諸国《しょこく》の現在の経済状況《じょうきょう》」などを尋《たず》ねた。氏は「日本のような豊かな国が『危機《きき》』というなら、私たちは、その何十倍の大きな危機にあるといってまちがいありません」と述《の》べ、「市場《しじょう》経済」移行後《いこうご》の状況を次のようにわかりやすく説明した。

アイトマートフ　ソ連時代、いわば私たちは城壁《じょうへき》で囲まれ、世界から隔絶《かくぜつ》されて暮らしていました。食料が配給《はいきゅう》され、ある意味で安定してはいましたが。

しかし、我々は、自分たちが望んで、その城壁を壊《こわ》し、「世界経済」という大海原《おおうなばら》に飛び出しました。ところが、そこは城壁の中とはまったく違《ちが》っていました。自分で作ったものを右から左へ売り、他国へ輸出もしなければいけない。

しかし、私たちが作ったものを「売りたい」と思っても、「買いたい」と思う人がいない。にっちもさっちもいかない現実です。買ってもらえるのは天然ガス、石油などの地下資源《しげん》ばかりです。気にいってもらうものを作るためには、技術導入が必要ですが、それには時間がかかります。

失業率《しつぎょうりつ》は、日本の何倍もひどく、仕事がないことが「暴力《ぼうりょく》」「賄賂《わいろ》」「麻薬《まやく》」など、さまざまな犯罪《はんざい》の温床《おんしょう》になっているのです。

また、近隣《きんりん》のアフガニスタンでは、戦争や内紛《ないふん》が二十年も続き、「平和」の時代を知らないで育った人々が大勢《おおぜい》います。彼らは、畑を耕《たがや》したり、工場で物を作ったりしたことは一度もありません。「銃《じゅう》を撃《う》ち」「人を殺す」ことを生業《なりわい》としてきたのです。結果として、「麻薬《まやく》の取引《とりひき》」が彼らの唯一《ゆいいつ》残された金もうけの方法となってしまっているのです。彼らは国境警備《こっきょうけいび》隊員を銃で殺しては突破《とっぱ》し、麻薬を持ち込みます。そしてロシアからヨーロッパへ、世界へと流れていくのです。

——また「キルギスと国境を接する中国との関係」について問われた氏は、「現在、両国は非常に正常な関係にある」と強調。「ソ連崩壊《ほうかい》によって、周辺は小国になったが、中国は大国のままであり、ロシアは『二十一世紀《せいき》には中国が大きな中心となっていく』との見解《けんかい》をもっている」ことを語《かた》った。

また、旧ソ連やイラクなどの国について、「一般的に、全体主義《しゅぎ》国家は攻撃的《こうげきてき》です。これは中心者が望むと望まざるとにかかわらず、潜在的《せんざいてき》に、体制そのものが攻撃性をもっているのです」と述《の》べた。

池田　日露《にちろ》戦争の際、日本は「勝った、勝った」と有頂天《うちょうてん》になり、攻撃的《こうげきてき》な軍国主義《ぐんこくしゅぎ》の台頭《たいとう》を許してしまいました。ロシアでは日露戦争は、どう教えられていますか？

アイトマートフ　私たちの教科書では、事実として「ロシアは日本に負《ま》けた」と書いてあります。ただし、私が学んだソビエト時代の教科書ですから、こういう注釈《ちゅうしゃく》も忘れずにつけてありました。「負けた原因は、ロシア皇帝《こうてい》に仕《つか》えた将校《しょうこう》が無能だったからであり、皇帝自身が無能だったからである。ソビエト政権が樹立《じゅりつ》されていたら、負けなかった」（笑い）。

視野《しや》の狭《せま》い、偏《かたよ》った見方です。教科書のなかで戦争を教える場合は、「こうしたから負けた」「こうすれば勝てた」と書くのではなく、「戦争は二度としてはいけない」と教えるべきです。

ナポレオンとヒトラーの教訓

池田　ヒューマニストの真骨頂《しんこっちょう》を見る思いがします。それが、本当の民衆《みんしゅう》の声です。ロシアも戦争に苦《くる》しみました。ナポレオンも、ロシアを攻《せ》めました。ヒトラーも攻めました。そして同じように敗《やぶ》れた。

私は以前から、この「歴史の繰《く》り返し」に深い関心を抱《いだ》いています。そこに、ヨーロッパとロシアの運命が火花を散らしている感じがするのです。

アイトマートフ　ナポレオンがモスクワを攻《せ》めた時、彼は皆が自分に膝《ひざ》を屈《くっ》すると思っていました。つまり、モスクワ市民が町の鍵《かぎ》を用意して、ナポレオンに「新しい支配者になってください」とお願いに来るだろう、と。

しかし、郊外で、待てど暮らせど、だれも来ない（笑い）。ナポレオンは怒り狂って、「全員、抹殺《まっさつ》だ」とばかりにモスクワへ入ったら、市内にはだれもいなかった。人も、からっぽ。食料も、からっぽ。ロシア人たちは皆、逃げてしまっていた。

ナポレオンは、ある意味で勝っていました。モスクワに入城《にゅうじょう》したのですから。しかし、彼は支配できなかった。負《ま》けたのです。ロシアは、逃げられる広大な国土をもっていたので「勝った」と言えるでしょう。

ナポレオンは、飢《う》えに苦《くる》しむ兵たちのために撤退《てったい》する以外にありませんでした。

池田　「ボロジノの戦い」をはじめ、あそこまで大きな犠牲《ぎせい》を出しながら、結局、追われながら引き返さざるをえなかった――。

では、ナポレオンの歴史を知っていたヒトラーは、勝利《しょうり》を確信していたと思いますか。

アイトマートフ　確信していたと思います。ただし、ロシアの冬の厳寒《げんかん》は、ヒトラーにとって致命的《ちめいてき》でした。

マリア夫人　ロシアの人は寒いのには慣《な》れてますから（笑い）。

池田　甘《あま》く見ていましたね。傲《おご》りがあった。それまで、勝ちに勝っていたから。貴国《きこく》の方々の英雄的《えいゆうてき》抵抗も有名です。

アイトマートフ　（ナポレオンとヒトラーの）二つの歴史には、さまざまな教訓《きょうくん》があります。重要なのは、敗者《はいしゃ》だけが教訓を得るのではなく、勝者《しょうしゃ》もまた貴重《きちょう》な教訓を得なければならないということです。

「さあ勝った。次も勝つぞ」だけではダメなのです。「この勝利のために、どれだけの犠《ぎ》牲《せい》を払ったか」という思いがなければ。

池田　その通りです。本当は、戦争に勝者も敗者もありません。皆、敗者です。

「文化の英雄」を育てたい

アイトマートフ　ロシアにジューコフという元帥《げんすい》がいました。元帥はいつも、自軍の兵力《へいりょく》が敵の三倍から四倍にならなければ戦いを始めませんでした。なぜか？　元帥は知っていたのです。「先を進む兵士は皆、死ぬものなのだ。その犠牲《ぎせい》の上にこそ勝利《しょうり》がある」と。戦争ならば、犠牲は当たり前なのかもしれない。しかし、ジューコフ元帥にとっては当たり前ではなかった。彼は、決して「犠牲の上の勝利」は望まなかったのです。

池田　指導者の根本《こんぽん》問題です。創価学会も「一人の犠牲も出さない」という決心でやってきました。そのために、私ひとりが犠牲になる覚悟《かくご》でした。

アイトマートフ　創価学会の運動は、じつに人間的です。内面的な「理想」と「哲学性」を追求《ついきゅう》する運動です。この運動は、まかりまちがっても、若者を「戦争の英雄《えいゆう》」へと駆《か》り立てていくことはありません。

若者を、本当の意味での「英雄」に育てていくことが大事です。それを実行しているのが創価学会です。

池田　公正《こうせい》な〝眼〟に感謝します。おっしゃる通り、「文化の英雄」「平和の英雄」を私は死にものぐるいで育てています。

アイトマートフ　世界には今、自国のことだけの「狭《せま》い愛国心」を育てようとする風潮《ふうちょう》があります。非常に危険です。

池田　そうです。日本でも同じです。本当は、「全人類《ぜんじんるい》」への貢献《こうけん》を教えなければならない。

「地球憲章」アジア版
池田会長に　ぜひ起草《きそう》を――ゴルバチョフ氏、ロックフェラー氏

アイトマートフ　創価学会は、創価学会だけのことではなく、地球のこと、地球の運命のことを考えておられる。そこで、きょう池田先生に、どうしてもお伝えしなければいけない「要請《ようせい》」を、私は託《たく》されているんです。

今、ゴルバチョフ氏とロックフェラー氏らが「地球憲章《けんしょう》」を作成していますが、その〝アジア版〟となるものの準備も進めています。各国には各国の問題があります。アジア

にもアジアの問題がある。アジアの人々のための憲章《けんしょう》をつくりたいからです。その起草《きそう》について、ぜひ池田先生に協力してほしいという要請《ようせい》を、お二人から託《たく》されたのです。

池田 光栄です。

アイトマートフ さきほど、「永遠《えいえん》の雪」の若者の話をしましたが、「永遠の雪」といっても、日本の人には、ピンとこないかもしれません。どちらかというと、日本では、積もった雪は、すぐに解《と》けて流れますが、私たちの国では、〝一滴《いってき》、一滴〟しか解けないのです。それが集まって、キルギス周辺の国々を潤《うるお》している。

もしも、地球の温暖化《おんだんか》や核《かく》実験の影響《えいきょう》で変化してしまえば、人々は、生きていけないのです。それが中央アジアの現実です。

人間は自分の健康を心配しますが、地球の健康を心配しなければならない。人間は、これまで地球を使うばかりでしたが、その前に、地球を思いやらなければなりません。

池田 含蓄《がんちく》のある言葉です。「地球憲章」、喜んで、総力をあげて取り組ませていただきます。ゴルバチョフ氏、ロックフェラー氏に、よろしくお伝えください。

また、すでに始めていると言ってもいいと思います。

〈アメリカの「ボストン二十一世紀《せいき》センター」では、SGI会長の提言を受け、憲章《けんしょう》の国連での採択《さいたく》を目指して、意識啓発《けいはつ》のための諸会議、市民集会等を重ねている〉

人間的政治家

池田　ロシアの過去の皇帝《こうてい》、政治家の中で、評価《ひょうか》する人物はだれですか。

アイトマートフ　ソ連時代の誕生から終わりまで言うなら、やはり、レーニンは優《すぐ》れていました。国家を創設《そうせつ》したという意味において。また、善悪《ぜんあく》は別にして、スターリンは完全な独裁《どくさい》体制を確立したという点で、力ある政治家だったと言えるでしょう。

そして、やはりゴルバチョフです。彼は歴代《れきだい》のソ連指導者の「悪の遺産《いさん》」を、ずっしりと背中に負《お》いながら、ソ連が崩壊《ほうかい》し、歴史から消えゆく場面を「人間的なもの」にしました。ゴルバチョフは、私と池田会長の共通の友人です。私たちはともに、そのことを知っています。

池田　おっしゃる通りです。

アイトマートフ　その点に関連して、お話ししたいことがあります。

池田　ぜひ、お願いします。

個人の幸福と社会の繁栄が一致
魂が光る「人間主義」を

「兵士の命の尊さを、彼らは忘れた」

アイトマートフ　つい最近――といっても九月ですが、ロシアのクリミア半島で国際会議がありました。中部で見せていただいた素晴《すば》らしい「世界青年平和文化祭」と同じく、「世界人権《じんけん》宣言」五十周年を記念するものです。

私は、冒頭《ぼうとう》演説をしたのですが、この会議の開会式が行《おこな》われたのが、ヤルタのリヴァディア宮殿《きゅうでん》です。そのホールはまさしく、一九四五年、チャーチル（イギリス）とルーズベルト（アメリカ）とスターリン（ソ連）が「ヤルタ会談」を行った場所だったのです。

このチャンスを利用して私は、次のようにスピーチしました。

「過去、この同じホールで、三人の巨頭《きょとう》が会談し、当時の世界の運命を決めました。思うように、世界を分割《ぶんかつ》しました。この会談が行《おこな》われたのは、スターリンにとって、戦争の前線で生まれる数多くの犠牲者《ぎせいしゃ》に終止符《しゅうしふ》を打つためでした。無数の兵士が死んだのは、チャーチルとルーズベルトの軍隊でも同じことです。

しかしです。会談の時、三人が思っていたのは、死んでいった兵士のことではありませんでした。『だれが世界を牛耳《ぎゅうじ》るか』ということでした。塗炭《とたん》の苦《くる》しみを負《お》わされた兵士の『生命』を一番に尊重《そんちょう》する考えは、その時代には存在していなかったのです。

そうした時代を経《へ》て、私たちは今、まったく違《ちが》う時代に生きています。皆が個人の権利《けんり》、個人の尊重を叫ぶようになった。非常に大きな『時代の明暗《めいあん》』です」――

それに続いて私は、こう言いたかったのです。

「しかし、はたして『権利』を主張するだけでいいのか。『権利』は『義務《ぎむ》』に裏《うら》づけられるべきではないか。『権利』は主張するが、だれも『責任』を負わず、『義務』を果たそうとしない。それが、私たちの直面している『現代の問題』ではないか」と。

池田　全面的に賛成です。「全体主義《しゅぎ》」でも「責任なき個人主義」でもいけない。〝個人の幸福と社会の繁栄《はんえい》が一致する〟人間主義《しゅぎ》でなければなりません。

氏は「池田先生は、人類《じんるい》全体を大事にして、人類の生命を第一に考えてこられました。『一人の人間を大事にする』ヒューマニズムであると思います」として、「武器《ぶき》の売買《ばいばい》」について何か発言してほしいと要望。「今、大変に心配している問題なのです。どうしたら、これを止めることができるのか――」。

会長は「根本《こんぽん》中の根本の問題です。人類の『悪業《あくごう》』が集約《しゅうやく》されている。この流転《るてん》を止めることは、並大抵《なみたいてい》のことではないでしょう」と応じた。そのうえで、「この問題に対する答えは、明年（一九九九年）の1・26『SGIの日』記念提言のなかで取り上げ、力を入れて論じる予定です。重大な問題です。さまざまな利害《りがい》が、からみ合っているし、じつに難《むずか》しい。しかし何らかの〝一歩〟を始めなければならないでしょう」と述《の》べた。

共に前へ前へ

アイトマートフ　先生に小さな写真集を持ってまいりました。〈ドイツで出版された『ア

イトマートフと彼の大地』。家族とキルギスの自然を写真家が写したもの〉

池田先生撮影《さつえい》の写真集は、とても文化の薫《かお》りが高いことは、よく存じ上げていますので、気が引けるのですが……。

これは私の七十歳を記念したものです。献辞《けんじ》を、こう書きました。

「親愛《しんあい》なる池田先生。私とあなたが同じ年代であり、同じ時代を生きていること、それは運命にほかなりません。私と先生が同じことを考え、思索《しさく》している。それは、あなたの精神の高さに支えられているからにほかなりません」

写真集というより、この言葉を伝えたいのです。私の心からの願い、気持ちを表現したものです。

池田　あまりにも寛大《かんだい》な、深い、高貴《こうき》なお心に感謝します。「魂《たましい》の光」のプレゼントです。

――アイトマートフ氏夫妻は、「もうひとつの贈り物があるんです」として、「飛び立つイルカ」の置き物を渡した。こう語《かた》りながら。

「池田先生の七十歳をお祝いするプレゼントです。イルカの彫像《ちょうぞう》です。勢《いきお》いよく、前へ飛びだそうとしています。この姿は、さらにさらに、未来へと飛躍《ひやく》していく池田先生の姿を表しているのです！」

プロフィール

一九二八年十二月生まれ。キルギス農業大学卒業。ソ連作家同盟文学研究所高等文学課程修了。畜産技師として働きながら文筆活動に入る。一九五七年、ソ連作家同盟会員に。五九年、共産党入党。六三年に『山と曠野のものがたり』でレーニン賞、六八年、国家賞を受賞。「キルギス文学」編集長を経て、八三年キルギス作家同盟議長、八八年「外国文学」誌編集長。『処刑台』をはじめ、『一世紀よりも長い一日』『カッサンドラの烙印』などがある。作家。キルギス科学アカデミー会員。

一方、ペレストロイカの旗手的存在として活躍。ソ連人民代議員（八九年～九〇年）、大統領評議会メンバー、駐ルクセンブルク（ソ連・ロシア）大使（九〇年～九三年）を経て、駐ベルギーのキルギス共和国ベネルクス諸国大使を務める。

今、アフリカは黎明《れいめい》!!「午前六時の太陽」が昇る!!

タンザニア　大統領
ベンジャミン・ウイリアム・ムカパ氏
1998年12月14日（聖教新聞社）

「二十一世紀《せいき》の大陸」から、ようこそ！――池田SGI会長夫妻は、東アフリカの「タンザニア連合共和国」のムカパ大統領とアンナ夫人一行の来訪《らいほう》を、聖教新聞社で歓迎した。一行は、メグジ天然資源《しげん》・観光大臣、アリ・ザンジバル政府地方行政大臣をはじめとする政府代表。語《かた》らいは、恩師《おんし》である初代大統領の志《こころざし》を継《つ》いで「第三代」として国家の発展に尽《つ》くすムカパ大統領の行動をめぐって。「師弟《してい》の精神」がある国の安定と発展が話題になった。

席上、大統領に「創価大学名誉博士」の学位が贈られ、大統領は記念のスピーチの中で、「私たちは『創価の哲学』を共有しています」「人類《じんるい》が『啓発《けいはつ》』と『希望』の新世紀《しんせいき》を切り開くために、国際社会は池田博士のような方をもっと必要としています」等と語《かた》った。

「創価の哲学」を私達は共有――ムカパ
「師弟の精神」がある国は発展――池田

池田　ようこそ、おいでくださいました！　民間団体である私どものもとへ、わざわざ来訪《らいほう》してくださることは、この上ない光栄です。

ムカパ　温《あたた》かい歓迎に感謝します！

池田　天も、見事に輝《かがや》いています！　貴国《きこく》を愛する青年と学生たちも「最大に歓迎したい」と、お待ちしておりました。

――聖教新聞社のロビーでは、創価大学のパン・アフリカン友好会が「ボンゴ、ボンゴ、ボンゴ、ボンゴ」と太鼓《たいこ》の響《ひび》きで歓迎。タンザニア国歌をスワヒリ語で歌う。

〜英知・統一・平和　これらがアフリカと我らを守る盾《たて》となりますように

アフリカに祝福を

アフリカに祝福を

アフリカの子どもたちに祝福を……

聴《き》き入りながら、青年たちの真心《まごころ》に喜びを隠《かく》さない大統領一行。

この日「十二月十四日」は、タンザニアにとって、深き意義のある日。念願の独立を果たした直後、国連総会の晴れの舞台《ぶたい》で、ニエレレ初代大統領が、独立記念のスピーチをした日である。国際社会への「第一声」であった。

「私たちは、『独立』が世界的責任を伴《ともな》うことを知っています！」

「私たちの活動の基本は何か。それは『人間の尊厳《そんげん》』を、どこまでも尊重《そんちょう》する挑戦《ちょうせん》です。すべての人類《じんるい》は『ひとつ』であると私たちは信じます。

〽タンザニアに祝福を　自由と統一が守れますように――一行を、創大生らが国歌で歓迎。スワヒリ語の歌声に、大統領の顔がほころぶ（聖教新聞社で）

宗教・政治上の違《ちが》いはあります。しかし『共通する人間性』に比べれば、とるに足りません」

「私たちは『人種差別は悪《あく》』と信じます。『世界人権《じんけん》宣言』を内外の政治に活用すべきです！」

池田　ムカパ大統領は、「建国《けんこく》の父」であり「アフリカの賢人《けんじん》」と呼ばれる初代大統領の〝右腕〟として活躍《かつやく》してこられた。初代大統領が「高校時代の恩師《おんし》」であることも有名です。

それ以来、美しい〝師弟《してい》の劇《げき》〟をつづってこられた。

キリマンジャロの山頂に光を！

会見前、大統領を待ちながら、集《つど》った青年に池田SGI会長は語《かた》った。

「タンザニアのニエレレ初代大統領の悲願《ひがん》は何であったか。『かなた国境《こっきょう》に輝《かがや》くキリマンジャロの山頂《さんちょう》に、光を掲《かか》げよう！ 絶望《ぜつぼう》あるところに希望を、憎《にく》しみあるところに愛を、屈辱《くつじょく》あるところに尊厳《そんげん》をもたらす光を灯《とも》そう！』。これです。

〈「キリマンジャロ」はスワヒリ語で「輝く山」の意味〉

崇高《すうこう》です。偉大です。そこから、始まったのです。

その『光』を受け継《つ》いだのが今の大統領です。だから強い。権力闘争《けんりょくとうそう》ではなく〝師弟《してい》〟という〝精神の継承《けいしょう》〟だから強い」と。

建国の父の〝魂〟を継いだ第三代大統領

池田　ムカパ大統領は「第三代」の大統領。次元《じげん》は違《ちが》いますが、私も「第三代」であり、親しみを覚《おぼ》えます。

中国の古典《こてん》に、こうあります。「一は二を生《しょう》じ、二は三を生じ、三は万物《ばんぶつ》を生ず」（『老《ろう》子《し》』）と。初代を原点にして、限りない発展の道を開くか。それとも理想を挫《ざ》折《せつ》させてしまうのか。「第三代」は分かれ道です。「第三代」で決まります。

そして見事に、ムカパ大統領は「二十一世紀《せいき》の勝利《しょうり》」の盤石《ばんじゃく》な基《き》礎《そ》を築かれました。

ムカパ　ありがとうございます。

池田　一切は後継者《こうけいしゃ》で決まります。そのことを私は、キューバのカストロ議長にも率直《そっちょく》に申し上げました。「カストロ議長、後継者は、どうなっておりますか」と。ハバナの革《かく》命宮殿《めいきゅうでん》で、二人で二時間近く語《かた》り合いました（九六年六月）。

私は言いました。「初代は偉大です。しかし、その理想を完成させるために、大事なのは第二代であり、なかんずく第三代です。三代まで固《かた》めれば、恒久性《こうきゅうせい》ができます。後は、ずっと続いていきます」と。

その意味で、貴国《きこく》の未来は明るい。「アフリカの世紀」二十一世紀へ向かって、立派に離陸《りりく》されました。

この日、創価大学の名誉博士になった大統領は記念のスピーチの中で語《かた》った。

「きょうの栄誉《えいよ》を『アフリカ人』として拝受《はいじゅ》いたします」

「創価大学は、異文化を結びつけ、平和をつくる〝橋〟です。私は、それに共感《きょうかん》します。『人類《じんるい》への奉仕《ほうし》』こそが私のイデオロギーだからです」

「池田博士は書かれました。『二十一世紀《せいき》はアフリカの世紀になる』と。今、アフリカの行く手には光が見えてまいりました」

「生命、幸福、自由、あらゆる人の、そして人類家族のための『正義《せいぎ》』——この目的に向かう池田博士の戦いに、私も、また我が国の同胞《どうほう》も、ともに参加いたします！」

池田博士の「人類への奉仕」に感謝

池田　創大の名誉博士になっていただき光栄です。

ムカパ　私こそ、この上ない栄誉であり、感謝いたします。また、私は何より、池田会長が人類《じんるい》のために奉仕《ほうし》してくださっている、さまざまなことに対し、感謝したいのです。

池田　もったいないお言葉です。

創価大学・短大をはじめ東西の創価学園、日本・香港《ホンコン》・マレーシア・シンガポールの幼稚園、そしてアメリカ創価大学の学生や教職員たちが、みんな、きょうの日を喜ぶことでしょう。そして、ぜひ、いつの日か、創価大学にお越しください。

佳《よ》き日を選んで、記念の「桜」を八王子《はちおうじ》に植樹《しょくじゅ》させていただきたい。春には何千本という桜花《おうか》とともに咲き香《かお》ることでしょう。

ムカパ　ありがとうございます。

池田　今の素晴《すば》らしいスピーチにあったように、アフリカに新しい光が差し始めました。日本は、もっともっと謙虚《けんきょ》に、アフリカと貴国《きこく》を大切にすべきです。

ムカパ　私たちの国は、日本から見れば、経済的に「小さな国」ですから。

池田　〝経済〟だけで国の偉大さは決められません。日本は傲慢《ごうまん》になっています。だから今、だんだん闇《やみ》に向かっています。それに対して、貴国は「朝」です。アフリカの「夜《よ》明《あ》け」です！

中国の毛沢東《もうたくとう》主席は、「午前八時の太陽」と言いましたが、アフリカは、貴国《きこく》は「午前六時の太陽」ではないでしょうか！ 二十一世紀《せいき》は「アフリカと中国の世紀」になる——これが、何十年も前からの私の信念なのです。

ムカパ　ありがとうございます。ぜひ、池田会長に我が国を訪問していただきたい。

前世代の基礎の上に発展させる責任

池田　ありがとうございます。ムカパ大統領は今年（九八年）四月、中国を訪問し、江沢《こうたく》民《みん》主席と会見されましたね。大統領の中国訪問は、三度目。貴国と中国との三十年来の外交関係は、よく知られています。

ムカパ　その通りです。

池田　会見で江主席が、長年にわたる友好の歴史にふれると、大統領は、次のように応じられたと、うかがいました。

「毛沢東、ニエレレ初代大統領など、『第一世代の指導者』は、両国の友誼《ゆうぎ》の堅実《けんじつ》な基礎《きそ》を築きました。『第二世代の指導者』は、両国の友誼を一心に育《はぐく》みました。『第三世代の指導者』として、我々は、友誼《ゆうぎ》を維持《いじ》し、発展させる重責《じゅうせき》を担《にな》っています」と。ご謙虚《けんきょ》で、かつ責任あるお言葉です。先人《せんじん》の業績《ぎょうせき》を受け継《つ》ぎ、伸ばそうとしておられる。

江《こう》主席とは、私も四度、お会いしました。

〈九八年十一月二十六日、SGI会長は、国家元首《げんしゅ》として史上初の来日を果たした江主席と、迎賓館《げいひんかん》で単独《たんどく》会見を行《おこな》った〉

指導者が「清潔」「謙虚」「奉仕」の国民は幸福

池田　私は、大統領の素晴《すば》らしい業績を、日本の指導者をはじめ多くの人に紹介したいのです。大統領は「ミスター・クリーン」と呼ばれています。汚職《おしょく》を見事に一掃《いっそう》されました。清廉《せいれん》な大統領として世界的に有名です。

「公務員制度の改革《かいかく》」や、「市場《しじょう》経済への移行《いこう》」を推進された。九四年には、約三三パーセントもあったインフレ率も、現在では三分の一に低下《ていか》させました。今後も、順調な経済成長が予想されています。

ムカパ　池田会長の雄弁《ゆうべん》さがあれば、我が党で立候補するよう指名を受けるにちがいありません（爆笑）。

池田　「ユーモアのセンスも抜群《ばつぐん》」という評判通りですね（爆笑）。

謙虚な人柄と大胆《だいたん》な行動力

大統領は今年（九八年）六十歳だが、激しい仕事ぶりに「ミスター・タフガイ」とも呼ばれている。また「誠実で理知的《りちてき》。清潔《せいけつ》で勤勉《きんべん》な人柄《ひとがら》」「謙虚《けんきょ》でありながら、大胆な行動力を持つ」と評《ひょう》されている。

外交通でもあり、タンザニア史上、最《もっと》も長い間、外務大臣を務《つと》めた。大統領就任後《しゅうにんご》も、アフリカ諸国《しょこく》はじめ世界各国を歴訪《れきほう》し、積極的な外交を展開してきた。現在では、アフリカの紛争《ふんそう》予防、平和的解決などにも活躍《かつやく》している。

池田　大統領は、東アフリカの「平和と安定」の実現にも尽力《じんりょく》されてきました。この十月にも、コンゴの紛争解決のため、隣国《りんごく》ルワンダの大統領らと会見されています。

また、ブルンジの「難民《なんみん》キャンプ」を訪問するなど、地域の平和実現に奔走《ほんそう》されてきました。敬意《けいい》を表します。

ムカパ　ご理解に感謝します。

池田　私が何より感動するのは、大統領の「謙虚《けんきょ》さ」です。偉大な方は謙虚です。威張《いば》る指導者は、もうそれだけで失格です。

大統領は、常に国民に対し、「私のことを『同志』と呼んでほしい」と訴えておられる。「大統領も国民も、皆、平等であり、国民のために謙虚に尽《つ》くすことによってのみ、指導者は尊敬されるに値《あたい》する」と。何と素晴《すば》らしい哲学でしょうか。

〈大統領は新聞やテレビなどでも、「大統領という理由だけで、大きな扱《あつか》いを受ける」ことを嫌《きら》っている〉

行動する夫人

池田　ぜひとも、ご夫人のことにも触《ふ》れさせていただきたいのですが。ＳＧＩにも、たくさんの女性がいます。婦人部があらゆる面で〝中心〟でもあるのです（笑い）。

ムカパ　どうぞ、どうぞお願いします（笑い）。

池田　アンナ夫人は、タンザニアの名門《めいもん》「タボラ女子高校」を卒業されました。「ダルエスサラーム技術短期大学」で秘書科を修了《しゅうりょう》された後、イギリスの「ピトマンス短期大学」に進学。フランス、アメリカにも留学《りゅうがく》され、国際経験が豊富でいらっしゃる。そして「ダルエスサラーム大学」「国家開発公団《こうだん》」「国際労働機関《きかん》事務所」などに勤務した後、ユニセフ（国連児童基金《ききん》）のダルエスサラーム事務所に勤務されました。以後、ご主人が大統領に就任《しゅうにん》される九五年まで、ユニセフで働いておられた――。

ムカパ　その通りです。改《あらた》めて池田会長に語《かた》っていただくと、なんだかとても新鮮《しんせん》に聞こえます（笑い）。〝新しい妻〟をもらったかのようです！（爆笑）。

池田　大統領のような明るさがあれば、どこの夫婦も、いつも〝新しい〟でしょうね！（爆笑）。

大統領夫人となられてからは、男女平等《びょうどう》のために「機会均等信託基金《きかいきんとうしんたくききん》」などのNGO（非政府組織）を設立して、挑戦《ちょうせん》されている。行動しておられます。

アンナ夫人　ありがとうございます。

すべての村に学校を!!
教育の〝光〟で貴国は明るい

池田　貴国《きこく》はこれまで、国民の教育に大きな力を注《そそ》いでこられました。特に、「建国《けんこく》の父」である初代大統領が、全国のすみずみに小学校を設置《せっち》したことは有名です。これによって、多数のエスニック・グループの間に、スワヒリ語を普及《ふきゅう》し、定着させた——。「識字《しきじ》教育運動」を積極的に進めたこともあって、現在、タンザニアは、アフリカ諸国《しょこく》のなかでも「群《ぐん》を抜いた識字率」を誇《ほこ》っておられます。〈独立当時は一五パーセントだったが、九八年では八五パーセントを超《こ》えている〉

——ニエレレ初代大統領は、貧困《ひんこん》・無知《むち》・病気という「三大悪《あく》」と戦った。ニエレレ大統領の愛称《あいしょう》は「マリム（先生）」。人々は、深い敬愛《けいあい》を込めて、こう呼んだ。

独立まもないタンザニアを訪《おとず》れたある日本人ジャーナリストは、町中に張られた「勉強せよ！」というポスターに驚《おどろ》いたという。大統領自《みずか》らが、スワヒリ語で国民に呼びかけている姿がポスターになっていたのである。

「愛のロケット」を同胞に送ろう

池田　貴国《きこく》は、経済的には厳《きび》しい試練《しれん》を受けながらも、独立以来、一度も政変《せいへん》やクーデターが起きていない「平和で穏《おだ》やかな国」として有名です。また「アフリカ最大の難民《なんみん》の受け入れ国」としても貢献《こうけん》してこられた。

――長年にわたって周辺国からの何十万という規模《きぼ》の難民を受け入れ、その多くに定住を認めている。近年、大量難民の受け入れにより、環境破壊《かんきょうはかい》などが深刻化《しんこくか》しているが、強制送還《きょうせいそうかん》などは行《おこな》わず、人道的《じんどうてき》な立場から対応している。

池田　国家のモットーは「自由と団結」。民主主義《みんしゅしゅぎ》の根本《こんぽん》です。

――初代大統領は、語《かた》った。「私たちは、他の国のように、月にロケットを送ることはきるのです！」と。
できません。しかし、どこであれ、私たちの同胞《どうほう》に、愛と希望のロケットを送ることはで

池田 貴国《きこく》には地下資源《しげん》もあります。金やダイヤモンドも採《と》れるんですね。

ムカパ 最近では、ダイヤより金のほうが採れるんですよ！

池田 そうですか！ ともあれ大統領を国民の皆さんが支援《しえん》しています。二〇〇〇年までの現在の任期はもちろん、その先までのご活躍《かつやく》を、お祈りいたします！

――和《なご》やかに、誠実に、そして笑いが絶《た》えない語《かた》らいであった。

SGI会長はトインビー博士との対談集（スワヒリ語版）を贈った。同書でも、会長は『未来の大陸』であるアフリカ大陸が、今後、人類《じんるい》の未来に果たす役割はきわめて大きい」と強調している。

トインビー博士は、会長に賛同《さんどう》し、こう語った。

「（アフリカが）〝未来の大陸〟の一つになることは間違《まちが》いないことです。われわれ人類の

祖先《そせん》は、東アフリカのどこかで、初めて人間として出現したと信じられています。したがって、東アフリカに生まれる未来の世代は、もう一度、人間生活における中心的役割を演《えん》じることになるかもしれません。いずれにせよ、アフリカ人種は、未来の人類《じんるい》の営《いとな》みにおいて、精神的、知的、肉体的の各分野《ぶんや》で重要な役割を担《にな》うことになるでしょう」(『池田大作全集 第三巻』)

そして〝その日〟が――〝アフリカの世紀《せいき》〟が近づいてきた。

会談を終えた大統領一行を、創価大学パン・アフリカン友好会のメンバーと青年部の代表が、東アフリカの愛唱歌「マライカ」を歌って見送った。すると大統領は、満面《まんめん》の笑顔で青年たちの列の中へ。アンナ夫人も続いた。両側の学生と手をとり合い、一緒に腕を振り、体を揺《ゆ》らして歌った。

〽マライカ　ナクペンダ　マライカ(おお天使よ　私の愛する天使よ)……

感動の光景を、喜び見守るSGI会長夫妻。

〽おお小鳥よ　私のかわいい小鳥よ……

「二十一世紀の大陸の指導者」と「二十一世紀の主役」たちが、優《やさ》しい歌の響《ひび》きの中に、ひとつになった。

プロフィール

一九三八年生まれ。ウガンダのマケレレ大学で英語学等を学んだ後、ニューヨークのコロンビア大学へ。国際関係と外交を専攻し、修士号を取得。新聞社の編集長を経て、タンザニア連合共和国でニエレレ初代大統領の報道担当官に。ナイジェリア、カナダ、アメリカの大使、外務大臣、情報文化大臣、科学技術・高等教育大臣を歴任。九五年、初の複数政党による大統領選で当選。第三代大統領に就任した。九七年の国連環境特別総会では、途上国でつくる七十七カ国グループの議長国も務めている。

1999

韓国　国立済州大学教授団

レスター・C・サロー氏

（アメリカ　経済学者、マサチューセッツ工科大学教授）

済州《チェジュ》島は「東洋のハワイ」
「心が通う」韓日交流を!!

韓国　国立済州大学教授団
1999年1月22日（東京牧口記念会館）

美しき「東洋のハワイ」――韓国《かんこく》の済州島にある国立「済州大学」から池田SGI会長に「名誉文学博士号」が贈られることが決定した（九九年五月十七日授章）。これはSGI会長の「未来指向《しこう》の歴史観で韓日《かんにち》友好を増進」「世界の指導者と対話」「仏法基調の平和・文化・教育運動」「創価大学をはじめ人間教育への尽力《じんりょく》」を高く評価《ひょうか》したもの。

済州大学の呉萬元《オマンウオン》教授はじめ代表団が来日し、交流校である創価大学を訪問。創立者《そうりつしゃ》のSGI会長は東京牧口記念会館で歓迎し、「済州島の不屈《ふくつ》の民衆史《みんしゅうし》」「教育次元《じげん》での韓日の連帯《れんたい》」などを語《かた》り合った。

池田　「兄」である済州《チエジュ》大学から、「弟」の創価大学へ、ようこそ、おいでくださいました！　これから、「兄の大学」から、たくさんのことを教えていただき、ご指導していただきますよう、心から念願しております。

呉教授　こちらこそ、空港に着いた時からずっと、皆さまの心温《あたた》まる歓迎、ありがとうございます。

池田会長は韓国と人類のために貢献――呉
韓国は文化大恩の国と尊敬――池田

――ＳＧＩ会長は、東京牧口記念会館から見える「月光の丘」を指さしながら、「ここ

「兄の済州大学から弟の創価大学へようこそ！」。「三麗〈さんれい〉の島」からの来訪を歓迎し、「麗しき韓日の友好」への情熱を語る（東京牧口記念会館で）

は春になると、何千という桜が咲くんです。たくさんの梅も咲き香《かお》ります。きょうのご訪問の歴史をとどめる先生方の『梅』と、『済州《チェジュ》大学の桜』を、よき日を選んで、ぜひ植樹《しょくじゅ》させていただきたい」と語《かた》った。

席上、呉《オ》教授は、趙文富《チョームンブ》総長からの親書《しんしょ》をSGI会長に手渡すとともに、こう語った。「池田先生は核兵器《かくへいき》の撤廃《てっぱい》に尽《つ》くし、平和のための多くの建物を建てられ、文化と教育を興隆《こうりゅう》させてこられました。

世界の平和のために、さまざまに行動してくださいました。人類《じんるい》のために献身《けんしん》してくださる先生に、心から敬意《けいい》を表します」

七百年前の大恩

池田　私は思います。日本は貴国《きこく》に対し、一段と深い反省をしながら、一段と深い友好を結んでいかねばならない。そういう時期を迎えている、と。

まず最初に、貴国に対する感謝を述《の》べさせていただきたい。

それは七百年前の「大恩《だいおん》」についてです。貴国の民衆《みんしゅう》は強い。正義《せいぎ》のために徹底《てってい》して戦い抜く強さがある。日本人はこれを知らず、傲慢《ごうまん》にも貴国を見下《みくだ》しました。

十三世紀《せいき》の蒙古《もうこ》の侵略《しんりゃく》。これに対しても、貴国の方々は、猛然《もうぜん》と抵抗を貫《つらぬ》かれた。

侵略を受けてから四十二年もの間、「三別抄《サムビョルチョ》」と呼ばれる義勇軍《ぎゆうぐん》を中心として、勇敢《ゆうかん》なる民衆は、最後まで抵抗し、戦い続けました。

呉教授　その通りです。

池田　高麗《こうらい》王朝が蒙古と講和《こうわ》を結んでも、草の根の民衆たちは、断じて屈服《くっぷく》しませんでした。その勇者たちが、正義の人々が、最後の砦《とりで》として戦い抜いた地こそ、「済州島《チェジュ》」です。一二七一年から一二七三年の間、貴国の義勇軍は、済州島を最後の戦場として、強大《きょうだい》な敵軍《てきぐん》と死闘《しとう》を繰《く》り広げ、壮烈《そうれつ》に殉《じゅん》じていきました。

済州島《チェジュ》には、尊《とうと》い先人たちの不屈《ふくつ》の勇気を顕彰《けんしょう》する「抗蒙殉義《こうもうじゅんぎ》の碑《ひ》」があると、うかがいました。

絶対《ぜったい》に私たち日本人が忘れてならないことは、〝貴国《きこく》の民衆《みんしゅう》が、済州島で、決死の闘争《とうそう》を続けてくれたからこそ、その間、日本は蒙古《もうこ》から守られた〟という事実です。これを日本人は知らねばならない。断じて、その恩義《おんぎ》を忘れてはならない。

義勇軍《ぎゆうぐん》の戦いがなければ、日本への最初の蒙古襲来《しゅうらい》は、少なくとも三年は早かったと推定《すいてい》されています。

蒙古襲来

済州島の抵抗ありて 日本は守られた

池田　さらに、貴国の人々は敢然《かんぜん》と、蒙古の日本遠征《えんせい》用の軍船を焼き払ったり、造船所を襲撃《しゅうげき》しました。その分だけ蒙古の日本襲来は遅れ、蒙古の勢力《せいりょく》も弱まりました。

その後、九州に攻《せ》めてきた蒙古の船が暴風雨《ぼうふうう》によって、もろくも壊滅《かいめつ》したのは、なぜか。それは、蒙古《もうこ》に抵抗する船大工などが、わざと手抜き工事をして、船を壊《こわ》れやすいようにしておいてくれたおかげではないか——そう歴史家は推測《すいそく》しています。

また、日本で発見された歴史的文書（高麗牒状《こうらいちょうじょう》不審条々）から推測すると、貴国《きこく》の義勇《ぎゆう》軍《ぐん》が日本に対し、「ともに手を結んで、蒙古の侵略《しんりゃく》に立ち上がろう！」と呼びかけたようです。

しかし、残念なことに、日本の権力者《けんりょくしゃ》には国際情勢への認識が、ほとんど欠落《けつらく》していました。まして、隣国《りんごく》の民衆《みんしゅう》からの呼びかけに、誠実に応えていこうという外交力もなければ、信念も、哲学もなかった。この体質は、根が深いのです。

ちょうどその当時、私どもが信奉《しんぽう》する日蓮大聖人は、世界の情勢を的確に把握《はあく》し、当時の権力者の傲慢《ごうまん》を真《ま》っ向《こう》から諌《いさ》め、正していったのです。だから難を受けました。今も原理は同じです。

私が貴国《きこく》を「師匠《ししょう》の国」と敬愛《けいあい》するのも、日蓮大聖人が、そう言われているからです。大聖人は、戦争によって苦《くる》しむ貴国の民衆に対して、胸を痛め、心を砕《くだ》いておられた。

ともあれ、貴国の大恩《だいおん》は幾重《いくえ》にも深い。これは歴史的事実です。

七百年の歳月を超《こ》えて、私どもは済州島《チェジュ》をはじめ貴国《きこく》の先人たちに感謝申し上げるとともに、仏教者として追善《ついぜん》の祈りを捧《ささ》げたい。日本人は弱い。弱いから、強く見せようとする。ゆえに、貴国の民衆《みんしゅう》の真の強さに学びたい。

そして二十一世紀《せいき》へ、人間主義《しゅぎ》の「平和と正義《せいぎ》の連帯《れんたい》」を、大学という「教育」の次元《じげん》を通して深めてまいりたい。そう心から念願しています。

SGI会長は、呉《オ》団長一行の訪問に、重ねて感謝を述《の》べながら、六人の教授の業績《ぎょうせき》を称《たた》えた。

呉萬元《オマンウオン》団長は、済州大学の学生部長で体育学科教授。日本の筑波大学で博士号を取得《しゅとく》。専攻《せんこう》は「発達運動学」「体育測定評価《ひょうか》」。現在、韓国《かんこく》発育発達学会の会長も務《つと》める。

論文に「韓国青少年の身体的発育発達に関する継続《けいぞく》的研究」「運動行動における、高技術水準のハンドボール選手に対する体力及び技術領域《りょういき》の影響《えいきょう》」などがある。

池田会長は、「青少年の発育は重大な問題です。日本の若者も身体的な衰《おとろ》えがさまざまに指摘《してき》されています。肥満《ひまん》とか、成人病とか。真剣に抜本的《ばっぽんてき》対策を考えなければならない段階に入っています」と述《の》べた。

また、方益燦《パンイクチャン》博士は、海洋学科教授。ソウル大学卒業後、アメリカのフロリダ州立大学で海洋学の博士に。

また、高昌壎《コーチャンフン》博士は、行政学科教授で、島文化研究所の所長。高麗《こうらい》大学で、博士号を取得《しゅとく》。

池田会長は「韓国《かんこく》でも屈指《くっし》のレベルを誇《ほこ》る海洋科学学部の先見性」と「島文化研究所の業績」をたたえ、「将来《しょうらい》、アメリカ創価大学に海洋学部をつくる」構想を語《かた》った。

高博士からは、「博士論文では、韓国の三人の改革者《かいかくしゃ》、趙光祖《チョーグアンジョ》、全琫準《チョンボンジュン》、丁若鏞《チョンヤギョン》を論じました」と紹介があった。英文学科の邊明燮《ピョンミョンソプ》教授は、カナダのビクトリア大学卒業後、アメリカのイリノイ大学で修士号を。専門は社会言語学。

池田　社会言語学——探究《たんきゅう》は面白《おもしろ》いですか？

邊教授　はい。通常、我々が学校で学ぶ言語学とは、文法などの言語構造です。しかし、社会言語学とは、社会で使われる「生きている言語」を扱《あつか》います。だから面白いのです。

池田　英語、ドイツ語、フランス語……世界各国で様々な言語が発生していますが、その根源《こんげん》のようなものがあったのでしょうか。

邊教授　学界で結論が出ていない問題です。

こういう学者の仮説《かせつ》があります。

いろいろな国から、言葉を話せない六十人くらいの乳幼児を集めて、一つの部屋で育てると、皆が同じような言葉を発するだろう、と。さらに、その集団が、アフリカ、アラスカ、アジアなど、どこであろうと、環境《かんきょう》にかかわらず、やはり同じ言葉を発するだろうというものです。

人間は言語に関する何らかの「共通の遺伝子《いでんし》」を持っているだろうという仮説です。

池田　よく分かりました。

韓錫祉《ハンソクジ》氏は社会教育学科の教授で、「済州《チェジュ》大学新聞」の主幹《しゅかん》。会長が「新聞の使命《しめい》」について問うと、韓教授は「趙《チョー》総長の方針」であるとして、次のように述《の》べた。

「より多様な意見を取り入れるようにしています。大学への（感情的な）非難《ひなん》ではなく（建設的な）批判であれば、指摘《してき》に耳を傾《かたむ》けます。それによって大学が改善《かいぜん》され、発展することを目的としているからです」

経済学科の崔元喆《チエウオンチヨル》教授は、日本の大東《だいとう》文化大学への留学《りゆうがく》経験があり、日本語が堪能《たんのう》。韓日《かんにち》経商学会理事として、両国の経済交流の推進にも努《つと》める。

会長は「経済学の教え方」について質問。

崔教授は、「アダム・スミスにせよ、マルクスにせよ、その体系の『根』にあるものを教えようとしています」「アダム・スミスなど経済学の偉大な先駆者《せんくしゃ》たちは『人間の本性《ほんしよう》』を探究《たんきゆう》しました。『人間とはいかなる存在か』という点から出発したのです」などと答えた。

「韓国《かんこく》のハワイ」「東洋のハワイ」と称《たた》えられる済州島《チエジユ》。

ＳＧＩ会長は「済州島の『三麗《さんれい》』『三宝《さんぽう》』は有名です。『三麗』とは、麗《うるわ》しい自然、果実、そして人の心。『三宝《さんぽう》』とは、豊富な海の幸、珍《めずら》しい植物、島特有の言葉、ですね。素晴《すば》らしき、あこがれの天地です」と称賛《しょうさん》した。

島の面積は大阪府や香川県とほぼ同じ。年平均気温は十六度で、一年中温暖《おんだん》。自然豊かな火山島で、無汚染《おせん》、無公害の島といわれる。約千六百種以上の植物の宝庫であり、春になると「菜《な》の花」が島中を彩《いろど》る。「世界桂冠詩人《けいかん》」のSGI会長は「その自然を舞台《ぶたい》に、詩をつくりたいものです」と。

緑と伝説に包まれた三つの大瀑布《だいばくふ》(滝)も有名。

海に目を移すと、世界的に有数の珊瑚礁《さんごしょう》が広がる。

今や、韓国《かんこく》を代表する国際観光地。首脳外交の舞台ともなり、ソ連のゴルバチョフ元大統領、アメリカのクリントン大統領、中国の李鵬《りほう》前首相らも訪《おとず》れた。

在日の方々の二割が済州島出身者

経済的にも、近年の高度成長により、韓国有数の先進地域となってきた。

日韓《にっかん》共催の二〇〇二年サッカー・ワールドカップの開催地にも選ばれ、西帰浦《ソギポ》市に四万人収容の競技場が建設される予定である。

東京、大阪、名古屋、福岡と空路で結ばれている。ビザ（入国査証《さしょう》）は不要である（短期の観光の場合）。また在日韓国《かんこく》・朝鮮《ちょうせん》人の方々の約二割が、済州《チェジュ》島の出身者といわれている。

権力と戦う心

こうした点にふれた後、池田会長は島の歴史に言及《げんきゅう》。

――いにしえより、済州島には、権力《けんりょく》と戦った知識人が数多く流刑《るけい》されてきた。その影響《えいきょう》によって、島民には、不正《ふせい》や差別を許さぬ「独立」「自尊《じそん》」の気風《きふう》が生まれたと言われる。

「済州五賢《ごけん》」と言い伝えられる人物のうち、三人は流刑者。彼らは島に根を張り、島民の子弟《してい》の教育に尽力《じんりょく》した。また、済州島出身の有名な官吏《かんり》の一人に、十五世紀《せいき》、李《イ》王朝時代の高得宗《コトクジョン》がいる。

彼は済州島出身者として初めて王朝の高官に昇《のぼ》りつめた。朝鮮の代表として中国の明《みん》に、また一四三九年に通信使《つうしんし》として、日本の室町幕府《むろまちばくふ》に派遣《はけん》されている。

昇進後も、故郷《こきょう》の恩《おん》を忘れず、島の農牧業の発展や貢納《こうのう》の軽減に努《つと》めた。

政府より早く救済に動いた女性

島史を代表する女性としては、十八世紀《せいき》の金萬徳《キムマンドク》がいる。

当時、済州島《チェジュ》では、大飢饉《だいききん》が起こり、民衆《みんしゅう》は飢《う》えに苦《くる》しんでいた。朝廷は穀物《こくもつ》の輸送を始めるが、間《ま》に合わず餓死者《がししゃ》が続出する。この時、金萬徳は、すばやく穀物を買い入れて民衆の救済《きゅうさい》に尽力《じんりょく》。多くの人々が命をとりとめた。

「いざ」という時に、勇気と慈愛《じあい》を発揮《はっき》したこの女性を、当時の正祖大王《チオンヂョ》をはじめ、万民がたたえ、敬愛《けいあい》した。

また、済州島は古代《こだい》、「耽羅国《タムラ》」という独立国であった。半島の王朝の統治下《とうちか》に入ったのは、十二世紀の高麗《こうらい》の時代。以後、十三世紀後半から約一世紀、蒙古《もうこ》の支配下に置かれた。十四世紀以降、済州の人々を悩《なや》ませたのが、倭寇《わこう》（略奪行為《りゃくだつこうい》をした日本人に対する呼称《こしょう》）であった。

「断じて平和を!」――済州島《チエジユ》の心

最も苦しんだがゆえに 最も幸福になる権利が

苦難を越えて!

一九一〇年、日本の「韓国併合《かんこくへいごう》」で、済州島も日本の支配下に入る。四五年、ようやく日本帝国主義《ていこくしゆぎ》から解放《かいほう》されるが、四八年四月三日に「悲劇《ひげき》」は起こった。祖国《そこく》の南北分断に反対し、蜂起《ほうき》した島民が、軍隊によって武力鎮圧《ちんあつ》された、いわゆる「四・三事件」である。

事件による死者は、三万人とも八万人といわれる。九九年、確認されただけでも一万六千人にのぼる。こうした苦難をばねにして、済州島から、有力な実業家、優秀《ゆうしゆう》な学者、技術者が輩出《はいしゆつ》されてきた。こうした不屈《ふくつ》の「人材輩出の歴史」を池田会長はたたえた。

池田　昨年(一九九八年)三月、趙《チヨー》総長は、創価大学の卒業式に出席してくださいました。改《あらた》めて御礼申し上げます。

総長は「最《もっと》も辛酸《しんさん》を味わった済州島《チェジュ》こそが平和の島となるべきであり、人々は、最も幸福になる権利《けんり》がある」との強い信念をもっておられます。最も不幸を味わった人々が、最も幸せになるために。私の行動の原点も、まさに、ここにあります。

――こう言って、SGI会長は「趙《チョー》総長に真心《まごころ》こめて贈りたい」と、詩「三麗三宝《さんれいさんぽう》の平和の島に　麗《うるわ》しき心の宝」を綴《つづ》ったことを紹介。丁重《ていちょう》に、呉《オ》団長に託《たく》した。

「人権」「正義」で連帯――在日韓国人に参政権を

池田　素晴《すば》らしい済州大学と交流できることは、最大の喜びです。心から感謝いたします。

呉教授　池田先生は、私たち以上に韓国《かんこく》の歴史をご存じなので、きょうは、たくさん学びました。先生は韓国のことを「大恩《だいおん》の国」「師匠《ししょう》の国」と語《かた》ってくださっている。そのことを、私たちも、かねてから、うかがっておりましたが、きょうは直接、先生にお会いして、お考えを学ばせていただきました。また先生は、在日韓国《かんこく》・朝鮮《ちょうせん》人の参政権《さんせいけん》の問題など、人権擁護《じんけんようご》の主張をしてくださっています。

池田　これは重大な問題です。参政権については、必ず実現するよう、さらに訴えてまいります。

――「池田先生、ぜひ、済州《チェジュ》大学に、いらしてください」「すべての〝済州大学家族〟が、お待ちしています」と、代表団から声があがる。

池田会長は「私たちは先生方を最大に大切にいたします。教育交流のため、〝お兄さまの大学〟に喜んでいただくために、〝弟の大学〟の創立者《そうりつしゃ》として、誠心誠意、お応《こた》えしてまいります」と。

韓国に尽くせば日本の心が蘇生《そせい》

そして、一語一語に力をこめ、強くこう語《かた》った。

「私は『日本人』である前に、『世界市民』です。ゆえに、私の中には、皆さんと同じ血が流れていると思っています。

日本は、大恩《だいおん》ある貴国《きこく》をどれほど蹂躙《じゅうりん》し、苦《くる》しめ抜いてきたことか。指導者をはじめとして、心の底の底から、貴国におわびし、貴国を尊敬しなければ、日本人の『心』は人間として最低であり、畜生道《ちくしょうどう》の心になってしまう。心の滅亡《めつぼう》した国に未来はありません。

貴国に、尽《つ》くせるかどうか。ここに、日本が滅亡しないでいられるかどうか、の試金石《しきんせき》があります。このことを、私は、どこにおいても、だれに対しても、明確に言い切っております」

池田会長の断固たる口調には、「二十一世紀《せいき》へ、断じて『心と心が通《かよ》う韓日《かんにち》友好』を実現したい」との炎が込められていた。

芳名録《ほうめいろく》には、全員のサインとともに、次の言葉が記《しる》されていた。

「今日の池田先生のお言葉を、生涯《しょうがい》の思い出にしたいと思います」

新しき世紀は「大変革の時代」!!「冒険の勇気」を！「創造の知力」を!!

アメリカ　経済学者、マサチューセッツ工科大学教授
レスター・C・サロー氏
1999年1月25日（聖教新聞社）

時代は今、劇的《げきてき》に変わっている。「知力《ちりょく》の時代」「創造力《そうぞうりょく》の時代」へ。
池田SGI会長は、アメリカの世界的経済学者であるレスター・C・サロー博士と会談した。
対話で浮かび上がってきた二十一世紀《せいき》像。それは、「人間」で決まる、しかも「人間が利他的《りたてき》に変われるかどうか」で決まる時代であった。

†　　†

池田　教授は経済学者として、歴史上、いつの時代に一番、興味《きょうみ》をひかれますか？

サロー　現代です！

池田　なるほど！

サロー　なぜか。理由は明快《めいかい》です。現代ほど、技術革新《かくしん》の進んだ時代はありません。にもかかわらず、だれも「どこにたどり着くのか」目標点を見いだせない。ちょうど、月世界を「探検《たんけん》」しているような興奮《こうふん》があるからです。

「ビジョンなき日本」の危《あや》うさ

知の大航海時代

池田　探検の精神――たしかに二十一世紀《せいき》は「精神の大航海時代」であり「知性の大航海時代」です。博士は、成功する探検家の特長《とくちょう》として、「創造性《そうぞうせい》」と「ビジョン」を挙《あ》げておられる。

コロンブスを例に引きながら「未知《みち》の海へと船出《ふなで》していく意志、勇気が、われわれを本当に成長させる。そして今こそ、この勇気を奮《ふる》い起こして旅を始めるべきときなのだ！」（『経済探検《たんけん》　未来への指針《ししん》』島津友美子訳、たちばな出版）と。

サロー　そうです。新しいことに挑戦《ちょうせん》するためには、「目標となるビジョンが必要」ということです。

〈博士は現在の日本について、こう診断《しんだん》している。

「今、日本が自《みずか》らに問い、また世界に問われていることは、日本が国際コミュニティのなかで、どんな役割を果たしたいのか、ということである。いよいよ日本は、そのローカルなビジョンを捨て、新しいものに取り替える必要に迫《せま》られている。日本は未来に向けたビジョンを決定しなければならない。そしてこれは大変過酷《かこく》な課題である。他人が決めた目標やガイドラインに従うのではなく、自分自身の目標を立て、そのゲームのルールの策定《さくてい》に参加することは、真の探検ではあるが、残念ながら、日本の最《もっと》も弱い分野《ぶんや》であるからだ」（同）〉

「探検」「冒険《ぼうけん》」を強調する博士は、自ら登山を愛する冒険家である。博士を迎えた聖教新聞社ロビー。ＳＧＩ会長撮影《さつえい》の「ヒマラヤ」の写真の前で足が止まる。

高齢社会はどうなる？　資本主義の欠点は？　経済と宗教の関係は？——サロー博士との語らいは新しきビジョンを求めて（聖教新聞社で）

サロー　素晴《すば》らしい写真ですね。

池田　博士がヒマラヤに登ったことも存じ上げています。ヒマラヤに登る——その「最高峰」への挑戦《ちょうせん》が素晴らしい。博士は現代経済学でも最高峰。お迎えできて光栄です。

サロー　ありがとうございます。

——また、会場には蘭《らん》の花が、かぐわしく咲き薫《かお》る。

池田　蘭の花は高貴《こうき》な方を迎える心の象徴《しょうちょう》です。日本の伝統です。

サロー　素晴《すば》らしい。

池田　日本では、多くの美しい文化が崩《くず》れています。文化が「お金」に押しつぶされてしまったのです。

――SGI会長撮影《さつえい》の「ピラミッド」の写真に、博士が目をとめた。

サロー　じつは、五月にアメリカで出版予定の本の題名が『富《とみ》のピラミッド』なのです。アメリカの一ドル紙幣《しへい》に描《えが》かれたピラミッドのことです。

〈このピラミッドは、アメリカの国璽《こくじ》であり、「力と永久《えいきゅう》のシンボル」。「目」は「すべてを見すかす目」として教育と学問の自由を意味している〉

この紙幣のデザインは、大恐慌《だいきょうこう》の後の一九三五年、ルーズベルト大統領の時に定められたものです。このピラミッドは、頂上《ちょうじょう》がまだ完成していません。「アメリカは、まだ〈ピラミッドの〉頂上に行っていない。頂上を完成しなければならない」という意義がある。ピラミッドの上には、「目」が光っています。神が皆を見守っているのです。

池田　博士は哲学者ですね。いや万能《ばんのう》選手というべきでしょうか。経済学者であるとともに「ヒマラヤ登山」や「F4レース」「砂漠《さばく》の自動車走破《そうは》」「北極での熊《くま》の撮影《さつえい》旅行」など、数々の冒険《ぼうけん》に挑《いど》んでこられた。これまでに、「死」と隣《とな》り合わせになるような、恐ろしい思いをしたことはありますか?

サロー　二点ほど異《こと》なるポイントからお答えします。ある人の言葉に、「本当の登山家になるならば、想像力をもってはいけない」とあります。つまり、朝起きて、きょう登山をする——そういう場合に「もしかしたら、きょう事故が起こるのではないか」「予期せぬ出来事に巻き込まれるのではないか」と、あれこれ想像してはいけないということです。

池田　よくわかります。

サロー　しかし、それでも登山家というのは朝、目がさめると、「新しい探検《たんけん》」に胸を躍《おど》らせるものです。

危険があり、予期せぬ出来事もあるでしょう。しかし、「新しいものを目にする興奮《こうふん》」「わくわくする気持ち」のほうが「危険を感じる気持ち」を、はるかに上回ってしまうのです。

池田　そうでしょうね。

サロー　私の一番恐ろしい思い出は、世界第二の高峰「K２（ケー・ツー）」（標高《ひょうこう》八六一一メートル）にグループで登山した時のことです。

途中《とちゅう》、私以外のメンバー全員が、体調が悪くなってしまい、一週間ほどテントで休養しなければならなくなりました。

残された私は、待っている間に「K２」の隣《となり》にある小峰「マイター・ピーク」に一人で登ることにしました。その峰の中腹《ちゅうふく》ぐらいで、ものすごい恐怖《きょうふ》に襲《おそ》われたのです。

登山そのものが危険だったからではないのです。それは、一人でいる「孤独《こどく》」への恐怖でした。

池田　わかる気がします。

サロー　私が登山をする目的は、「頂上《ちょうじょう》に到達すること」ではありません。友人と友好を深め、協力しながら登っていく、その「過程《かてい》」が好きなのです。

だから一人で山に登っても、面白《おもしろ》くありません。

一緒に危険を乗り越えていく——その体験から、他では得られない友情や「人間対人間のつながり」を育《はぐく》むことができます。他では知ることができない、その人の一面を見ることもできます。

たとえば、(高度が上がり)酸素不足になると、いらいらして怒りっぽくなり、口論したり、なぐり合いになったり、怒りを制御《せいぎょ》できなくなります。この場合、本人の問題ではなく、むしろ「化学的」問題——体内の酸素不足によるのです。

変わり続けよ!

池田 博士には、みずみずしい探究心《たんきゅうしん》がある。力強いバイタリティーを感じます。その源泉《げんせん》は、どこにあるのでしょうか。博士が言っておられる通り、変化の時代にあっては「自分自身をつくり変え続けていくこと」や「新しい知識や技能を絶《た》えず習得《しゅうとく》していくこと」が重要です。では、どこから、そういう力を得てくるのか。

サロー 人と動物の違《ちが》いは、「創造力《そうぞうりょく》」と思います。「創造したい」という意欲です。これは動物には、ないものです。

西洋では、キリスト教にせよ、ユダヤ教にせよ、イスラム教にせよ、神を創造主、人間を被創造者《ひそうぞうしゃ》と位置づけます。人間は〝創造主に似《に》せてつくられた〟わけです。だから、人間は本質として、創造力が備わっていると考えます。

池田　興味深《きょうみ》い観点《かんてん》です。仏教については、後ほどお話ししたいと思いますが、大乗仏教なかんずく法華経《ほけきょう》では「価値《かち》創造」――創価を強調しています。

――サロー博士は「難《むず》しい経済の問題を、わかりやすく説明する人物」として定評《ていひょう》がある。「経済は大切だ」、しかし「経済は難解《なんかい》だ」。これが多くの人々の実感だろう。しかし、サロー博士は言う。「どんな学問の成果も、一般の市民に『理解』できなければ、真の価値はありません！」と。

池田　きょうは、せっかく最高峰の経済学者をお迎えしたのですから、この機会《きかい》を価値的に使いたい。多くの人のために役立つものにしたい。そこで、私が「学生」になって、「学長」である博士に質問させていただいてよろしいでしょうか。

サロー　喜んで！

池田　では、なぜ「好景気と不景気の循環《じゅんかん》」が起こるのでしょうか。また、なぜ「バブル」（投機《とうき》によって起こる、経済実態《じったい》を超《こ》えた「資産価値《しさんかち》の異常な上昇」）は起こるのか。バブル経済を防ぐ手だてはないのでしょうか。

バブルは資本主義の「貪欲《どんよく》」の産物

サロー　バブルを防ぐ方法はありません。景気の後退、上昇の波もなくなりません。最初にノーベル経済学賞を受賞した人は「資本主義《しゅぎ》に不況《ふきょう》は避《さ》けられない」ことを論証した人です。どんな経済体制にも、強みと弱みがあります。資本主義は、産業革命《かくめい》以降のイデオロギー（社会主義、共産《きょうさん》主義、全体主義など）の中で、唯一《ゆいいつ》成功しました。お金さえあれば、人々は欲望を満たすことができるわけです。もちろん、お金がなければ満たせないわけですが。しかし、資本主義には、マイナス面もあります。そのひとつは、景気後退や不景気が避けられないことです。第二は金融崩壊《きんゆうほうかい》やバブル崩壊です。これらは資本主義に、いわば「遺伝子《いでんし》として組み込まれた」ものであり、避けられないのです。「バブル」は、人間の貪欲《どんよく》、すなわち「自分のもつものに満足せず、より多くのものを欲《ほっ》する」ために起きますが、この貪欲がなければ、資本主義《しゅぎ》そのものが成立しないのです。

池田 よくわかります。人間がつくったものは、どうしようもない。人間らしい欠陥《けっかん》があり、人間によって壊《こわ》れていくものです。

創価学会の牧口初代会長は、軍国《ぐんこく》主義の日本にあって、「近視眼《きんしがん》でもだめ、遠視眼でもだめ、正視眼であれ」と主張しました。

博士の「資本主義の最大の弱点は、近視眼にある」(『資本主義の未来』山岡洋一、仁平和夫訳、TBSブリタニカ)との指摘《してき》を思い出します。

〈博士は「資本主義には『近視眼』という欠点が遺伝子《いでんし》として組みこまれている。目先の利益を追求《ついきゅう》するあまり、長期的な展望《てんぼう》に立てない」と論じている〉

「近視眼」や、ものの実像をゆがめて見る「乱視眼」など、ゆがんだ目を〝矯正《きょうせい》〟できる確固たる哲学が重要な時代に入りました。

バブル経済が崩壊《ほうかい》した今、人は、どう生き、何をすべきでしょうか。

サロー　まず、バブル崩壊《ほうかい》以後の「混乱状態を取り除く」必要があります。そうして、経済を上向きにすることです。

〈博士は言う。「停滞《ていたい》の原因は経済にはない。政治の危機《きき》が解決できず、必要な政策がとれないために、経済面で悲惨《ひさん》な結果を招いているのだ」（『日本は必ず復活《ふっかつ》する』山岡洋一、廣瀬裕子訳、TBSブリタニカ）

さらに、博士は、日本の復活のために、「輸出主導《しゅどう》の経済から内需《ないじゅ》主導の経済への転換《てんかん》」などの数点を主張。内需の目玉として「住宅」を挙《あ》げ、さまざまな建築の規制をなくして住宅建設を促進《そくしん》すべきであると提案している〉

変革を避《さ》ければ転落
まず指導者が自己変革を!!

池田　博士が日本の総理大臣であったら、まず、どんな経済政策に着手《ちゃくしゅ》しますか？

サロー　指導者の使命《しめい》は、「国民に変化を受け入れるよう説得《せっとく》する」ことです。しかし、その前に、「まず自分が変わる」ことが先決です。しかし、日本のリーダーは、自分は変わりたくないと思っている。彼らが相手に「変わりなさい」と言っても、それは「自分は変わりたくない」という意味なのです。変化はトップからやるべきです。政策は、それからです。（それ抜きで）特定の政策について話すことは、間違《まちが》ったことを話すことになってしまいます。

池田　まったく、その通りです。全体が変わるためには、上が変わる以外にない。私の恩師《おんし》も「下じゃない。上だ。幹部だ。幹部で決まる。指導者が自分を変えるしかないのだ」と遺言《ゆいごん》しました。

それでは企業の「自己変革《へんかく》」について、うかがいます。企業が、人まねでなく「革新的《かくしんてき》な発明」をするには、「失敗を恐れない勇気」と「自《みずか》らをつくり変える能力」が必要と博士は論じておられる。

組織が、常に成長し、自己変革していくには何が必要でしょうか。

サロー　ちょっと角度を変えて、お答えします。

「リーダーは、どうやって生まれるのか（どのようにして人はリーダーの地位につくのか）」。ふつうは、こう問うでしょう。

しかし、その質問は間違《まちが》っています。

「なぜ人は『このリーダーには、ついていこう』『このリーダーには、ついていくのはやめよう』と思うのか」。こう問うべきです。

「自称《じしょう》リーダー」であっても、気がついたら、一人で砂漠《さばく》を歩いていた（笑い）。だれもついてこない――これではリーダーとはいえない。

本当のリーダーは「この人についていきたい」と人に思わせ、納得させる人です。皆が自発的についていくのがリーダーです。


――博士のリーダー論は、池田会長の信念と響《ひび》き合う。じつは、博士の到着を待つ間、会長は数人の幹部に対して「幹部という地位に傲《おご》って、増上慢《ぞうじょうまん》になり、求道心も、自分を磨《みが》く修行もなくなってしまう。そうして多くの人間が堕《お》ちていく。ここに大きな失敗がある」と語《かた》っていた。

組織の成長・変革《へんかく》のためには、指導者自《みずか》らが成長・変革することだ！――これが会談での一致点であった。

池田　アメリカ大統領には、どういう人物が望ましいと思いますか。

サロー　アメリカの歴史を振り返ると、「覚《おぼ》えていたい人物」より「忘れたい人物」のほうが多いのです（笑い）。

池田　日本でも同じかもしれません（笑い）。

サロー　「大統領は必要ない」と言う人もいます。しかし、いたほうがいい時もあります。何らかの危機《きき》が訪《おとず》れた時には、皆をまとめる「リーダーシップ」が必要です。

池田　その通りです。では「リーダーシップ」で大事な点は何でしょうか。

危機が来る前に

サロー　答えは単純です。

マサチューセッツ工科大学で学部長をしていた時にも、よく学生たちに言っていたことです。企業であれ、他のどんな団体であれ、指導者とは、「危機《きき》が到来《とうらい》する前に、人々を説得《せっとく》し、変革《へんかく》させられる人」のことなのです。

今、日本は危機に直面しており、多くの指導者が「体制の再構築が必要だ」等と唱えていますが、これは本当のリーダーシップではありません。危機が来る前に、それを阻止《そし》するよう、変革を実行するのが真のリーダーなのです。

池田　まったく同感です。だれよりも早く先手《せんて》を打ってこそ指導者です。

博士は若き日に、ジョンソン大統領の経済諮問《しもん》委員会のメンバーでしたね。大統領がベトナム戦争に莫大《ばくだい》な資金をつぎ込むのを博士は、どのように見ていましたか？

サロー　私は常にベトナム戦争に「反対」の立場をとってきました。ジョンソン大統領の場合、自分で決断したというよりも、惰性《だせい》の流れで、お金をつぎ込んでいったという面があると思います。私の見るかぎり、ジョンソン大統領は、ベトナム戦争に参戦する明確な意思はなかったと思います。ただ最初、三十人の兵士を戦地に送り込んだ。これでは足りないということになって、次は百人、そして次はと……結果的に五十万人を派遣《はけん》せざるをえなくなったのだと思います。

池田　重大なご発言です。ところで、なぜ経済学者を志《こころざ》したのですか？

サロー　「世界の人々の役に立つことをしたい」と思ったからです。この道で何かできるのではないかと思いました。

父からは「心づかい」を銅山では「労働者の洞察力《どうさつりょく》」を学びました

池田　お父さまは牧師であられた。何を学びましたか？

サロー　「他者に対する配慮《はいりょ》」です。他者とは、「人間」に限らず「動物」も含みます。自分以外のすべての生命に対する心づかいです。

父は今、九十三歳。今も家の裏《うら》にリスを見つければ、リスのことを心配しています。若い時にも人類《じんるい》のことを憂《うれ》いていました。（キリスト教の）聖《せい》フランチェスコは、小鳥にまで「神の愛」を説《と》いたと言われますが、父の場合はリスなのです（笑い）。

池田　博士の経済学の根底《こんてい》には、博士の「人格」があることを感じます。高校や大学時代、危険な銅山でアルバイトをしながら、苦学を重ねてこられたことも有名です。その体験のなかで、今日まで博士に影響《えいきょう》を与えたことがありますか？

サロー　銅山の「労働者」から多くのことを学びました。彼らは、教育を受ける機会《きかい》を得られなかったにもかかわらず、鋭《するど》い洞察力《どうさつりょく》で、世界がどういう仕組みで動いているかを知っていました。インテリとは違《ちが》った、彼ら独自《どくじ》の視点からの洞察でした。

池田　よくわかります。じつに大切なポイントです。

サロー　もう一つ、銅を掘り出す作業は、地下の深い場所で行《おこな》われます。事故があったら、まず助かりません。ゆえに、自分の生命は「運命」とか「神」とか——いろんな表現ができるでしょうが——そういうものに委《ゆだ》ねられているんだと思いました。

また、（暗闇《くらやみ》での仕事ですから）太陽の光にどれほど感謝できたことか！（笑い）。

——前日に来日したばかりの疲《つか》れを吹き飛ばす勢《いきお》いで語《かた》るサロー博士。池田会長は体調を気づかいつつ、二人の〝共通の友人〟であるガルブレイス博士（ハーバード大学名誉教授）

の近況《きんきょう》を聞いた。

池田　ガルブレイス博士は、お元気でしょうか？

サロー　ええ。博士とは二カ月前、ニューヨークの会議でお会いしました。九十歳（一九〇八年生まれ）なのに、大変、お元気でした。

池田　それは何よりです。ガルブレイス博士とは、何度もお会いし、ご自宅で温《あたた》かく迎えていただいたこともありました（九三年九月）。

ハーバード大学で私が（二度目の）講演をした際、ガルブレイス博士から過分《かぶん》な講評《こうひょう》をいただいたことも、懐《なつ》かしい思い出です。

ふだんは〝辛辣《しんらつ》な裁判官《さいばんかん》〟である博士が、好意的な講評をしてくださり、おかげで私は面目《めんもく》をたもてたんです（笑い）。

サロー博士とガルブレイス博士との「友情の物語」も、よくうかがっております。

〈サロー博士の最初の夫人が病気になり、亡《な》くなった際、サロー博士の相談に乗り、一貫《いっかん》して支えたのが、ガルブレイス博士夫妻だった〉

20世紀を代表する経済学者・ガルブレイス博士の自宅へ（93年9月）。SGI会長のハーバード大学での講演に対し「私の中に希望の光をともしてくれました」と。

サロー　ガルブレイス博士は本当に親切で、優《すぐ》れた人格者です。

高齢者も立派な労働力 退職年齢には個人差が

池田　これからは「高齢化社会」です。サロー博士も、その前途を、いろいろと論じておられる。

「退職年齢の引き上げ」についても論及《ろんきゅう》されていますが、現段階で何歳くらいの退職が望ましいと思いますか。

サロー　それは個人差がありますから

――。健康状態に即《そく》して決めるべきだと思います。私自身は、いつまでも元気で、引退したくないと思っていますが（笑い）。

池田　（ガルブレイス博士のように）老《お》いて、ますます壮《さか》んな人もいますからね。

なぜ六十五歳か？

サロー　ドイツの年金制度をつくったビスマルクが、六十五歳を定年と定めたんです。一八九一年のことですが、じつは当時の平均寿命《じゅみょう》は四十六歳くらいでした（笑い）。

〈九九年の平均寿命で言えば、およそ九十五歳に定年を設定したことになる〉

池田　実話ですか（笑い）。

サロー　実話です。ビスマルクがなぜ、そんな高年齢に定年を設定したのか。そうすれば、年金を支出する必要がなくなるからでした（笑い）。ですから、六十五歳定年といっても、だれかがきちんと研究して設定したものではないのです。

池田　そうですか。これは知っている人は少ないでしょう。

サロー　日本では高年齢化がますます進むといって、問題視されていますが、それは本当の問題ではありません。平均寿命《じゅみょう》が伸びているのですから、高齢者といっても、経済学的な言い方をすれば「労働力」となっているからです。

池田　貴重《きちょう》なご意見です。多くの人に希望を与えるでしょう。

サロー　定年の年齢を決めるには、このように考えてみればいいのではないでしょうか。それは、人生の終盤《しゅうばん》にさしかかった時、自分がどれくらい休暇《きゅうか》を取っているかを振り返ってみる。

年間に十週なのか、十五週なのか――五十週も休むという人はいないでしょう。（休みを必要とする）その割合で、引退の年齢を決めればいいと思うのです。

主流は「人間主体の頭脳産業」に

頭脳産業の時代

池田　さて博士は、これからは「人造の知力産業の時代」だと述《の》べておられる。

〈バイオテクノロジー、新素材、ソフトウエア、コンピューター、最新の電気通信など。それを「第三次産業革命《かくめい》」と見ている〉

必要なのは資源よりも「知識と技能」であり、「知力」「創造力《そうぞうりょく》」を養う教育に力を注《そそ》ぐべきだと。大きく時代は変わりますね。これからは「人間主体の頭脳《ずのう》産業の時代」とも展望《てんぼう》されていますね。

サロー　ええ。「人間主体の頭脳産業の時代」とは、一番成長し、繁栄《はんえい》する産業が、エネルギーや天然資源よりも、多くの機械よりも、むしろ人間が資本の産業になってきたということです。

いい例が、半導体《はんどうたい》の業界です。集積回路《しゅうせきかいろ》は、言うなれば、砂浜の砂を拾ってきて、他の素材と混ぜ合わせてできるものです。

〈集積回路に使われるシリコンは、珪石《けいせき》や珪砂《けいさ》にコークスを混ぜ、加熱・還元《かんげん》して生成《せいせい》する〉

この業界は（知識を資本に）砂にちょっと何かを加えるだけで、何億ドルという利益を得ている。これが私の言う「人造の知力産業」です。

池田　よく理解できます。これから社会に出ていく高校生、大学生にとっても、大きなヒントになるでしょう。二十一世紀《せいき》は、まったく新しい発想を要求していますね。先ほど、経済学的に一番面白《おもしろ》いのは「現代」と言われましたが、歴史上で一番、経済的に成功したのは、いつのどの国でしょう?

サロー　人類《じんるい》史上、最《もっと》も経済的な繁栄《はんえい》を謳歌《おうか》したのは、疑いなく古代エジプトだと思います。エジプト人たちは四千年もの間、経済活動を潤滑《じゅんかつ》に行《おこな》い、繁栄し続けました。

池田　ちょっと想像していなかったお答えです。私は、(エジプトの)ムバラク大統領とも親しく語《かた》り合いましたが、奥の深い国です。

〝公正な新社会〟を建設

敗者を生み続ける社会は沈没

池田　もう少し質問を続けて、よろしいでしょうか?

サロー　どうぞ、どうぞ。

池田　世界的なベストセラーになった『ゼロ・サム社会』(岸本重陳訳、TBSブリタニカ）で、博士は「資本主義《しゆぎ》の矛盾《むじゆん》と不公正《ふこうせい》」を鋭《するど》く暴《あば》かれた。

執筆《しっぴつ》のきっかけは、何だったんですか？

サロー　この本を書いたのは、一九七〇年代の後半から八〇年代初めにかけてです。当時のアメリカは、カーター政権で、国内はオイルショックにより、インフレが急速《きゅうそく》に進んでいました。国民には、「沈没《ちんぼつ》していく船」に乗っているような失望感が広がっていました。

それでも、「なぜ、船が沈《しず》んでいるのか」という理由さえわかれば、（修理すればいいのだから）大した問題ではないのです。

「なぜ今、アメリカは沈んでいるのか」

その理由がわからなかったために、アメリカ国民は非常に大きな不安を感じていました。解決法が見つからないのですから。

〈『ゼロ・サム社会』の「ゼロ・サム」とは、「利益と損失《そんしつ》を合わせればゼロになる」という意味。つまり、「だれかが得をして所得を増やせば、その分だけ別の人が損をせざるをえない社会」であり、「勝者《しょうしゃ》がいれば必ず敗者《はいしゃ》がいる社会」である。

博士は、インフレ、エネルギー、環境《かんきょう》、所得格差などアメリカ経済の具体的な問題を一つ一つ取り上げ、それぞれの問題に「ゼロ・サム」要素が組み込まれていることを明らかにした。そして、「敗者《はいしゃ》のいない社会」をつくるためには、「公正《こうせい》とは何か」について社会的合意《ごうい》をつくり、それに基《もと》づいた政策を行《おこな》わなければならないと訴えた〉

資本主義の「弱肉強食」を超えて「消費者」よりも「建設者」たれ!!

池田　資本主義《しゅぎ》が今後も成功していくには、何が大事か。博士は、人間は「消費者《しょうひしゃ》」としてではなく「建設者」として生きよ！　と呼びかけておられる。

〈一九九九年の1・26「SGIの日」記念提言の中でも、池田会長は、サロー博士が市場《しじょう》経済のもつ「弱肉強食《じゃくにくきょうしょく》」の傾向《けいこう》を批判して、「資本主義が今後も成功を収《おさ》めていくには、消費のイデオロギーから、建設のイデオロギーに変わらなければならない」（山岡洋一、仁平和夫訳、前掲書）と述《の》べていることに賛同《さんどう》している〉

たしかに人間は「消費《しょうひ》の欲望」だけで生きているのではありません。本来、人間は「創《そう》造者《ぞうしゃ》」であり「冒険者《ぼうけんしゃ》」です。「建設者」です。

あのピラミッドを建設した人々も、「永遠《えいえん》の未来のための建設」に大きな誇《ほこ》りをもっていたはずだ──博士は、そう歴史を振り返っておられる。

私は思います。二十一世紀《せいき》の青年たちも「建設者」であってほしい。大いなるロマンの事業に挑戦《ちょうせん》してほしいと。そのための大きな示唆《しさ》を与えていただき、感謝します。

サロー　こちらこそ、ありがとうございます。

池田　お疲《つか》れでしょう。まだ続けて大丈夫でしょうか。

サロー　大丈夫です。（語《かた》らいを）楽しんでおります。

「活字文化」が人間を高める

池田　サロー博士は、「活字離れ」を憂慮《ゆうりょ》されています。

たしかに、活字文化の深さがなくなれば、「雄弁《ゆうべん》」もありません。「名演説」もありません。本当の「向上」はありません。人間の人間としての証《あかし》がなくなります。動物的になっていくでしょう。

私も十数年前から、一貫《いっかん》してこの点を心配し、警鐘《けいしょう》を鳴らしてきました。博士には多くの著書《ちょしょ》がありますが、「活字文化」の重要性について意見を聞かせてください。

サロー　視覚《しかく》メディア——テレビや映画など——を見ていると、人々は視覚的、感情的に反応するようになります。「動的なもの」に興味《きょうみ》をもつのです。

それに対し、活字で書かれたものを読むには、「静的《せいてき》なもの」に反応しなければならない。しかし、現代人はそのことに、もはや慣《な》れていないのです。いわば「読み書きはできるが、(実際には)本が読めない人々」が今の社会を形成しているのです。

池田　鋭《するど》い表現です。かつて、日本の評論家《ひょうろんか》の大宅壮一《おおやそういち》氏も、同様のことを言いました。〈テレビ文化の悪影響《あくえいきょう》を「一億総白痴化《はくちか》」と表現した〉

ともあれ、「良書《りょうしょ》」を残し、「良書」を広く読ませたいものです。

巨人・中国の動向

池田　二十一世紀《せいき》に最《もっと》も伸びる国はどこか？　繁栄《はんえい》する地域はどこか？——だれもが関心を寄せる問題です。

二十五年以上も前になりますが、私は、偉大な歴史家であるトインビー博士の呼びかけで、対談を行《おこな》いました。約十日間にわたる語《かた》らいは、対談集としてまとめられ、現在、二十一言語で出版されています。

対談のなかで、トインビー博士は、「将来《しょうらい》、世界は平和的に統合《とうごう》されなければならない。その際、中国が主導的な役割を果たすでしょう」と期待《きたい》しておられた。

また、『人類《じんるい》の集団自殺』を避《さ》ける唯一《ゆいいつ》の道である『世界統合』に対して、最も準備ができているのが中国民族《みんぞく》である」という意見でした。

巨大《きょだい》な中国を統合してきた歴史の知恵《ちえ》を評価《ひょうか》してのことです。トインビー博士の中国観には賛否両論《さんぴりょうろん》あるでしょうが、中国の動向が人類の未来に巨大《きょだい》な影響力《えいきょうりょく》をもっていることは、だれ人も否定《ひてい》しないでしょう。

私も早くから中国との友好に全力を注《そそ》いでまいりました。サロー博士はこれまで、中国を訪問されたことはありますか。

サロー　何回もあります。

ＭＩＴ（マサチューセッツ工科大学）と中国政府の共同プロジェクトに携《たずさ》わってきましたので、何度も訪問しました。

現在も、中国の教授陣に先端技術を教えるプロジェクトにかかわっています。

池田　これは愚問《ぐもん》でしたね（笑い）。では博士は、中国民族《みんぞく》を、どのように評価《ひょうか》しますか？　博士が「中国の世紀《せいき》が到来《とうらい》するとすれば、それは二十二世紀である」と主張されていることは存じ上げています。

華僑《かきょう》も視野《しや》に入れた中国の経済成長について、どんな展望《てんぼう》をおもちですか？

サロー　中国で何か建設しようとすると、必ず問題がともないます。

歴史を振り返ってみたとき、中国の「世界に対する関係」は、両極《りょうきょく》を行ったり来たりしています。彼らは自《みずか》らを「世界の真ん中の国（中国）」と呼んできました。しかし、実際には、しばしば外国を排斥《はいせき》する態度をとってきました。

「世界の一員になりたい」と望んでいるかと思えば、手のひらを返したように孤立主義《こりつしゅぎ》をとり、諸外国《しょがいこく》を受け入れない方針をとる。「今は、どっちなのか?」と、理解に苦《くる》しむ場合があります。

十五世紀《せいき》の中国のある皇帝《こうてい》は、海外へ向けて船を送り、世界へ開かれた中国を目指しました。〈明《みん》の永楽帝時代の鄭和《ていわ》の大航海〉

これはヨーロッパの大航海時代に先駆《さきが》けていたといえるでしょう。しかし、その後、孤立し、世界を排除《はいじょ》してきました。海岸から十キロ以上、離れてはいけないと規制したこともある。〈明・清《しん》の海禁《かいきん》政策〉

新中国となっても、毛沢東《もうたくとう》の時代は排外的《はいがいてき》でした。

私が「中国の世紀が来るとしたら二十二世紀」と言っているのは、裏付《うらづ》けがあります。経済・技術の発展というのは、いったん遅れをとると、遅れを取り戻《もど》すのに百年かかります。歴史を俯瞰《ふかん》すると、アメリカがイギリスに追いつこうと努力し、実際にそうなるには百年かかりました。

また、日本がアメリカに追いつこうとしたときも百年かかりました。だから、中国が日本に追いつくにも、百年かかると思うのです。

譬喩《ひゆ》をとって考えてみましょう。

一つの国が大変進んでいる。他の国の指導者は、その国に人を送り、学ばせたがるでしょう。二十世紀《せいき》の前半までは、ドイツが技術的に進んだ国でした。

今世紀の後半になると、そのあこがれは、アメリカに移った。もう、ヨーロッパに行っても、新しい技術は習得《しゅうとく》できないと言われました。

中国がそうした意味で、（世界が学ぶ）進んだ国となるには、かなりの時間を要するでしょう。（最先端の知識を学ぼうにも）中国の著名《ちょめい》な大学であっても、図書館は、アメリカの高校のほうが充実している――そういう現状《げんじょう》です。

そうした遅れを取り戻《もど》すには、やはり百年かかると思うのです。

宗教が人間に「向上せよ」と教える

池田　サロー博士は、二十一世紀の「フロンティア」について、こう述《の》べておられる。

「今日、探検《たんけん》できる地理的領域《りょういき》はほとんどない」

「しかし、今日ますます必要とされている別の形の探検が存在する。それは、来たるべき千年期の、未知《みち》の経済社会環境《かんきょう》への探検である」（『経済探検　未来への指針《ししん》』）と。

それでは、具体的には、「二十一世紀《せいき》のフロンティア」とは何でしょうか？

サロー　地理的探検は、やりつくされていますが、「精神世界の探検」には、ニュー・フロンティアが残っています。そこで宗教の問題になります。

池田　その通りです。

サロー　社会主義《しゅぎ》の社会は、男性であれ女性であれ、「人間を向上させよう」としました。一方、資本主義の社会は、あるがままの人間を受け入れます。そのため人は、向上心をなくしてしまうことがあります。

しかし、宗教には、「人間を向上させる力」があります。

「人間は、より良くなれるんだ」ということを、宗教は資本主義社会の中で教えるべきです。

二十一世紀には創造性を育《はぐく》む所が成功――サロー

「価値創造の源泉」が不可欠――池田

日蓮仏法の実験

池田　まさに「急所」を突《つ》いてくださった。

サロー博士は、「人類《じんるい》の生存に貢献《こうけん》する新しい道徳《どうとく》を発見するには、いろいろと実験してみるしかない」と言われていますね。

キリスト教も、イスラム教も、共産主義《きょうさんしゅぎ》も、これまでの歴史で「実験」されてきました。私たち日蓮仏法の本格的な実験は、いよいよ、これからです。仏法のヒューマニズムを根底《こんてい》にした平和・文化・教育の運動です。

博士は展望《てんぼう》しておられる。「独創性《どくそうせい》と創造性《そうぞうせい》を受け入れ育む環境《かんきょう》こそが、二十一世紀《せいき》の成功の中心になるであろう」と。

全面的に賛同《さんどう》します。私どもの「創価」とは、「価値創造《かちそうぞう》」を意味するからです。創造性の薫発《くんぱつ》こそが、次代の勝利《しょうり》の鍵《かぎ》だと信じるからです。

私どもにとっては、その源泉は宇宙《うちゅう》の法則であり、万人に普遍的《ふへんてき》な道理であると信ずる日蓮大聖人の仏法になります。

「意義ある人生」

池田　さて、「ヨーロッパ統合《とうごう》の父」であるカレルギー伯とも私は対談集を出しましたが、伯は強調しておられた。
「高度産業経済において、生活と人生を意義あらしめるものは、科学技術でも政治でもなく宗教であるという点で、まったく同意見です。……高い次元《じげん》の宗教でなければなりません」(『文明・西と東』、聖教文庫)
サロー博士が、「不確実性の時代には必ず原理主義《しゅぎ》宗教が台頭《たいとう》している」(『資本主義の未来』)と憂慮《ゆうりょ》しておられることは存じております。
私も同感です。そうさせないために戦ってもおります。ただ、宗教には、そうした〝悪《あく》〟

の側面とともに、悪《あく》と戦い、豊かな人間性を育《はぐく》む力も秘《ひ》められていることを申し上げておきたい。トインビー博士は、こう語《かた》っていました。「未来の宗教というものは、人類《じんるい》の生存を深刻《しんこく》に脅《おびや》かしている諸悪《しょあく》と対決し、これらを克服《こくふく》する力を、人類に与えるものでなければならない」(『池田大作全集 第三巻』)と。大変に印象《いんしょう》深い言葉でした。

原理主義的宗教

池田　切迫《せっぱく》した問題として、博士は、原理主義《しゅぎ》の台頭《たいとう》を、どうすれば防げると考えますか?

サロー　原理主義的な宗教は、世界中、どこにでも存在しています。それを暴発《ぼうはつ》させないためには、「不安」「不確実感」を感じさせないことが大切だと思います。

池田　世界に「対話」の雰囲気《ふんいき》を広げていくことが大事ですね。

現在、私は「文明間の対話」をテーマに、イラン出身の平和学者、テヘラニアン教授と対談を進めております。〈月刊誌『潮』で、九八年十月号から九九年五月号まで連載〉

サロー博士は、「イスラム圏《けん》が今後の世界経済に与える影響《えいきょう》」について、どう展望《てんぼう》しますか？

仏教は「対話の精神」で人類に貢献――サロー

イスラム世界と世界経済

サロー　今のイスラム世界は二つの経済的問題を抱えています。一つは、どうやって伝統的宗教と現代経済を、うまく統合《とうごう》させ、機能させていくかという問題。これについては、だれも解決策を見つけておりません。

池田　その点は、私の対談でも、重要な焦点《しょうてん》になるでしょう。

サロー　例えば、現代社会は、女性を教育しなければ成り立ちませんが、あるイスラム教徒などは「女性は教育できない」と言うのです。

シーア派のリーダーの言葉に「男性を教育すれば、他の男性を教育することになる。女性を教育すれば、その家族を教育することになる」とあります。

男性だけを教育しても、女性が読み書きできない状況《じょうきょう》であれば、意味がありません。

二点目の問題とは、過去五十年、イスラム世界には「経済」が存在しなかったことです。石油があるために、何も手を打たなくても、たくさんの外貨《がいか》を得ることができたからです。

しかし、現在、石油価格は急落《きゅうらく》しており、何もない状態から「経済」を作り上げる必要に迫《せま》られている。

池田　よく理解できます。

サロー　私は、仏教が二十一世紀《せいき》に果たす役割は「対話」だと思います。「平和のための対話」の精神を世界に紹介していくことだと思います。

法華経は「経済活動」を尊重

池田　深いご理解に感謝します。「宗教と経済」——既成《きせい》の宗教の中には、経済活動に対して否定的《ひていてき》な教義《きょうぎ》も少なくありません。

また、ひと口に仏教と言っても、「幼稚園」「小学校」から「大学院」まである。「段階」があります。それは、概観的《がいかんてき》には同じように見えても、探究者《たんきゅうしゃ》から見れば天と地の違《ちが》いなのです。

大乗仏教の真髄《しんずい》である「法華経《ほけきょう》」では非常に経済を大事にしています。法華経の精神は（天台大師によって）「一切世間《せけん》の治生《ちせい》産業は皆実相《じっそう》と相違背《あいいはい》せず」と説《と》かれた。「社会即《そく》仏法」であり「仏法即社会」です。経済活動の意義を大事にしている。現実の世界を最大に重んじる。これが真の仏法です。

人間の限りない創造力《そうぞうりょく》を開発して、経済を発展させつつ、万人の幸福と繁栄《はんえい》に活用していくことを教えています。

「自他ともの繁栄」へ富《とみ》を使え
慈悲＝抜苦与楽《ばっくよらく》の経済を志向

貪欲《どんよく》に溺《おぼ》れない仏教の経済倫理

池田　近代資本主義《しゅぎ》の精神的支柱《しちゅう》には、キリスト教（プロテスタンティズム）の倫理《りんり》があったといわれます。仏教にも、さまざまな経済倫理《りんり》が説《と》かれています。

例えば、釈尊《しゃくそん》は、在家の人々に対して、営利《えいり》の追求《ついきゅう》を否定《ひてい》しませんでした。むしろ、生きるために積極的に勧《すす》めています。もちろん貪欲《どんよく》を勧めているわけではありません。財を「自他《じた》とものの幸福のために」使っていくためです。貪欲に溺《おぼ》れるのは仏法者ではありません。いわんや聖職者《せいしょくしゃ》がそうなったら、それは極悪《ごくあく》の存在です。ともあれ、仏法は、生活の原動力なのです。政治も経済も仏教と対立しません。ある仏典《ぶってん》は、次のように説いています。「企業家の心得《こころえ》」とも読めるかもしれません。

「努《つと》め励《はげ》んで得た富《とみ》は、自分一人のものと考えて、自分一人のために費《つい》やしてはならない。その幾分《いくぶん》かは他人のためにわかち、その幾分かは、たくわえて不時《ふじ》の用にそなえ、また国家のため、教えのために用《もち》いられることを喜ばねばならない」

仏教には、財を「因縁《いんねん》によって一時、自分が預《あず》かっているもの」と、とらえる考え方があります。〝富を得た者は、自分を支えてくれた民衆《みんしゅう》の恩《おん》に報《むく》いるべきである〟と教えるのです。

釈尊は、一般の人々に対しても、「財の四分法」を勧めています。つまり、労働によって得た富《とみ》を、四つに分配するのです。「家族の生活費」「税や福祉《ふくし》など社会的支出」「生業のための資金」「万一にそなえる貯蓄」と。仏法は、あくまで生活法であり、経済的な道理につながるものです。私ばかり話していて、申しわけありません。もう少し続けてよろしいでしょうか。

サロー　（にこやかに）もちろんです。

池田　仏法では、人々が互いに支え合って生きているという「縁起《えんぎ》」を説《と》きます。これを実践《じっせん》に移したのが「菩薩《ぼさつ》」であり、その行動が「慈悲《じひ》」なのです。

慈悲とは「抜苦与楽《ばっくよらく》」――「苦《く》しみを除き、楽しみを与える」行動です。

経済的には貧困《ひんこん》をなくし、人々を救いゆく行為《こうい》といえましょう。

仏法は「自他《じた》ともの繁栄《はんえい》」のために欲望をコントロールし、より高い目的のために昇華《しょうか》する生き方を教えているのです。

アソカ大王の「平和の経済学」

池田　歴史上、仏法を根底《こんてい》に政治を行《おこな》ったアソカ大王は有名です。

アソカ大王は、仏教の思想に基《もと》づき、「平和の経済学」とも呼ぶべき経済政策を実行しました。すなわち、新しい哲学と、新しいビジョンをもって、創造的《そうぞうてき》に「実験」を開始していったのです。

アソカ大王は、経済基盤《きばん》の拡充《かくじゅう》のために交通網《もう》を整備し、ギリシャや中東《ちゅうとう》方面とも貿易を広げました。とともに、釈尊《しゃくそん》の示した経済倫理《りんり》に則《のっと》って、「すべての人への分配の原則」を実践《じっせん》し、経済格差の是正《ぜせい》に努《つと》めたのです。

アソカ大王は、社会の平和と民衆《みんしゅう》の幸福のために、福祉《ふくし》政策にも力を入れました。「女性のための奉仕者《ほうししゃ》」と呼ばれる役職も新設しました。

さらに大王は、道路をつくるときにも街路樹《がいろじゅ》を植え、人々の憩《いこ》いの場所をつくるなど「環境政策《かんきょう》」を取り入れた公共事業も行《おこな》いました。

そして、他の国々との文化交流を積極的に推進し、平和のために、国家を超《こ》えた「世界共同体的な連帯」へ、大きく行動を起こしていったのです。

私も、当時と社会状況《じょうきょう》は違《ちが》いますが、こうした理想を託《たく》そうと、公明党を創立《そうりつ》したのです。アソカ大王については、トインビー博士も、他の多くの方も、「世界一の大王である」とたたえておられました。

仏教は「地球的利他《りた》主義」を世界へ

世界経済を機能させる国際機構

池田　ところで、サローー博士、二十一世紀《せいき》の経済学の最大のテーマは何でしょうか。

サロー　現在も、次の世紀も同じ課題です。つまり、いかにして世界経済をうまく機能させるか、にあります。

池田　それは、まったく、その通りですね。世界の経済は急速《きゅうそく》に一体化しています。それにもかかわらず、地球規模《きぼ》の経済を有効に機能させ、健全なルールをつくり、危機《きき》を乗り越えゆくための（超《ちょう》国家的な）機構は存在していない。

このことを博士は指摘《してき》しておられますね。

〈例えば「ＩＭＦ（国際通貨基金《ききん》）」や「世界銀行」は、地球規模の通貨・株式市場《しじょう》・銀行危機に対処するようにはつくられていない、と〉

さらに、環境問題《かんきょう》の解決のために「地球的利他主義《りたしゅぎ》」の可能性を論じておられる。新鮮《しんせん》な言葉です。理想社会への堂々たる一つの道です。

社会主義は「人間変革」に失敗――サロー
人間革命こそが理想社会を――池田

経済的競争から人道的競争へ！

池田　私ども創価学会の牧口初代会長は論じました。

人類《じんるい》の歴史は「軍事的競争」から「政治的競争」、そして「経済的競争」へと推移《すいい》してきた。それらを超《こ》えて、次の時代は「人道的競争《じんどうてき》」の時代へ向かうべきである、と。

そのためには、どうすればいいか。

私どもは、排他的《はいたてき》な「原理主義の宗教」ではなく、万人を照らす「道理の宗教」を根底《こんてい》にしてこそ、人類の〝利他主義〟を薫発《くんぱつ》して、「皆が勝利《しょうり》し、皆が幸福を満喫《まんきつ》しゆく」世界を築くことができると確信しております。

——多くの国で、社会主義《しゅぎ》が崩壊《ほうかい》した原因は何か。

サロー博士は喝破《かっぱ》した。

「それは、社会主義が『人間を変える』ことができなかったからです」と。

理想社会の実現のためには、人間の向上が必要であることを社会主義者は自覚していたが、現実には失敗に終わった。

また、掲《かか》げた理想的社会の公約と現実とのギャップが、だれの目にも、あまりにも大きくなった。そこに博士は、社会主義の崩壊の原因を見ている。

池田会長は語《かた》った。

「ローマクラブの創立者《そうりつしゃ》、ペッチェイ博士と語り合った際も、『二十一世紀《せいき》へ今、必要なのは、人間革命《かくめい》である』と一致を見ました。

この急速《きゅうそく》な変化の時代にあって、変化のスピードに負《ま》けず、むしろ変化を先取りしなければならない。

そのために、どう自分を急速《きゅうそく》に変えていけるのか。これが今、問われているのではないでしょうか」と。

変革《へんかく》の時代。

それは、古い体制にしがみつく人たちと、「変革」を訴え、行動する先覚者《せんかくしゃ》たちとの、せめぎ合いでもある。しかし、最後の勝者《しょうしゃ》は、はっきりしている。

サロー博士は、岸壁《がんぺき》にぶつかる荒波に譬《たと》えた。

「来る日も来る日も、波は岩に跳《は》ね返される。しかし、長期的にみれば、勝つのは波である」（『資本主義《しゅぎ》の未来』）

博士が語《かた》った「お母さんの思い出」が印象的《いんしょうてき》であった。

「母は高校の数学の教師をしていました。いつも私にこう教え、励《はげ》ましてくれました。『何をやるにしても、一生懸命やりなさい。ベストをつくして、素晴《すば》らしいものをつくりなさい』と」

プロフィール

一九三八年、米国モンタナ州生まれ。マサチューセッツ工科大学（MIT）経済・経営学教授。著書『ゼロ・サム社会』で脚光を浴び、世界経済の未来図を描いた『大接戦』『資本主義の未来』も世界的ベストセラーとなった。大胆な構想力と、複雑な経済を、わかりやすく説くセンスに定評がある。

邦訳の既刊に、『経済探検　未来への指針』（たちばな出版）、『日本は必ず復活する』（TBSブリタニカ）がある。

二十一世紀の「富《とみ》」とは「創造性」!! 第三次産業革命を勝ち抜け

レスター・C・サロー氏

1999年10月30日（SGI国際会議会館）

世界的経済学者のレスター・C・サロー博士と再会。東京・信濃町《しなのまち》のSGI国際会議会館での語《かた》らいは、二十世紀《せいき》から二十一世紀へ、激変《げきへん》する経済と社会をめぐって。九九年一月以来、二度目の会談である。

✝

池田　怒濤《どとう》のような現代社会。どう変わっていくと見ていますか。

そのなかを生き抜き、勝ち抜いていくためには、何が焦点《しょうてん》になるとお考えですか。

サロー　技術の変革《へんかく》が、人間社会にどんな変化をもたらすか――一番、宗教に直接的な影響《えいきょう》をもたらすのは、バイオテクノロジー（生命工学）でしょう。

もうすでにアメリカでは、遺伝子《いでんし》工学を使って「もっと賢《かし》いネズミをつくる」ことが行《おこな》われています。ネズミでできるのだから、人間でも「もっと優秀《ゆうしゅう》な子どもをつくる」ことが不可能なはずはない。

例えば子どもを産むにも、「今の平均身長よりも十センチ高くしよう」と思えば、それも遺伝子を使って実現できるわけです。

ですから、こういう技術を用《もち》いて、私たちが将来《しょうらい》「どのような人間になりたいか」という人間観をもつことが、大事になってくると思うのです。

流通業に激変が

池田　同感です。哲学が必要です。

博士は、二十一世紀《せいき》に向かう現在を「第三次産業革命《かくめい》」と位置づけておられる。

真の富とは何か。「冒険心です。探究心です」とサロー博士。2度目の語らいは、第3次産業革命という「大変革の時代」を展望（SGI 国際会議会館で）

とくに「最大の変化が起こるのは、流通《りゅうつう》業《ぎょう》になる可能性が十分にある」と言われていますね。

サロー　多くの変化がもたらされるでしょう。例えば、購買力《こうばいりょく》が増せば、購買パターンも変わります。三十年前を振り返ると、町中の風景が今とはまったく違《ちが》っているように。

ただ、だれもわからないのは、そのなかで（市民の心理など）社会的な要因《よういん》が、どれだけかかわってくるかということです。

「インターネットによる買い物」が増《ふ》えていますが、（その半面）現在、アメリカの既存《きそん》の小売業・流通業で活発になってきているのは、「娯楽《ごらく》としてのショッピング」です。

（にぎやかな商店街に行くことで）「もっと楽しみたいから」「もっと新しい、いろいろな音楽を聴《き》きたいから」、少しくらい高くても、人々は店に出向くのです。

〈『富《とみ》のピラミッド』（山岡洋一訳、TBSブリタニカ）で博士は予測《よそく》している。

「第三次産業革命《かくめい》によって、日常の買い物を地元の小売店に依存《いそん》する五〇〇〇年の歴史が終わるとも思える。インターネットを通じた直接販売は、五年で一〇倍になるペースで伸びている。良い品物を安く買うことだけが問題であれば、地元の小売店は電子《でんし》商店にかなわない」と。

さらに、こんな分析も。「上司に電子メールで報告するようになれば、経営管理職の階層《かいそう》数《すう》も、上司の勤務場所も、本社事務所の必要性もすべて変化する」。しかし「調査では、在《ざい》宅《たく》勤務が週に一日か二日を超《こ》えると、生産性が急激に低下するという結果が出ている」〉

池田　博士は、常に大胆《だいたん》に時代を展望《てんぼう》しておられる。著作《ちょさく》も人気が高いでしょう。

サロー　クリントン大統領も私の本を読んでくれたようです。写真が『タイム』誌に載《の》ったんです。

それは大統領が飛行機の中で寝ている写真でした。寝ている大統領のおなかの上の本が、私の本でした（爆笑）。〈『ヘッド　トゥ　ヘッド』。邦訳《ほうやく》『大接戦』〉

池田　私は仏法者であり、経済学には、いわば門外漢《もんがいかん》です。しかし、仏法は即《そく》社会であるし、世界の未来に責任ある市民の一人として、きょうはサロー博士に、いろいろとうかがいたい。

サロー　喜んで。光栄です。

池田　ご著作《ちょさく》のなかで、現在は「人間主体の頭脳《ずのう》産業の時代」であり、「知識主義《しゅぎ》経済の創成期《そうせいき》」とも主張しておられますね。

マイクロ・エレクトロニクスやコンピューター、電気通信、電子《でんし》商取引、ロボット、バイオ技術、新素材《しんそざい》の時代であると。

――サロー博士は説《と》く。

今から二百年前、「第一次産業革命《かくめい》」によって、それまで八〇〇〇年続いた「農業が富《とみ》を創出《そうしゅつ》する時代」は終わった。工業の時代が始まった。

百年後、「第二次産業革命《かくめい》」が起きた。電話、映画、アルミなど新産業が登場した。地方経済が国民経済になった。

そして今、「第三次産業革命」。土地や金や石油でなく、「知識」が新《あら》たな富《とみ》の源泉《げんせん》となった。国民経済からグローバル経済の時代が到来《とうらい》した、と。

失敗しても「次は成功する！」

池田　「第三次産業革命」の時代に成功するには、何が必要か。博士は、「すばやく学ぶこと」「すばやく変わること」が不可欠であると論じておられる。

私には、よくわかる気がします。

これからの日本にとって「創造的《そうぞうてき》思考を育《はぐく》む教育制度」が、金融《きんゆう》問題の解決以上に大切だとも、博士は言われている。その通りでしょう。

また「知識の創造性」を論じ、その「創造性」を生み出す資質《ししつ》として、四点を強調されている。

①山の向こうに何があるのかを知ろうとする好奇心《こうきしん》
②未踏《みとう》の地に踏み入れる勇気を持つ探求心《たんきゅうしん》
③他者から新しい知識を学ぶ意欲
④新しい知識を使って違《ちが》うものをつくる意欲

では、具体的に、そうした創造的《そうぞうてき》な資質《ししつ》を発揮《はっき》するには、どんな条件が必要でしょうか。

サロー　適切な環境《かんきょう》が必要です。「創造性のある社会」でなければいけません。「創造性のある社会」には、ある程度のカオス（混沌《こんとん》状態）が必要です。

例えば、道ばたに「割れ目」があれば、そこには雑草が生《は》えるかもしれませんし、うまくすれば花が咲くかもしれません。（完全に舗装《ほそう》されてしまっていれば、そんなことは起こらないように）すべてが完璧《かんぺき》に秩序《ちつじょ》だった社会では「創造性」は芽《め》ぶいてこないのです。

池田　それは大事なことですね！　例えば、事業に失敗した人が、再《ふたた》び復活《ふっかつ》して挑戦《ちょうせん》できるような「〝起業家《きぎょうか》〟が活躍《かつやく》できる社会制度」でなければならない――博士のこの主張も、そうした「環境」の一つでしょう。

サロー　「失敗への寛容性《かんようせい》」を、社会がもつことです。例えば、アメリカのハイテクのベンチャー企業も、十社のうちの八社は失敗します。会社を興《おこ》すときには、いい技術をもっていてうまくいっても、やがて罠《わな》にはまって、だめになるケースがあります。しかし、そうした失敗も三回も繰《く》り返せば、成功するようになるのです。だから、成功を望むなら、「失敗に寛容になること」です。失敗した人に、次のチャンスを与えてこそ「起業家《きぎょうか》」が育つのです。

池田　いや、これは日本の現状に深い示唆《しさ》を与えてくださいました。事業の世界のことだけではないでしょうね。もっと柔軟《じゅうなん》でなければならない。

大阪でのご講演（十月二十九日）の内容を、うかがいました。

〈大阪ガス主催の「商都復活《しょうとふっかつ》への世紀《せいき》へ」と題したパネルディスカッション。博士は冒頭《ぼうとう》、基調講演を行《おこな》った〉

博士は、「これからの関西を、日本の最《もっと》も魅力的《みりょくてき》な『蜂《はち》の巣《す》』にしていただきたい」と期《き》待《たい》を語《かた》られた。「『蜂』が『蜜《みつ》』を求めて集まってくるように、『人材』が『チャンス』を求めてくる場所になってほしい」と。まったく同感です。

私にとって関西は、青春の故郷《こきょう》ともいうべき天地であり、心から愛する「庶民《しょみん》の都《みやこ》」です。強く強く発展を期待《きたい》しております。

さらに私が関心を持ったのは、博士が大阪と東京を比較して、「まったく新しい技術や突破口《とっぱこう》を開く技術という意味では、大阪のほうが有利である。大きい東京は変革《へんかく》を遂《と》げにくい」と発言されたことです。

心にくい洞察《どうさつ》です。確かに関西では、中小企業の創造性《そうぞうせい》が光っています。

サロー　私は、中小企業が急速《きゅうそく》に成長して大企業に発展することを望んでいます。

今のアメリカの最大手企業二十五社のうち八社は、一九六〇年には存在していなかったのです。問題は、中小企業が急速に成長して大企業になってもなお、新しい技術の分野《ぶんや》をリードしていけるかどうかです。

大企業が革新的《かくしんてき》な技術を開発するのは、極めて難《むずか》しいからです。

池田　すべての「カギ」は創造力ですね。

ところで、日本は今、低金利《ていきんり》政策をとっています。利子をあてにして、こつこつと預金してきた庶民、例えば高齢者の生活を直撃《ちょくげき》しています。

しかし、金利《きんり》を上げると「債務《さいむ》の負担《ふたん》に耐《た》えられない企業の倒産《とうさん》が続出する」とも言われている。一方で、「超低《ちょうてい》金利は、経済の構造改革《かいかく》を妨《さまた》げる」という指摘《してき》もあります。日本の超低金利政策を、どう見ておられますか。

「流動性のわな」

サロー　日本政府は、低金利政策を追求《ついきゅう》しながら、構造改革をしようとしていますが、それはできません。

池田　なるほど。

サロー　日本経済は〈ケインズが論じた〉「流動性のわな〈金融緩和《きんゆうかんわ》策《さく》をとると、本来、投資《とうし》が増加して景気を刺激《しげき》するはずなのに、不景気のあまり、投資が手びかえられてしまう状態〉」に陥《おちい》っています。

一九三〇年代、アメリカが大恐慌《だいきょうこう》から脱出《だっしゅつ》するのに、「低金利政策」が有効だったわけではありません。〈大恐慌の際、公共事業を積極的に行《おこな》う「ニューディール政策」によって不《ふ》況《きょう》を克服《こくふく》した〉

日本政府は「ケインズの理論」に立ち返らねばなりません。ケインズは、経済が不況《ふきょう》から脱出するには、どうすればよいかという点に、関心をもっていました。（景気の刺激《しげき》によって引き起こされる）インフレには、彼は関心がありませんでしたが。なぜなら彼の時代には、インフレが問題にならなかったからです。

インフレは「現代経済の特徴《とくちょう》」と言われています。

〈サロー博士は九九年十月二十九日、NHK衛星放送の番組のインタビューで語《かた》っている。

――現在の日本経済の停滞《ていたい》は解決できるか？

「根本的《こんぽんてき》課題に取り組むことが必要である。つまり膨大《ぼうだい》な債務《さいむ》を、どれだけ早く削減《さくげん》できるか。そのために銀行ばかりでなく、企業や家計にも目を向けなければならない」

――日本経済が強くなるためには、どういった要因《よういん》が必要か？

「まず、債務を削減すること。次に新産業でリーダーになること。インターネットや新素《しんそ》材《ざい》、バイオテクノロジーとか。他に追従《ついじゅう》するのでなく、リードする必要がある。日本は教育のレベルが高い。その創造性《そうぞうせい》、労働力を利用することだ。ただし、古い会社、大企業は、もはや時代をリードすることは難《むずか》しい。日本には今、『新しい大企業』は存在していない」〉

「新技術を何に使うか」「どんな人間になりたいか」

バイオ時代は哲学の時代

池田　博士は「遠い将来《しょうらい》の歴史家は、現代をバイオ技術が完成し、人類《じんるい》史上はじめて、人間の手で動植物や人間を改造《かいぞう》できるようになった時代として語《かた》るだろう」（『富《とみ》のピラミッド』）と述《の》べておられる。

「第三次産業革命《かくめい》の時代」は「バイオ技術の時代」となることも間違《まちが》いないでしょう。であるならば、新しい生命観、哲学もまた求められるのではないでしょうか。「生命をいじる」ことに対し、倫理的《りんりてき》に、多くの問題があるからです。

サロー　バイオ技術は、自分がなりたいような人間に、ならせてくれます。先ほども申し上げましたが、もっと美人になりたいとか、頭が良くなりたいとか、背を十センチ伸ばしたいとか……。

今、食料の改良《かいりょう》に、バイオ技術が利用されていますが、それよりも重要なことがあります。今週のことですが、「インターネットで、もっといい子どもを産むための遺伝子《いでんし》が購入できる」ようになりました。

これは、必ずしも悪いことと私は思いませんが、何も考えず安易《あんい》に使えば道を誤《あやま》ってしまうでしょう。

池田 まったく、その通りです。

〈池田SGI会長は、モスクワ大学のログノフ前総長との対談集『科学と宗教』の中でも、遺伝子工学の倫理性《りんりせい》について語《かた》っている。

「遺伝子操作《そうさ》は、病気の治療《ちりょう》に利用される以外にも、頭脳《ずのう》や身体の機能《きのう》を変えたり、性格や精神構造にまで重大な影響《えいきょう》をおよぼすなど、さまざまな可能性を含んでいます。ですから、一歩、使い方を誤ると、『人間改造《かいぞう》』や『優生学《ゆうせいがく》思想』へと結びつく危険性もはらんでいます」(『池田大作全集 第七巻』)

「本来、人間のためにあるべき医療《いりょう》や研究が、人間や生命をモノ化し、逆に人間の存在を脅《おびや》かす魔性《ましょう》へと転落《てんらく》していく。その〝歯止め〟をどこに求めるのか。また、科学者はもちろん、すべての社会の人々が、いかなる『生命観』をもって、自然とかかわっていくのか——これらはきわめて重要な問題です。

仏教のトータルな『生命観』は、この点にあっても大いなる英知をもたらすと思います」

〈同〉

「経済と環境を両立させる」技術

池田　それでは環境《かんきょう》問題は、どうでしょう。「経済成長と環境保護」の両立は全地球的な課題です。

博士は両立はできると論じておられますが、その条件は何でしょうか。

サロー　技術です。技術が大きな助けとなるでしょう。

例えば、燃料電池が自動車に搭載《とうさい》されるようになれば、アメリカの公害問題は九〇パーセント解決されます。自動車の排《はい》ガスが、公害の九〇パーセントを占《し》めているからです。

燃料電池は、水素と酸素を反応させて、電気をつくり出すものです。高校の化学の実験でやりますが、水を電気分解すれば酸素と水素ができます。これと逆の反応を利用したものです。反応の過程で出るのは、水だけです。

ですから、もし燃料電池から公害が生まれるならば、それは飲料水への影響《えいきょう》でしょう。

池田　わかりました。ところで、（古典《こてん》派経済学の祖）アダム・スミス（一七二三〜九〇年）を、どう評価《ひょうか》しておられますか。「アダム・スミスは『国富論《こくふろん》』のなかで、教育についてはほとんど触《ふ》れていない」等と論じておられますが――。

サロー　アダム・スミスや彼以後の五十年間の経済学者は、「技術の進歩は起こらない」ことを前提《ぜんてい》としていました。一つの作業を「分業」する（ことによって生産性が向上し、国民の富《とみ》が増大する）という理論を持っていました。

しかし、彼が『国富論』を書き始めたのは、蒸気機関《じょうききかん》が発明される前です。

実際は、産業革命《かくめい》による富の増大は、分業ではなく、「人間が動物以上の力を持つ」「人間の仕事を機械に行《おこな》わせる」ことによってもたらされた。

エネルギーが産業革命の発端《ほったん》になったのです。

「冒険心」「探求心」を育《はぐく》め

池田　ガルブレイス博士は、最近の著作《ちょさく》で、こう訴えておられる。

「貧困《ひんこん》と飢餓《きが》は、とくに重要な問題である。私は経済学者として、生涯《しょうがい》心を痛めてきた」「（地球市民に）求められるのは、『思いやりの心』」（『おもいやりの経済』福島範昌訳、たちばな出版）。いわば「思いやりの経済学」です。

サロー　そうですね。よい考えだと思います。

池田　ガルブレイス博士は「貧困の撲滅《ぼくめつ》こそが、二十一世紀《せいき》において、日本が重要な役割を果たすことのできる分野《ぶんや》である」とも述《の》べています。

日本は本当に真剣に、行くべき道を考えなければいけない。

ところでサロー博士は、新著《しんちょ》の中で、「市場《しじょう》の富《とみ》を増やすために、天然資源《しげん》を枯渇《こかつ》させたり、環境《かんきょう》を破壊《はかい》していったのでは、本当の意味での富は創出《そうしゅつ》されていない」（『富のピラミッド』）と書いておられる。人類《じんるい》にとって、「本当の意味での富」とは何でしょうか。

サロー　「冒険心《ぼうけんしん》」、そして「探求心《たんきゅうしん》」だと思います。

池田　素晴《すば》らしいお答えです。

サロー　例えば、「第三の産業革命《かくめい》」においては、（その探求心の成果によって）「技術革新《かくしん》と環境破壊の対立」がなくなっていくでしょう。

「心の財《たから》」が第一

池田　仏法では「蔵《くら》の財よりも身の財すぐれたり身の財より心の財第一なり」（御書一一七三ジペー）と説《と》いています。

「経済的な富《とみ》」も当然、大事です。

しかし、それにもまして「健康という富」「身についた才能や技術などの富」が重要であり、さらに、それらを幸福へと生かすために「心の富」こそ最《もっと》も大切である、と言えるのではないでしょうか。

その意味からも、経済的な富を「何のために使うか」――これが大きな問題です。

アメリカには、建国《けんこく》以来の「助け合いの精神」「宗教的な奉仕《ほうし》の精神」に根ざした「寄《き》付《ふ》文化」があります。人々は、福祉《ふくし》団体や慈善《じぜん》団体、宗教団体に積極的に寄付をする。

九八年のアメリカ人の寄付総額は千七百四十五億ドル（約十八兆円）にも及ぶそうですね。〝世界一の寄付先進国〟といえるでしょう。「富」を、社会的な貢献《こうけん》に役立てていこうとする「寄付文化」について、どうお考えですか。

寄付文化の伝統

サロー　アメリカでは、こうした寄付《きふ》は、およそ百年ほど歴史をさかのぼります。カーネギー（一八三五〜一九一九年）やロックフェラー（一八三九〜一九三七年）などの大富《だいふ》豪《ごう》が財団を設立し、さまざまな分野《ぶんや》に寄付をしたのが始まりです。

例えばカーネギーは、一般庶民《しょみん》の教養を高めるために、全米に図書館を建設しました。そうすることで、他の人々に「手本《てほん》」を示しました。

現在でも、そういう人々はいます。ビル・ゲイツ氏（コンピューターソフト会社のマイクロソフト会長）は、つい最近、二百億ドル（約二兆円）の寄付を発表しました。

池田　有名ですね。日本にはまだ、寄付文化は根づいていません。（税制など）制度の問題もあると思いますが、制度を決めるのも文化です。

国連は明年（二〇〇〇年）を「平和の文化のための国際年」と定めました。私も長年、「平和」と「文化」を主張してきました。

現在、世界で「平和の文化」をどう育《はぐく》んでいくかが焦点《しょうてん》になっています。

文化が、これからのキーワードのひとつです。

サロー　技術の進歩とともに「文化の世界化」が顕著《けんちょ》になってきました。しかし、この「グローバル文化」に対する感じ方は、私たちの世代と二十代とではまったく違《ちが》う。世代間のギャップがあります。

例えば（若者に人気がある）「MTV」（ミュージックTV＝音楽専門のテレビ・チャンネル）は、世界中のさまざまな言語で放映《ほうえい》されますが、歌自体は、世界のどの地域でも原語《げんご》のままで聴《き》かれている。

世界中、二十五歳なら、同じ映画を見、同じ音楽を聴き、同じファッションをしています。ここ（信濃町《しなのまち》）まで車で来る間に見た若い女性は、大変な厚底《あつぞこ》の靴《くつ》を履《は》いていました。これも世界共通のファッションです。しかし、三十代以上の女性は、たぶん履こうとは思わないわけです。

南北統一で韓国経済は発展

池田　博士は、韓国《かんこく》経済の動向についても分析《ぶんせき》されています。

日本にとって、韓国《かんこく》は「文化の大恩《だいおん》」ある国です。その動向は、非常に大事であり、私はいつもその繁栄《はんえい》を祈っております。

博士は、二十一世紀《せいき》の韓国をどのように見つめておられますか。

サロー　韓国は九七年の経済危機《きき》から、かなり回復してきました。

しかし、本当の意味で韓国が成功するためには、「南北統一」が一番の近道です。

多くの人は、ドイツ再統一の教訓《きょうくん》を読み違《ちが》え、半島の統一には莫大《ばくだい》なコストがかかると考えていますが、事実はそうではありません。

東西ドイツ統一がコスト高になった原因は、韓国には当てはまらないのです。

〈『日本は必ず復活《ふっかつ》する』（山岡洋一、廣瀬裕子訳、TBSブリタニカ）のなかで博士は、ドイツ経済が統一後、失速した原因は、統一そのものではなく、経済政策の選択の誤《あやま》りと、ドイツ流の手厚《てあつ》い社会福祉《ふくし》制度と賃金構造であると指摘《してき》。そうした要因《よういん》は韓半島統一には存在しないか、あるいは容易《ようい》に解決できると述《の》べている〉

池田　では、アジア全体は？

私は、アジアの地域間協力の一歩として、「北東アジア平和フォーラム」の創設《そうせつ》を提唱《ていしょう》しております。

博士は「来世紀《らいせいき》の末になれば、『ヨーロッパ合衆国』が現実になっている可能性が十分にある」と予測しておられますが。

〈池田会長は、「ヨーロッパ統合《とうごう》の父」カレルギー伯とも対談集『文明・西と東』を編《あ》んだ〉

サロー 地域統合を目指すならば、あせらず、ゆっくりと実現させることです。長期的視野《しや》で考えることです。

ヨーロッパも、九九年の通貨統合まで、長いプロセスを踏みました。五十年かかったのです。アメリカも、十三のイギリスの植民地から一つの国になるのに百五十年かかりました。南北戦争も経験しなければならなかった。

建設者たれ!! 人間と動物の違いがここに――サロー

池田 二十一世紀を勝ち抜く人――それは「創造者《そうぞうしゃ》」であり、「建設者」です。
博士の言葉に共感《きょうかん》します。

「個人や社会が記憶《きおく》されるとすれば、それは建設者である場合だ。物理的な建設もあれば、知的な建設もある。しかし、記憶されるのがつねに建設者であることに変わりはない」(『富《とみ》のピラミッド』)

「建設者たれ！」――じつに、いい言葉です。博士は「人間がほかの動物と違《ちが》うのは、建設者である点だ」(同)とも言われている。

私も、かつて詩に謳《うた》いました。「破壊《はかい》は一瞬　建設は死闘《しとう》」(「建設の譜《ふ》」)と。

「建設者」という言葉にこめた博士の思いは？

サロー　大事なのは、現実に「建設する」という「行動」です。

池田　そう。議論ばかりしていても何にもならない。「実行」です、大事なのは。

ピラミッドといえば、フランスの文豪《ぶんごう》ロマン・ロランの有名な言葉を思い出します。

「ピラミッドは頂上《ちょうじょう》から造られはしない」

人生も同じです。土台の建設が必要です。

サロー博士が今日の世界的な活躍《かつやく》の〝土台〟を築かれた青春時代の鍛《きた》えについて、お聞かせください。これからの青年たちのために――。

サロー　私は、自分が、何かを成し遂《と》げたいと思えば、それに向かって「努力」をします。「努力」しなければ「自分がどこまで行けるか」わかりません。

ですから、新しい未知《みち》の世界を探検《たんけん》する「冒険心《ぼうけんしん》」が必要です。「冒険心」なくして、自己の限界を知ることはできません。

池田　「建設者」――指導者もそうでなければならない。

博士も厳《きび》しく見ておられる。

「社会を前進させるビジョンを残さず、ビジョンの実現ができなかった大統領は、その地位を去った後に記憶《きおく》される価値《かち》はない」（『富《とみ》のピラミッド』）と。

博士の「最《もっと》も評価《ひょうか》される歴史上の指導者」は、だれでしょうか。

サロー　国によって違《ちが》いますが、アメリカでいえば、リンカーン（第十六代大統領）です。しかし、リンカーンは、グローバルな問題を解決したわけではありません。アメリカ独自の問題を解決しただけです。〈一八六三年に「奴隷解放《どれいかいほう》」を宣言〉

池田　「その地位を去った後に記憶される価値」がある指導者が、どれだけいるのか。それが社会の未来を決めます。ともあれ、博士は大事なお体です。お金で健康は買えません。健康第一のご活躍《かつやく》を祈ります。

サロー　ありがとうございます。必ず、そうします。

――「変革《へんかく》」を訴え続ける経済学者と、「変革」へ行動する仏法者の語《かた》らい。

博士は「ぜひ将来《しょうらい》、また池田会長と語り合いたい」「次の機《き》会《かい》には、創価大学を訪問したい」「アメリカ創価大学（カリフォルニアのオレンジ郡）ができたら、訪問したい」と語っていた。

今、博士の「日本への警鐘《けいしょう》」が、強く大きく鳴り響《ひび》く。

「ビジョンなくして、大きな探検《たんけん》に出るのは不可能である。……ビジョンをもち、それに基《もと》づいて行動することが最《もっと》も重要なのだ」（『経済探検』たちばな出版）

「日本は未来に向けたビジョンを決定しなければならない。……残念ながら、日本の最も弱い分野《ぶんや》である」〈同〉

二十一世紀と人生を語る
世界の有識者との対談集〈1〉

発行日　二〇〇〇年五月三日

著　者　池田大作
発行者　白井　昭
発行所　聖教新聞社
〒一六〇-八〇七〇　東京都新宿区信濃町一八
電話〇三―三三五三―六一一一（大代表）
振替口座　〇〇一五〇―四―七九四〇七
印刷所　株式会社　精興社
製本所　大口製本印刷株式会社
＊
落丁・乱丁本はお取り替えいたします

定価はカバーに表示してあります